Das intendierte Verwaltungsermessen

Dissertation
zur Erlangung des Grades eines
Doktors der Rechte
des Fachbereichs
Rechts- und Wirtschaftswissenschaften
der Johannes-Gutenberg-Universität
Mainz

vorgelegt von

Referendar jur. Knut Kaffenberger

Rechtsreferendar in Mainz

2002

Erstberichterstatter:
Prof. Dr. iur. Hans-Werner Laubinger M.C.L.

Zweitberichterstatter:
Prof. Dr. iur. Uwe Volkmann

Tag der mündlichen Prüfung
10.10.2002

Knut Kaffenberger

Das intendierte Verwaltungsermessen

2., unveränderte Auflage

Herbert Utz Verlag · München

Münchner Juristische Beiträge

Herausgegeben von

Prof. Dr. Thomas Küffner
küffner maunz langer zugmaier, München

Band 30

Zugl.: Diss., 2002

Bibliografische Information der Deutschen Nationalbibliothek:
Die Deutsche Nationalbibliothek verzeichnet diese Publikation in der Deutschen Nationalbibliografie; detaillierte bibliografische Daten sind im Internet über http://dnb.d-nb.de abrufbar.

frühere Ausgabe: ISBN 978-3-8316-0190-5

ISBN 978-3-8316-8182-2

Printed in EU
Herbert Utz Verlag GmbH, München
www.utzverlag.de

Vorwort

Die vorliegende Arbeit wurde vom Fachbereich Rechts- und Wirtschaftswissenschaften der Johannes-Gutenberg-Universität zu Mainz im Sommersemester 2002 als Dissertation angenommen.

Sie widmet sich einer Rechtsfigur, die in der verwaltungsgerichtlichen Rechtsprechung seit etwa 1980 regelmäßig in Erscheinung tritt, in der rechtswissenschaftlichen Literatur bislang aber wenig Beachtung findet. Aufgrund der nicht unerheblichen praktischen Relevanz des intendierten Verwaltungsermessens galt es, diese Lücke zu schließen. Die Arbeit will neben einem ausführlichen Überblick über Rechtsprechung und Literatur eine dogmatisch tragfähige Konzeption vorschlagen, derer es bislang ermangelte. Sie mag dem geneigten Leser darüber hinaus auch Anregungen für die Behandlung ähnlicher Rechtsfiguren aus dem Bereich der Ermessenslehre sowie für die Entscheidungsfindung bei der Ermessensausübung liefern.

Mein Dank gilt meinem Doktorvater Prof. Dr. Hans-Werner Laubinger für die Betreuung der Arbeit und die Möglichkeit, mit der Tätigkeit an seinem Lehrstuhl einen wertvollen Einblick in die wissenschaftliche Berufswelt zu erlangen. Ferner möchte ich den Mitarbeitern am Lehrstuhl für die Unterstützung und die zahlreichen Anregungen danken, ohne die manches Problem mit Sicherheit keinen Eingang in die Arbeit gefunden hätte.

Weiterer Dank gebührt den Kollegen und Mitarbeitern der Kanzlei Kraft und Partner in Groß-Gerau, die mir nicht nur die Gelegenheit zum Sammeln praktischer Erfahrung neben meiner Arbeit an der Dissertation verschafften, sondern auch dafür sorgten, daß die notwendige Bodenhaftung bestehen blieb. Ich hoffe, daß sich diese gedeihliche Zusammenarbeit auch in Zukunft fortsetzen wird.

Ich danke meinen Eltern für die Geduld, das Verständnis und die Unterstützung, die sie mir auf meinem gesamten Weg entgegenbrachten.

Abschließend möchte ich dem Kreis geschätzter Freunde Danke sagen, der sich im Laufe der Zeit zusammenfand und mir hoffentlich noch lange erhalten bleibt.

Groß-Gerau, im Oktober 2002 *Knut Kaffenberger*

Inhaltsverzeichnis

SCHRIFTTUMSVERZEICHNIS

I. Kommentare, Lehrbücher, Monographien

Achterberg, Norbert: Allgemeines Verwaltungsrecht, 2. Auflage, Heidelberg 1986 (zit.: Allg. VerwR.).

Arnim, Hans Herbert von: Wirtschaftlichkeit als Rechtsprinzip, Berlin 1988 (zit.: Wirtschaftlichkeit).

Bader, Johann / Funke-Kaiser, Michael / Kuntze, Stefan / Albedyll, Jörg von: Verwaltungsgerichtsordnung, Heidelberg 1999 (zit.: VwGO).

Battis, Ulrich: Bundesbeamtengesetz, 2. Auflage, München 1997 (zit.: BBG).

Battis, Ulrich / Krautzberger, Michael / Löhr, Rolf-Peter: Baugesetzbuch – BauGB –, 7. Auflage, München 1999 (zit.: BauGB).

Beuermann, Jasmin: Intendiertes Ermessen, Frankfurt am Main/Berlin/Bern u.a. 2002 (zugl. Diss. jur., Göttingen 2001) (zit.: Intendiertes Ermessen).

Birk, Ulrich-Arthur / Brühl, Albrecht / Conradis, Wolfgang / Hofmann, Albert / Krahmer, Utz / Münder, Johannes / Roscher, Falk / Schoch, Dietrich (Bearb.): Bundessozialhilfegesetz. Lehr- und Praxiskommentar, 4. Auflage, Baden-Baden 1994 (zit.: LPK-BSHG).

Bouska, Wolfgang: Straßenverkehrs-Ordnung, 16. Auflage, München 1996 (zit.: StVO).

Brecht, Hans-Theo: Kriegsdienstverweigerung und Zivildienst: Kriegsdienstverweigerungsgesetz, Zivildienstgesetz, 4. Auflage, München 1999 (zit.: KDVG/ZDG).

Brinktrine, Ralf: Verwaltungsermessen in Deutschland und England, Heidelberg 1998 (zugl. Diss. jur., Münster 1997) (zit.: Verwaltungsermessen).

Brohm, Winfried: Öffentliches Baurecht, 2. Auflage, München 1999 (zit.: Öff. BauR.).

Bronnenmeyer, Helmut: Der Widerruf rechtmäßiger begünstigender Verwaltungsakte nach § 49 VwVfG, Berlin 1994 (zugl. Diss. jur., Mannheim 1993) (zit.: Widerruf).

Brügelmann, Hermann (Begr.): Baugesetzbuch, Stuttgart/Berlin/Köln, Stand: Juli 2000 (Loseblatt) (zit.: BauGB).

Brühl, Raimund: Entscheiden im Verwaltungsverfahren, Köln 1990 (zit.: Entscheiden im VwVf.).

Bull, Hans Peter: Allgemeines Verwaltungsrecht, 6. Auflage, Heidelberg 2000 (zit.: Allg. VerwR.).

Drews, Bill / Wacke, Gerhard / Vogel, Klaus / Martens, Wolfgang: Gefahrenabwehr. Allgemeines Polizeirecht (Ordnungsrecht) des Bundes und der Länder, 9. Auflage, Köln/Berlin/Bonn/München 1986 (zit.: Gefahrenabwehr).

Driehaus, Hans-Joachim: Erschließungs- und Ausbaubeiträge, 6. Auflage, München 2001 (zit.: Erschl.-/Ausbaubeiträge).

Driehaus, Hans-Joachim / Pietzner, Rainer: Einführung in das Allgemeine Verwaltungsrecht, 3. Auflage, München 1996 (zit.: Allg. VerwR.).

Dyong, Hartmut / Heix, Gerhard (Hrsg.): Wohnungsbaurecht, Band 3.1, Essen, Stand: Juni 2001 (Loseblatt) (zit.: WoBauR.).

Erichsen, Hans-Uwe (Hrsg.): Allgemeines Verwaltungsrecht, 11. Auflage, Berlin/New York 1998 (zit.: Allg. VerwR.).

Ernst, Werner / Zinkahn, Willy / Bielenberg, Walter / Krautzberger, Michael: Baugesetzbuch, München, Stand: 1.11.2000 (Loseblatt) (zit.: BauGB).

Eyermann, Erich: Verwaltungsgerichtsordnung, 11. Auflage, München 2000 (zit.: VwGO).

Faber, Heiko: Verwaltungsrecht, 4. Auflage, Tübingen 1995 (zit.: VerwR.)

Fichtner, Otto (Hrsg.): Bundessozialhilfegesetz, München 1999 (zit.: BSHG).

Finkelnburg, Klaus / Ortloff, Karsten-Michael: Öffentliches Baurecht, Band II: Bauordnungsrecht, Nachbarschutz, Rechtsschutz, 4. Auflage, München 1998 (zit.: Öff. BauR. II).

Friauf, Karl Heinrich (Hrsg.): Kommentar zur Gewerbeordnung - GewO, Neuwied, Stand: Juli 2001 (Loseblatt) (zit.: GewO).

Fritz, Roland / Vormeier, Jürgen (Hrsg.): Gemeinschaftskommentar zum Ausländerrecht, Neuwied/Kriftel, Stand: Juli 2001 (Loseblatt) (zit.: GK AuslR.).

Frotscher, Werner: Wirtschaftsverfassungs- und Wirtschaftsverwaltungsrecht, 3. Auflage, München 1999 (zit.: WirtVerf.- u. WirtVwR.).

Geurts, Petra: Der Grundsatz des Vertrauensschutzes bei der Aufhebung von Verwaltungsakten im deutschen, französischen und europäischen Recht - Wechselwirkung zwischen europäischem und nationalem Recht, Bonn 1997 (Eigenverlag) (zugl. Diss. jur., Bonn 1997) (zit.: Vertrauensschutz).

Giemulla, Elmar / Jaworsky, Nikolaus / Müller-Uri, Rolf: Verwaltungsrecht, 6. Auflage, Köln/Berlin/Bonn/München 1998 (zit.: VerwR.).

Götz, Volkmar: Allgemeines Polizei- und Ordnungsrecht, 12. Auflage, Göttingen 1995 (zit.: PolizeiR.).

Grüner, Hans / Dalichau, Gerhard: Verwaltungsverfahren (SGB X), Starnberg, Stand: 1.5.2000 (Loseblatt) (zit.: SGB X).

Gusy, Christoph: Polizeirecht, 4. Auflage, Tübingen 2000 (zit.: PolizeiR.).

Hahn, Dittmar / Schulte, Bernd H.: Öffentlich-rechtliches Baunachbarrecht, München/Berlin 1998 (zit.: Öff.-Rl. BaunachbarR.).

Hauck, Karl: Sozialgesetzbuch SGB X, Berlin, Stand: 1.3.1999 (Loseblatt) (zit.: SGB X).

Hein, G. / Eichhoff, E. / Pukall, A. / Krien, E. (Begr.): Güterkraftverkehrsrecht, Berlin, Stand: Oktober 2000 (Loseblatt) (zit.: GüKVerkR.).

Heller, Robert F.: Haushaltsgrundsätze für Bund, Länder und Gemeinden, Heidelberg 1998 (zit.: Haushaltsgrds.).

Hentschel, Peter: Straßenverkehrsrecht, 36. Auflage, München 2001 (zit.: StVR.).

Hoppe, Werner / Grotefels, Susan: Öffentliches Baurecht, München 1995 (zit.: Öff. BauR.).

Hornmann, Gerhard: Hessisches Gesetz über die öffentliche Sicherheit und Ordnung (HSOG), München 1997 (zit.: HSOG).

Ivo, Malte: Die Folgenbeseitigungslast, Berlin 1996 (zugl. Diss. jur., Mainz 1996) (zit.: Folgenbeseitigungslast).

Jäde, Henning: Bauaufsichtliche Maßnahmen. Beseitigungsanordnung – Nutzungsuntersagung – Baueinstellung, 2. Auflage, Stuttgart/München u.a. 2001 (zit.: Bauaufsichtliche Maßnahmen).

Jäde, Henning: Verwaltungsverfahren Widerspruchsverfahren Verwaltungsprozeß, 3. Auflage, Stuttgart/München u.a. 1997 (zit.: VwVf./VwProz.).

Jarass, Hans D. / Pieroth, Bodo: Grundgesetz für die Bundesrepublik Deutschland, 5. Auflage, München 2000 (zit.: GG).

Jeromin, Curt M. (Hrsg.): Kommentar zur Landesbauordnung Rheinland-Pfalz, Neuwied/Kriftel, Stand: Dezember 2000 (Loseblatt) (zit.: LBauO RP).

Jochum, Theo / Rühle, Dietrich G.: Rheinland-Pfälzisches Landesrecht. Polizei- und Ordnungsrecht, 2. Auflage, Baden-Baden 2000 (zit.: PolizeiR. RP).

Keppeler, Jürgen: Die Grenzen des behördlichen Versagungsermessens unter besonderer Berücksichtigung des Zwecks des Ermessens, Konstanz 1989 (zugl. Diss. jur., Konstanz 1989) (zit.: Versagungsermessen).

Knack, Hans Joachim (Begr.): Verwaltungsverfahrensgesetz, 7. Auflage, Köln/Berlin/Bonn/München 2000 (zit.: VwVfG).

Knemeyer, Franz-Ludwig: Polizei- und Ordnungsrecht, 8. Auflage, München 2000 (zit.: PolizeiR.).

Knoke, Ulrich: Rechtsfragen der Rücknahme von Verwaltungsakten, Berlin 1989 (zugl. Diss. jur., Münster 1987) (zit.: Rücknahme).

Koch, Hans-Joachim : Unbestimmte Rechtsbegriffe und Ermessensermächtigungen im Verwaltungsrecht, Frankfurt am Main 1979 (zugl. jur. Habil.-Schr., Frankfurt am Main 1978) (zit.: Unbest. Rechtsbegriffe und Ermessensermächtigungen).

König, Hans-Günther: System des Verwaltungsrechts, Köln/Berlin/Bonn/München 1983 (zit.: VerwR.).

Kopp, Ferdinand O.: Verwaltungsverfahrensgesetz, 6. Auflage, München 1996 (zit.: VwVfG (6. Aufl.)).

Kopp, Ferdinand O. / Ramsauer, Ulrich: Verwaltungsverfahrensgesetz, 7. Auflage, München 2000 (zit.: VwVfG).

Kopp, Ferdinand O. / Schenke, Wolf-Rüdiger: Verwaltungsgerichtsordnung, 12. Auflage, München 2000 (zit.: VwGO).

Lammich, Klaus / Pöttinger, Franz Josef: Gütertransportrecht, Neuwied/Kriftel, Stand: September 2000 (Loseblatt) (zit.: GütertransportR.).

Larenz, Karl: Methodenlehre der Rechtswissenschaft (Studienausgabe), 2. Auflage, Berlin/Heidelberg u.a. 1992 (zit.: Methodenlehre).

Laub, Karin: Die Ermessensreduzierung in der verwaltungsgerichtlichen Rechtsprechung, München 1999 (zugl. Diss. jur., München 2000) (zit.: Ermessensreduzierung).

Lisken, Hans / Denninger, Erhard: Handbuch des Polizeirechts, 2. Auflage, München 1996 (zit.: PolizeiR.).

Loeser, Roman: System des Verwaltungsrechts, Band 1: Allgemeine Lehren, Methoden und Techniken, Baden-Baden 1994 (zit.: VerwR. I).

Lorz, Albert: Tierschutzgesetz, 3. Auflage, München 1987 / 4. Auflage, München 1992 (zit.: TierSchG. (3. u. 4. Aufl.)).

Lorz, Albert / Metzger, Ernst: Tierschutzgesetz, 5. Auflage, München 1999 (zit.: TierSchG. (5. Aufl.)).

Maurer, Hartmut: Allgemeines Verwaltungsrecht, 13. Auflage, München 2000 (zit.: Allg. VerwR.).

Michel, Elmar / Kienzle, Werner (Begr.): Das Gaststättengesetz, 13. Auflage, Köln/Berlin/Bonn/München 1999 (zit.: GaststättenG.).

Mückenberger, Werner / Hanke, Albert: Wohnungsbindungsrecht, München 1991 (zit.: WoBindR.).

Müller-Ibold, Till: Die Begründungspflicht im europäischen Gemeinschaftsrecht und im deutschen Recht. Eine rechtsvergleichende Untersuchung, Bern/New York/Paris 1990 (zugl. Diss. jur., Hamburg 1989) (zit.: Begründungspflicht).

Musielak, Hans-Joachim / Detterbeck, Steffen: Das Recht des Handwerks, 3. Auflage, München 1995 (zit.: R. d. Handw.).

Obermayer, Klaus (Begr.) / Fritz, Roland (Hrsg.): Kommentar zum Verwaltungsverfahrensgesetz, 3. Auflage, Neuwied/Kriftel 1999 (zit.: VwVfG).

Oestreicher, Ernst / Schelter. Kurt / Kunz, Eduard / Decker, Andreas (Hrsg.): Bundessozialhilfegesetz, München, Stand: 1.9.2000 (Loseblatt) (zit.: BSHG).

Pache, Eckhard: Tatbestandliche Abwägung und Beurteilungsspielraum, Tübingen 2001 (zugl. jur. Habil.-Schr., Hamburg 2000) (zit.: Abwägung).

Peine, Franz-Joseph: Allgemeines Verwaltungsrecht, 5. Auflage, Heidelberg 2000 (zit.: Allg. VerwR.).

Peine, Franz-Joseph / Heinlein, Dieter: Beamtenrecht, 2. Auflage, Heidelberg 1999 (zit.: BeamtenR.).

Pernice, Ingolf: Billigkeit und Härteklauseln im öffentlichen Recht: Grundlagen und Konturen einer Billigkeitskompetenz der Verwaltung, Baden-Baden 1991 (zugl. jur. Habil.-Schr., Bayreuth 1987) (zit.: Billigkeit und Härteklauseln).

Pickel, Harald: SGB X. Kommentar zum Sozialgesetzbuch Zehntes Buch, Heidelberg, Stand: April 2001 (Loseblatt) (zit.: SGB X).

Pieroth, Bodo / Schlink, Bernhard: Grundrechte. Staatsrecht II, 16. Auflage, Hamburg 2000 (zit.: Grundrechte).

Plog, Ernst / Wiedow, Alexander / Beck, Gerhard / Lemhöfer, Bernt: Kommentar zum Bundesbeamtengesetz, Neuwied, Stand: Juni 2001 (Loseblatt) (zit.: BBG).

Rebmann, Kurt / Säcker, Franz Jürgen / Roland Rixecker (Hrsg.): Münchener Kommentar zum Bürgerlichen Gesetzbuch, Band 1, Allg. Teil: §§ 1 - 240, AGB-Gesetz, 4. Auflage, München 2001 (zit.: Münch. Komm. BGB).

Rühle, Dietrich G. / Suhr, Hans Jürgen : Polizei- und Ordnungsbehördengesetz Rheinland-Pfalz, Hilden/Rheinland 2000 (zit.: POG RP).

Sachs, Michael: Grundgesetz, 2. Auflage, München 1999 (zit.: GG).

Schellhorn, Walter / Jirasek, Hans / Seipp, Paul (Begr.): Das Bundessozialhilfegesetz, 15. Auflage, Neuwied/Kriftel/Berlin 1997 (zit.: BSHG).

Schenckendorff, Max von: Vertriebenen- und Flüchtlingsrecht, Karlsdorf, Stand: 1/1999 (Loseblatt) (zit.: Vertriebenen- und Flüchtlingsrecht).

Schenke, Wolf-Rüdiger: Verwaltungsprozeßrecht, 7. Auflage, Heidelberg 2000 (zit.: VerwProzR.).

Schieckel, Horst (Begr.) / Krech, Joachim / Schiwy, Peter: Zivildienstgesetz (ZDG), Starnberg, Stand: Oktober 1997 (Loseblatt) (zit.: ZDG).

Schlichter, Otto / Stich, Rudolf (Hrsg.): Berliner Kommentar zum Baugesetzbuch, 2. Auflage, Köln/Berlin/Bonn/München 1995 (zit.: BauGB).

Schmidt, Reiner (Hrsg.): Öffentliches Wirtschaftsrecht, Besonderer Teil Band 1, Berlin/Heidelberg/New York 1995, Besonderer Teil Band 2, ebenda 1996 (zit.: Öff. WirtR. BT 1/2).

Schmidt, Reiner (Hrsg.): Kompendium Öffentliches Wirtschaftsrecht, Berlin/Heidelberg u.a. 1998 (zit.: Kompendium).

Schmidt-Aßmann, Eberhard (Hrsg.): Besonderes Verwaltungsrecht, 11. Auflage, Berlin/New York 1999 (zit.: Bes. VerwR.).

Schnellenbach, Helmut: Beamtenrecht in der Praxis, 4. Auflage, München 1998 (zit.: BeamtenR.).

Schoch, Friedrich / Schmidt-Aßmann, Eberhard / Pietzner, Rainer (Hrsg.): Verwaltungsgerichtsordnung, München, Stand: Januar 2001 (Loseblatt) (zit.: VwGO).

Scholz, Rainer: Sozialgesetzbuch Zehntes Buch (SGB X), Stuttgart/München/Hannover u.a. 1995 (zit.: SGB X).

Schrödter, Hans: Baugesetzbuch, 6. Auflage, München 1998 (zit.: BauGB).

Schroeder-Printzen, Günther (Hrsg.): Sozialgesetzbuch, Verwaltungsverfahren – SGB X, 3. Auflage, München 1996 (zit.: SGB X).

Schwab, Siegfried: Die Begründungspflicht nach § 39 VwVfG, Pfaffenweiler 1991 (zugl. Diss. jur., Heidelberg 1991) (zit.: Begründungspflicht).

Seitter, Oswald: Gaststättenrecht, 4. Auflage, Heidelberg 1995 (zit.: GaststättenR.).

Soergel, Hans Theodor (Begr.) / Siebert, Wolfgang (Hrsg.): Bürgerliches Gesetzbuch; Band 1: Allgemeiner Teil (§§ 1-240) und HaustürWiderrufG, 12. Auflage, Stuttgart/Berlin/Köln/Mainz 1988 (zit.: BGB$^{12.}$); Band 1: Allgemeiner Teil 1 (§§ 1-103), 13. Auflage, Stuttgart/Berlin/Köln/Mainz 2000 (zit.: BGB$^{13.}$).

Sproll, Hans-Dieter: Allgemeines Verwaltungsrecht II, München 1998 (zit.: Allg. VerwR. II).

Staudinger, Julius von (Begr.) / Beitzke, Günther (Hrsg.): Kommentar zum Bürgerlichen Gesetzbuch mit Einführungsgesetz und Nebengesetzen, Erstes Buch. Allgemeiner Teil §§ 21-103, 13. Auflage, Berlin 1995 (zit.: BGB).

Steindorf, Joachim: Waffenrecht, 7. Auflage, München 1999 (zit.: WaffenR.).

Steiner, Udo (Hrsg.): Besonderes Verwaltungsrecht, 6. Auflage, Heidelberg 1999 (zit.: Bes. VerwR.).

Stelkens, Paul: Verwaltungsverfahren, München 1991 (zit.: VwVf.).

Stelkens, Paul / Bonk, Heinz Joachim / Sachs, Michael (Hrsg.): Verwaltungsverfahrensgesetz, 5. Auflage, München 1998 (zit.: VwVfG (5. Aufl.)).

Stelkens, Paul / Bonk, Heinz Joachim / Sachs, Michael (Hrsg.): Verwaltungsverfahrensgesetz, 6. Auflage, München 2001 (zit.: VwVfG).

Stober, Rolf: Handbuch des Wirtschaftsverwaltungs- und Umweltrechts, Stuttgart/Berlin/Köln 1989 (zit.: Handbuch).

Ule, Carl Hermann / Laubinger, Hans-Werner: Verwaltungsverfahrensrecht, 4. Auflage, Köln/Berlin/Bonn/München 1995 (zit.: VerwVfR.).

Waechter, Kay : Landesrecht Niedersachsen. Polizei- und Ordnungsrecht, Baden-Baden 2000 (zit.: Nds. PolizeiR.).

Wiesner, Herbert: Öffentliche Finanzwirtschaft, 10. Auflage, Heidelberg 1997 (zit.: Öff. Finanzwirtschaft).

Wolff, Hans Julius / Bachof, Otto / Stober, Rolf: Verwaltungsrecht, Band 1, 11. Auflage, München 1999 (zit.: VerwR. I).

Wolff, Hans Julius / Bachof, Otto / Stober, Rolf: Verwaltungsrecht, Band 2, 6. Auflage, München 2000 (zit.: VerwR. II).

Würtenberger, Thomas / Heckmann, Dirk / Riggert, Rainer: Polizeirecht in Baden-Württemberg, Heidelberg 1993 (zit.: PolizeiR. BW).

II. Aufsätze in Zeitschriften; Beiträge zu Festschriften, Sammelwerken usw.

Bachof, Otto: Neue Tendenzen in der Rechtsprechung zum Ermessen und zum Beurteilungsspielraum, in: JZ 1972 S. 641 - 646.

Badura, Peter: Gestaltungsfreiheit und Beurteilungsspielraum der Verwaltung, bestehend aufgrund und nach Maßgabe des Gesetzes, in: Püttner, Günter (Hrsg.): Festschrift für Otto Bachof zum 70. Geburtstag am 6. März 1984, München 1984, S. 169 - 189 (zit.: FS für Bachof).

Beckmann, Klaus: Das intendierte Ermessen, in: VR 1999 S. 357 - 359.

Borowski, Martin: Intendiertes Ermessen, in: DVBl. 2000 S. 149 - 160.

Brohm, Winfried: Ermessen und Beurteilungsspielraum im Grundrechtsbereich, in: JZ 1995 S. 369 - 375.

Brühl, Raimund: Die Behandlung des Verwaltungsermessens in Bescheid und Urteil, in: JuS 1995 S. 249 - 254.

Bullinger, Martin: Das Ermessen der öffentlichen Verwaltung – Entwicklung, Funktionen, Gerichtskontrolle –, in: JZ 1984 S. 1001 - 1009.

Di Fabio, Udo: Die Ermessensreduzierung – Fallgruppen, Systemüberlegungen und Prüfprogramm –, in: VerwArch. Band 86 (1995) S. 214 - 234.

Dolzer, Rudolf: Zum Begründungsgebot im geltenden Verwaltungsrecht, in: DÖV 1985 S. 9 - 20.

Ehlers, Dirk: Rechtsprobleme der Rückforderung von Subventionen, in: GewArch. 1999 S. 305 - 320.

Erichsen, Hans-Uwe / Brügge, Dirk Ludwig: Der Widerruf von Verwaltungsakten nach § 49 VwVfG und der öffentlich-rechtliche Erstattungsanspruch nach § 49a VwVfG, in: Jura 1999 S. 496 - 502.

Friauf, Karl Heinrich: Referat, in: Ständige Deputation des Deutschen Juristentages (Hrsg.): Verhandlungen des fünfundfünfzigsten Deutschen Juristentages Hamburg 1984, Band II (Sitzungsberichte) Teil M – Ordnungsrahmen für das Recht der Subventionen, München 1984, S. M8 - M36 (zit.: Referat in: Verhdlg. d. 55. DJT – Teil M).

Gerhardt, Michael: Überlegungen zur rechtlichen Struktur von Handlungsspielräumen, in: Ziekow, Jan (Hrsg.): Handlungsspielräume der Verwaltung. Vorträge und Diskussionsbeiträge auf dem gleichnamigen Forum vom 30. September bis 2. Oktober 1998 an der Deutschen Hochschule für Verwaltungswissenschaften Speyer, Berlin 1999, S. 57 - 65 (zit.: Handlungsspielräume).

Gern, Alfons: Die Ermessensreduzierung auf Null, in: DVBl. 1987 S. 1194 - 1199.

Gröpl, Christoph: Das Gesetz zur Änderung verwaltungsverfahrensrechtlicher Vorschriften vom 2. Mai 1996, in: VerwArch. Bd. 88 (1997) S. 23 - 51.

Grundmann, Martin: Rückforderung überzahlter Beamtenbezüge – Anmerkungen zur Rechtslage und zum Reformbedarf –, in: ZBR 1999 S. 154 - 158.

Grupp, Klaus: Steuerung des Verwaltungshandelns durch Wirtschaftlichkeitskontrolle?, in: DÖV 1983 S. 661 - 667.

Günther, Hellmuth: Spezifika der Entlassung von Probebeamten, in: ZBR 1985 S. 321 - 337.

Hain, Karl-Eberhard / Schlette, Volker / Schmitz, Thomas: Ermessen und Ermessensreduktion – ein Problem im Schnittpunkt von Verfassungs- und Verwaltungsrecht, in: AöR Band 122 (1997) S. 32 - 64.

Hoppe, Werner: Durch Soll-Vorschriften "intendierte" Ziele der Raumordnung und ihre Bezüge zu "intendiertem Ermessen", in: Geis, Max-Emanuel / Lorenz, Dieter (Hrsg.): Staat, Kirche, Verwaltung. Festschrift für Hartmut Maurer zum 70. Geburtstag, München 2001, S. 625 - 640 (zit.: FS für Maurer).

Hufen, Friedhelm: Heilung und Unbeachtlichkeit von Verfahrensfehlern, in: JuS 1999 S. 313 - 320.

Iglesias, Gil Carlos Rodriguez: Zu den Grenzen der verfahrensrechtlichen Autonomie der Mitgliedsstaaten bei der Anwendung des Gemeinschaftsrechts, in: EuGRZ 1997, 289 - 295.

Jäde, Henning: "Schwarzbau" und Bauaufsicht. Grundprobleme von Beseitigungsanordnung, Nutzungsuntersagung und Baueinstellung, in: ThürVBl. 1993 S. 82 - 88.

Kästner, Karl-Hermann: Unmittelbare Maßnahmen der Gefahrenabwehr, in: JuS 1994 S. 361 - 366.

Kirchhof, Paul : Die Steuerung des Verwaltungshandelns durch Haushaltsrecht und Haushaltskontrolle, in: NVwZ 1983 S. 505 - 515.

Koch, Hans-Joachim: Die normtheoretische Basis der Abwägung, in: Erbguth, Wilfried / Oebbecke, Janbernd / Rengeling, Hans-Werner / Schulte, Martin (Hrsg.): Abwägung im Recht: Symposium und Verabschiedung von Werner Hoppe am 30. Juni 1995 in Münster aus Anlaß seiner Emeritierung, Köln/Berlin/Bonn/München 1996, S. 9 - 24 (zit.: Abwägung im Recht).

König, Hans-Günther: Verfassung und Verwaltung im Eingriffsrecht, in: BayVBl. 1983 S. 161 - 168.

Kube, Hanno: Anmerkung zu BVerwG, Urteil vom 24.11.1998 – 1 C 33.97 –, in: JZ 1999 S. 676 - 678.

Kube, Hanno: Die Vepflichtungserklärung gemäß § 84 AuslG, in: VBlBW 1999 S. 364 - 370.

Kuklok, Dietmar: Die Ausübung des Ermessens in Rücknahmebescheiden nach § 45 Sozialgesetzbuch (SGB) X, in: SozVers. 1997 S. 63 - 68.

Lampert, Stephen: Die Pflicht zur Begründung von Verwaltungsakten gemäß § 39 Abs. 1 VwVfG und die Folgen ihrer Verletzung, in: DVP 2000 S. 390 - 392.

Masloff, Malte: Das »intendierte« Ermessen, in: UBWV 1998 S. 26 - 34.

Michaelis, Lars Oliver: Anmerkung zu BVerwG, Urteil vom 16.6.1997 – 3 C 22.96 –, in: JA 1998 S. 453 - 455.

Müller-Laube, Hans-Martin: Anmerkung zu BVerwG, Urteil vom 6.11.1997 –1 C 18/95 –, in: JZ 1998 S. 788 - 790.

Mutius, Albert von: Die Steuerung des Verwaltungshandelns durch Haushaltsrecht und Haushaltskontrolle. Bericht, in: VVDStRL 42 (1984) S. 147 - 207.

Mutius, Albert von: Unbestimmter Rechtsbegriff und Ermessen im Verwaltungsrecht, in: Jura 1987 S. 92 - 101.

Oldiges, Martin: Die Entwicklung des Subventionsrechts seit 1996. 2. Teil: Rückabwicklung fehlgeschlagener Subventionierung, in: NVwZ 2001 S. 626 - 636.

Ortloff, Karsten-Michael: Ermessen in § 35 II BauGB – Hat das Gesetz doch recht?, in: NVwZ 1988 S. 320 - 322.

Peters, Anne: Die Ausfüllung von Spielräumen der Verwaltung durch Wirtschaftlichkeitserwägungen, in: DÖV 2001 S. 749 - 762.

Ronellenfitsch, Michael: Anmerkung zum Urteil des Bundesverwaltungsgerichts vom 13. März 1997, in: DAR 1997 S. 387 - 389.

Schenke, Wolf-Rüdiger : Rechtsprechungsübersicht zum Verwaltungsprozeß – Teil 2, in: JZ 1996 S. 1055 - 1070.

Schmidt, Karsten: Entziehung der Rechtsfähigkeit bei unrechtmäßig eingetragenen Wirtschaftsvereinen. Zum Stellenwert des Scientology-Urteils des BVerwG vom 6.11.1997, in: NJW 1998 S. 1124 - 1126.

Schoch, Friedrich: Grundfälle zum Polizei- und Ordnungsrecht, 9. Teil, in: JuS 1995 S. 504 - 511.

Schwabe, Jürgen: Anmerkung zu BVerwG, Urteil vom 16.6.1997 – 3 C 22.96 –, in: DVBl. 1998 S. 147/148.

Seewald, Otfried: Die Gestaltungsfreiheit der Verwaltung – Ermessen und unbestimmter Rechtsbegriff, in: Jura 1980 S. 175 - 184.

Siehr, Angelika / Bumke, Christian: Die Verpflichtungserklärung nach § 84 AuslG, in: ZAR 1998 S. 210 - 216.

Starck, Christian: Das Verwaltungsermessen und dessen gerichtliche Kontrolle, in: Franßen, Everhardt / Redeker, Konrad / Schlichter, Otto / Wilke, Dieter (Hrsg.): Bürger - Richter - Staat, Festschrift für Horst Sendler zum Abschied aus seinem Amt, München 1991, S. 167 - 181 (zit.: FS für Sendler).

Stelkens, Paul : Die Rolle der Verwaltungsgerichte bei der Umsetzung der Verwaltungsverfahrensgesetze, in: NWVBL 1989 S. 335 - 342.

Suerbaum, Joachim: Die Europäisierung des nationalen Verwaltungsrechts am Beispiel der Rückabwicklung gemeinschaftsrechtswidriger staatlicher Beihilfen, in: VerwArch. 91 (2000) S. 169 - 208.

Thubauville, Winfried: Anmerkung zu BVerwG, Urteil vom 13.3.1997 – 3 C 2.97 –, in: VM 1998 S. 22.

Volkmann, Uwe: Broken Windows, Zero Tolerance und das deutsche Ordnungsrecht, in: NVwZ 1999 S. 225 - 232.

Volkmann, Uwe: Das „intendierte" Verwaltungsermessen, in: DÖV 1996 S. 282 - 288.

ABKÜRZUNGSVERZEICHNIS

a.A.	anderer Ansicht
a.a.O.	am angegebenen Ort
a.a.Oen.	an angegebenen Orten
a.E.	am Ende
a.F.	alter Fassung
Abs.	Absatz
Abschn.	Abschnitt
AFWoG	Gesetz über den Abbau der Fehlsubventionierung im Wohnungswesen
AGFlHG	Gesetz zur Ausführung des Fleischhygienegesetzes
Alt.	Alternative
amtl.	amtliche(r, s)
Anm.	Anmerkung
AöR	Archiv des öffentlichen Rechts (Zeitschrift)
Art.	Artikel
AS	Amtliche Sammlung von Entscheidungen der Oberverwaltungsgerichte Rheinland-Pfalz und Saarland
AtG	Atomgesetz
Aufl.	Auflage
ausf.	ausführlich
AuslG	Ausländergesetz
BadWürttHaushO	baden-württembergische Haushaltsordnung
BauGB	Baugesetzbuch
Bay./bay.	Bayern/bayerisch
BayVBl.	Bayerische Verwaltungsblätter (Zeitschrift)
BayVGH	Bayerischer Verwaltungsgerichtshof
BBauG	Bundesbaugesetz
BBesG	Bundesbesoldungsgesetz
BBG	Bundesbeamtengesetz
Bd.	Band
BDSG	Bundesdatenschutzgesetz
BeamtVG	Beamtenversorgungsgesetz
Bearb.	Bearbeiter
Begr.	Begründer
BGB	Bürgerliches Gesetzbuch
BGBl.	Bundesgesetzblatt
BHO	Bundeshaushaltsordnung

BRRG	Beamtenrechtsrahmengesetz
BRS	Baurechtssammlung (Entscheidungssammlung)
BSG	Bundessozialgericht
BSGE	Entscheidungen des Bundessozialgerichts
BSHG	Bundessozialhilfegesetz
BT-Drucks.	Bundestagsdrucksache
Buchst.	Buchstabe
BVerfG	Bundesverfassungsgericht
BVerfGE	Entscheidungen des Bundesverfassungsgerichts
BVerwG	Bundesverwaltungsgericht
BVerwGE	Entscheidungen des Bundesverwaltungsgerichts
BVFG	Bundesvertriebenengesetz
BW	Baden-Württemberg
bzw.	beziehungsweise
d.h.	das heißt
DAR	Deutsches Autorecht (Zeitschrift)
ders.	derselbe
dies.	dieselben
Diss. jur.	juristische Dissertation
DJT	Deutscher Juristentag
DÖV	Die öffentliche Verwaltung (Zeitschrift)
DSchG	Denkmalschutzgesetz
DSG	Datenschutzgesetz
DVBl.	Deutsches Verwaltungsblatt (Zeitschrift)
DVP	Deutsche Verwaltungspraxis (Zeitschrift)
EGV	Vertrag zur Gründung der Europäischen Gemeinschaft
Einf.	Einführung
Einl.	Einleitung
ESVGH	Entscheidungen des Hessischen Verwaltungsgerichtshofs und des Verwaltungsgerichtshofs Baden-Württemberg
etc.	et cetera
EuGRZ	Europäische Grundrechtszeitschrift (Zeitschrift)
f., ff.	folgende
Fn.	Fußnote
FS	Festschrift
GastG	Gaststättengesetz
GbSch	Gesetz über das berufliche Schulwesen
GewArch.	Gewerbearchiv (Zeitschrift)

GewO	Gewerbeordnung
GG	Grundgesetz
ggf.	gegebenenfalls
GmS-OGB	Gemeinsamer Senat der obersten Gerichtshöfe des Bundes
GrStG	Grundsteuergesetz
GüKG	Güterkraftverkehrsgesetz
GVBl.	Gesetz- und Verordnungsblatt
h.M.	herrschende Meinung
HandwO	Handwerksordnung
HessVGH	Hessischer Verwaltungsgerichtshof
Hmbg./hmbg.	Hamburg/hamburgisch
Hrsg.	Herausgeber
i.d.R.	in der Regel
i.d.S.	in diesem Sinne
i.e.S.	im engeren/eigentlichen Sinne
i.ü.	im übrigen
i.V.m.	in Verbindung mit
i.w.S.	im weiteren Sinne
JA	Juristische Arbeitsblätter (Zeitschrift)
jur.	juristisch
Jura	Juristische Ausbildung (Zeitschrift)
JuS	Juristische Schulung (Zeitschrift)
JZ	Juristenzeitung (Zeitschrift)
Kap.	Kapitel
KatSG	Katastrophenschutzgesetz
KrW-/AbfG	Kreislaufwirtschafts- und Abfallgesetz
LBauO	Landesbauordnung
LHO	Landeshaushaltsordnung
li. Sp.	linke Spalte
LKV	Landes- und Kommunalverwaltung (Zeitschrift)
Ls.	Leitsatz
m.w.N.	mit weiteren Nachweisen
MAVV	Milchaufgabevergütungsverordnung
MEPolG	Musterentwurf eines einheitlichen Polizeigesetzes des Bundes und der Länder
MV	Mecklenburg-Vorpommern
n.F.	neuer Fassung
Nds./nds.	Niedersachsen/niedersächsisch
NJW	Neue Juristische Wochenschrift (Zeitschrift)

NJW-RR	Neue Juristische Wochenschrift – Rechtsprechungsreport (Zeitschrift)
Nr.	Nummer
Nrn.	Nummern
NVwZ	Neue Zeitschrift für Verwaltungsrecht (Zeitschrift)
NW	Nordrhein-Westfalen
Nwse.	Nachweise
NWVBL	nordrhein-westfälische Verwaltungsblätter
NZV	Neue Zeitschrift für Verkehrsrecht (Zeitschrift)
o.ä.	oder ähnliche
OVG	Oberverwaltungsgericht
OVGE Bln.	Entscheidungen des Oberverwaltungsgerichts Berlin
PflSchG	Pflanzenschutzgesetz
re. Sp.	rechte Spalte
RiA	Recht im Amt (Zeitschrift)
Rn.	Randnummer
RP	Rheinland-Pfalz
S.	Seite(n)
s.	siehe
s.o.	siehe oben
s.u.	siehe unten
Saarl./saarl.	Saarland/saarländisch
SächsOVG	Sächsisches Oberverwaltungsgericht
Schl.-Holst./schl.-holst.	Schleswig-Holstein/schleswig-holsteinisch
SchulG	Schulgesetz
SGb	Die Sozialgerichtsbarkeit (Zeitschrift)
SGB	Sozialgesetzbuch
Slg.	Sammlung der Entscheidungen des (Europäischen) Gerichtshofs
sog.	sogenannte(r, s)
sonst.	sonstige(r, s)
SozVers.	Die Sozialversicherung (Zeitschrift)
SPE	Sammlung schul- und prüfungsrechtlicher Entscheidungen (Entscheidungssammlung)
st. Rspr.	ständige Rechtsprechung
StVG	Straßenverkehrsgesetz
StVO	Straßenverkehrsordnung
StVZO	Straßenverkehrszulassungsordnung
ThürOVG	Thüringisches Oberverwaltungsgericht

ThürVBl.	Thüringer Verwaltungsblätter (Zeitschrift)
TierSchG	Tierschutzgesetz
TKG	Telekommunikationsgesetz
twse.	teilweise
u.a.	und andere/unter anderem
u.U.	unter Umständen
UBWV	Unterrichtsblätter für die Bundeswehrverwaltung (Zeitschrift)
usw.	und so weiter
v.	vom, von
VBlBW	Verwaltungsblätter für Baden-Württemberg (Zeitschrift)
VersG	Versammlungsgesetz
VerwArch.	Verwaltungsarchiv (Zeitschrift)
vgl.	vergleiche
VM	Verkehrsrechtliche Mitteilungen (Zeitschrift)
VO	Verordnung
VR	Verwaltungsrundschau (Zeitschrift)
VRS	Verkehrsrechtssammlung (Entscheidungssammlung)
VVDStRL	Veröffentlichungen der Vereinigung der Deutschen Staatsrechtslehrer
VwGO	Verwaltungsgerichtsordnung
VwV	Verwaltungsvorschrift
VwVfG	Verwaltungsverfahrensgesetz
VwVG	Verwaltungsvollstreckungsgesetz
WaffG	Waffengesetz
WoBindG	Wohnungsbindungsgesetz
WohngeldG	Wohngeldgesetz
WPflG	Wehrpflichtgesetz
z.B.	zum Beispiel
z.T.	zum Teil
ZAR	Zeitschrift für Ausländerrecht und Ausländerpolitik (Zeitschrift)
ZBR	Zeitschrift für Beamtenrecht (Zeitschrift)
ZDG	Zivildienstgesetz
zit.	zitiert
ZSchG	Zivilschutzgesetz
zust.	zustimmend
zutr.	zutreffend
ZwVbVO	Zweckentfremdungsverbotsverordnung

Kapitel 1: Einleitung

A. Entwicklung des intendierten Verwaltungsermessens

Die Rechtsfigur des intendierten Verwaltungsermessens ist eine Schöpfung der verwaltungsgerichtlichen Rechtsprechung. Das erste Mal fand die ermessenslenkende „gesetzliche Intention" Erwähnung in einer Entscheidung des Bundesverwaltungsgerichts vom 28. August 1980[1]. Der Sache nach gelangte diese Figur freilich schon vorher zur Anwendung, insbesondere in der Rechtsprechung der Oberverwaltungsgerichte zum Gefahrenabwehrrecht[2]. Auf eine kurze Formel gebracht sprach man im Anschluß an die Leitentscheidung des Bundesverwaltungsgerichts bald nur noch vom intendierten Ermessen[3].

In der Folgezeit zog die Rechtsprechung in zahlreichen Entscheidung zu diversen Vorschriften das intendierte Ermessen heran, allerdings ohne es immer beim Namen zu nennen. Vielfach war - ähnlich wie in der älteren unterinstanzlichen Rechtsprechung - schlicht von einer Regelfallentscheidung[4] die Rede, mitunter auch von einer "regelmäßigen Ermessensreduktion auf Null"[5], wenngleich dieser Begriff die Grenzen der Figuren des intendier-

---

1 BVerwG, Beschluß vom 28.8.1980 - 4 B 67.80 -, Buchholz 406.11 § 35 BBauG Nr. 168, S. 126 ff., 128.

2 Z.B. OVG Berlin, Urteil vom 14.2.1969 - II B 70.68 -, OVGE Bln. 10, 99 f., 100; OVG Lüneburg, Urteil vom 17.9.1975 - VII OVG A 149/75 -, GewArch. 1976, 124 ff., 125 f., zu § 16 Abs. 3 Satz 1 HandwO; OVG NW, Urteil vom 15.9.1977 - XIII A 1008/75 -, GewArch. 1978, 28 f. ebenfalls zu § 16 Abs. 3 Satz 1 HandwO (allerdings unter Bemühung der sog. Ermessensreduktion auf Null); OVG RP, Urteil vom 13.12.1979 - 1 A 68/77 -, AS 15, 324 ff., 325; BayVGH, Urteil vom 6.2.1980 - 15.B-1048/79 -, BayVBl. 1981, 89 f., 90, jeweils zum Einschreiten gegen einen baurechtswidrigen Zustand (Beseitigungsanordnung).

3 Z.B. BVerwG, Urteil vom 5.7.1985 - 8 C 22.83 -, BVerwGE 72, 1 ff., 6.

4 Z.B. BVerwG, Urteil vom 28.4.1983 - 2 C 89.81 -, DVBl. 1983, 1105 ff., 1107 re. Sp. unten.

5 Z.B. OVG NW, Urteil vom 15.9.1977 - XIII A 1008/75 -, GewArch. 1978, 28 f., 29; OVG RP, Beschluß vom 6.12.1993 - 11 B 12071/93.OVG -, GewArch. 1994, 203 f., 204; *Gern*, DVBl. 1987, 1194 ff., 1197 ff.

ten Ermessens und der Ermessensreduktion in nicht wünschenswerter Weise verschwimmen läßt[6].

Es entwickelte sich eine schwer überschaubare Kasuistik, da gemäß der Prämisse der Rechtsprechung grundsätzlich jede Ermessensnorm in Zusammenschau mit anderen im Kontext stehenden Normen und Rechtsgrundsätzen auszulegen und auf eine ermessenslenkende Intention hin zu überprüfen ist. Allgemeingültige Kriterien für die Ermittlung intendierten Verwaltungsermessens und die Zusammenstellung von Fallgruppen[7] fehlen bislang. Die Vorschriften, die nach der Rechtsprechung ein intendiertes Ermessen eröffnen, bedürfen daher der Untersuchung im Hinblick auf Gemeinsamkeiten in Struktur und Regelungsgehalt.

In der juristischen Literatur fand die Rechtsfigur zwar Beachtung, ausführliche Darstellungen sind aber selten[8]. Dabei stößt das intendierte Ermessen überwiegend auf Skepsis[9].

---

6 Zur Abgrenzung unten, Kap. 3 unter B II.

7 Ansätze bei *P. Stelkens/U. Stelkens*, in: Stelkens/Bonk/Sachs, VwVfG, § 39 Rn. 35.

8 *Beckmann*, VR 1999, 357 ff.; *Beuermann*, Intendiertes Ermessen; *Borowski*, DVBl. 2000, 149 ff.; *Masloff*, UBWV 1998, 26 ff.; *Volkmann*, DÖV 1996, 282 ff.

9 Kritisch äußern sich z.B.: *Borowski*, DVBl. 2000, 149 ff.; *Brinktrine*, Verwaltungsermessen, S. 47 f.; *Bull*, Allg. VerwR., Rn. 412a; *Gerhardt* in: Schoch/Schmidt-Aßmann/Pietzner, VwGO, § 114 Rn. 20; *Giemulla/Jaworsky/Müller-Uri*, VerwR., Rn. 85 Fn. 5 (S. 45 f.); *Liebetanz* in: Obermayer, VwVfG, § 39 Rn. 34 und § 40 Rn. 16; *Masloff*, UBWV 1998, 26 ff.; *Maurer*, Allg. VerwR., § 7 Rn. 12 (S. 126); *Michaelis*, JA 1998, 453 ff., 455; *Peine*, Allg. VerwR., Rn. 69; *Sachs* in: Stelkens/Bonk/Sachs, VwVfG, § 40 Rn. 30; *Sproll*, Allg. VerwR. II, Rn. 126; *Stelkens* in: Stelkens/Bonk/Sachs, VwVfG (5. Aufl.), § 39 Rn. 35; *Stelkens*, VwVf., Rn. 396 ff.; *Stelkens*, NWVBL 1989, 335 ff., 338 f.; *Volkmann*, DÖV 1996, 282 ff.
Zurückhaltend in der Kritik nunmehr *P. Stelkens/U. Stelkens* in: Stelkens/Bonk/Sachs, VwVfG, § 39 Rn. 35 f., unter Berufung auf die dogmatische Konstruktion *Borowskis*, DVBl. 2000, 149 ff.
Dagegen folgen der Rspr.: *Beckmann*, VR 1999, 357 ff., 359; *Beuermann*, Intendiertes Ermessen, S. 170 f. (auf Ergebniskontrolle in diversen Anwendungsbereichen beschränkt); *Kopp/Schenke*, VwGO, § 114 Rn. 21b; *Schwab*, Begründungspflicht, S. 54 ff., insb. S. 60; *Schwabe*, DVBl. 1998, 147 f., *Wolff/Bachof/Stober*, VerwR. I, § 31 Rn. 34a (S. 457 f.); verhalten: *Henneke* in: Knack, VwVfG, § 39 Rn. 32 und § 40 Rn. 35; *Rennert* in: Eyermann/Fröhler, VwGO, § 114 Rn. 15.
Offenbar unentschieden: *Driehaus/Pietzner*, Allg. VerwR., § 9 Rn. 22 (S. 79); *Kopp/Ramsauer*, VwVfG, § 39 Rn. 29 f. und § 40 Rn. 45 f.; *Ossenbühl* in: Erichsen, Allg. VerwR., § 10 Rn. 13 (S. 206); *Pache*, Abwägung, S. 25 und 26.

B. Begriff des intendierten Verwaltungsermessens

Bereits in seiner grundlegenden Entscheidung vom 28. August 1980[10] arbeitete das Bundesverwaltungsgericht die wesentlichen Begriffsmerkmale und Rechtsfolgen des intendierten Verwaltungsermessens heraus. An dieser Rechtsprechung hält es - ebenso wie die Oberverwaltungsgerichte und Verwaltungsgerichtshöfe - seither fest[11].

Intendiertes Ermessen liegt demnach vor, wenn die Richtung der Ermessensbetätigung vom Gesetz vorgezeichnet ist, bei der also ein bestimmtes Ergebnis dem Gesetz näher steht, sozusagen im Grundsatz gewollt ist und davon nur ausnahmsweise abgesehen werden darf oder kann[12]. Die Ermessensvorschrift muß dahingehend auszulegen sein, daß sie für den Regelfall von einer Ermessensausübung in einem bestimmten Sinne ausgeht[13]. Folgt die Behörde dieser Vorgabe, braucht sie "Für und Wider" nicht abzuwägen[14]; das Ergebnis der Abwägung versteht sich von selbst[15]. Damit entfällt zugleich auch eine entsprechende Begründungspflicht der Behörde[16]. Die Behörde muß keine Abwägung begründen, die sie nicht vorgenommen hat und nach ihrer Auffassung auch nicht vorzunehmen brauchte[17]; Selbstverständlichkeiten bedürfen keiner Begründung[18]. Bei der Ausübung intendierten Ermessens darf bzw. muß die Behörde "Für und Wider" nur dann abwägen, wenn sie in dem zu würdigenden Einzelfall konkrete Anhaltspunkte für

---

10 - 4 B 67.80 -, Buchholz 406.11 § 35 BBauG Nr. 168 S. 126 ff., 128.

11 Z.B.: BVerwG, Urteil vom 5.7.1985 - 8 C 22.83 -, BVerwGE 72, 1 ff. 5 ff.; Urteil vom 23.5.1996 - 3 C 13.94 -, Buchholz 451.513 Sonst. Marktordnungsrecht Nr. 1 S. 1 ff., 13; Urteil vom 16.6.1997 - 3 C 22.96 -, BVerwGE 105, 55 ff., 57.

12 BVerwG, Beschluß vom 28.8.1980 - 4 B 67.80 -, Buchholz 406.11 § 35 BBauG Nr. 168 S. 126 ff., 128.

13 BVerwG, Urteil vom 16.6.1997 - 3 C 22.96 -, BVerwGE 105, 55 ff., 57.

14 BVerwG, Beschluß vom 28.8.1980 - 4 B 67.80 -, Buchholz 406.11 § 35 BBauG Nr. 168 S. 126 ff., 128.

15 BVerwG, Urteil vom 23.5.1996 - 3 C 13.94 -, Buchholz 451.513 Sonst. Marktordnungsrecht Nr. 1 S. 1 ff., 13; Urteil vom 16.6.1997 - 3 C 22.96 -, BVerwGE 105, 55 ff., 57.

16 BVerwG, Beschluß vom 28.8.1980 - 4 B 67.80 -, Buchholz 406.11 § 35 BBauG Nr. 168 S. 126 ff., 128.

17 BVerwG, Beschluß vom 28.8.1980 - 4 B 67.80 -, Buchholz 406.11 § 35 BBauG Nr. 168 S. 126 ff., 128.

18 BVerwG, Urteil vom 23.5.1996 - 3 C 13.94 -, Buchholz 451.513 Sonst. Marktordnungsrecht Nr. 1 S. 1 ff., 13; Urteil vom 16.6.1997 - 3 C 22.96 -, BVerwGE 105, 55 ff., 57.

die Angemessenheit einer Ausnahme festzustellen vermag[19], wenn ihr also außergewöhnliche Umstände des Falles bekanntgeworden oder erkennbar sind, die eine andere Entscheidung möglich erscheinen lassen[20]. Es stellt jedenfalls keinen Ermessensfehler dar, wenn die Verwaltungsbehörde die Regelfallentscheidung trifft und nur bei Vorliegen besonderer Umstände anders verfährt[21].

Demzufolge schränkt ein im Wege der Auslegung zu ermittelndes vorrangiges Interesse, das der Ermessensvorschrift selbst, den im Kontext stehenden Regelungen oder allgemeinen gesetzesimmanenten Grundsätzen zu entnehmen ist, einen nach dem Wortlaut des Gesetzes („kann“, „darf“ etc.[22]) bestehenden Ermessensspielraum der Verwaltung ein; ein Regel-Ausnahme-Verhältnis offenbart sich[23].

Der Gesetzgeber erzielt eine vergleichbare Ermessenslenkung durch ausdrückliche Regelungen. Ein entsprechendes Regel-Ausnahme-Verhältnis besteht bei sogenannten Soll-Vorschriften, die eine Regelfallentscheidung ausdrücklich vorgeben, etwa durch Verwendung der Formulierungen „soll“, „in der Regel“, „regelmäßig“, „grundsätzlich“ usw.[24]. Folgerichtig hebt die

---

19 BVerwG, Beschluß vom 28.8.1980 - 4 B 67.80 -, Buchholz 406.11 § 35 BBauG Nr. 168 S. 126 ff., 128.

20 BVerwG, Urteil vom 16.6.1997 - 3 C 22.96 -, BVerwGE 105, 55 ff., 57 f.

21 BVerwG, Urteil vom 20.2.1990 - 1 C 42/83 -, NJW 1990, 2761 ff., 2764 re. Sp. unter c.

22 Zu den Formulierungsvarianten ausführlich *Brinktrine*, Verwaltungsermessen, S. 38 ff., und *Sachs* in: Stelkens/Bonk/Sachs, VwVfG, § 40 Rn. 21 f.

23 Bei dem Versuch der Abgrenzung zu den sog. Soll-Vorschriften konstatiert *Beuermann*, Intendiertes Ermessen, S. 35 f., im Falle intendierten Ermessens schließe sich an die Tatbestandsprüfung die Frage nach einer atypischen Sachlage an. Liege letztere nicht vor, sei in einem weiteren Schritt zu ermitteln, welche Entscheidung zu treffen sei, um der gesetzlichen Intention gerecht zu werden. - *Beuermann* mißversteht die Vorgehensweise der Rechtsprechung beim intendierten Ermessen. Außerdem erweist sich die Überlegung als in sich widersprüchlich. Um überhaupt ein intendiertes Ermessen annehmen zu können, muß ein gesetzliches Regel-Ausnahme-Verhältnis bestehen, das die Regelfallentscheidung festlegt. Selbige wird somit *nicht* in einem abschließenden Schritt ermittelt.

24 Zu den Formulierungsvarianten wiederum ausführlich *Brinktrine*, Verwaltungsermessen, S. 41, und *Sachs* in: Stelkens/Bonk/Sachs, VwVfG, § 40 Rn. 26 f.
Beuermann, Intendiertes Ermessen, S. 63 ff. und 156, begreift Regelungen, die nicht ausdrücklich die Wendung "soll" enthalten, als Fälle des intendierten Ermessens "kraft Gesetzeswortlaut". Dieser Kategorie bedarf es nicht; sie beruht auf einem übertrieben engen Verständnis des Begriffes Soll-Vorschrift, das von Rechtsprechung und Literatur nicht geteilt wird. Es ist *Beuermann* allerdings zuzugeben, daß in der Rechtsprechung trotz des klaren Wortlautes einer Vorschrift vereinzelt das intendierte

Literatur die Ähnlichkeit des intendierten Ermessens mit Soll-Vorschriften hervor[25]. Ob aber beim intendierten Ermessen im Regelfall gleichsam eine gebundene Entscheidung ergeht oder aber nur die Möglichkeit besteht, sich ohne jede Ermessensausübung auf den Regelfall zu berufen und demgemäß zu entscheiden, bleibt zu untersuchen[26].

Als Charakteristikum des intendierten Ermessen ist festzuhalten, daß die intentionsbedingte Ermesseneinschränkung unabhängig vom Einzelfall, also abstrakt erfolgt. Die Frage, ob intendiertes Ermessen vorliegt, stellt sich mithin vor der eigentlichen Ermessensausübung als Abwägung einzelfallbezogener Umstände.

C. Der Gang der Untersuchung

Anschließend an einen nach Fallgruppen geordneten Überblick über die Anwendungsfälle des intendierten Verwaltungsermessens in der Rechtsprechung des Bundesverwaltungsgerichts und der Obergerichte der Länder (Kapitel 2), werden die von der Rechtsprechung aufgestellten Grundsätze einer dogmatischen Überprüfung unterzogen. Die Darstellung arbeitet dabei zunächst die Funktionen und die Vorzüge der neuen Rechtsfigur heraus, ehe sie sich ihrem dogmatischen Gerüst widmet. Einen Schwerpunkt bildet dabei der Vergleich zu der herkömmlichen Vorgehensweise bei offenem Ermessen, einen weiteren die Qualifizierung des intendierten Verwaltungsermessens als Akt der Rechtsfortbildung, nämlich der teleologischen Korrektur. Es schließen sich Ausführungen über die Einordnung in das System der Ermessenslehre an, wobei die Abgrenzung zur sogenannten Ermessensreduzierung im Vordergrund steht. Ferner klärt sich das Verhältnis zu Soll-Vorschriften sowie die Bedeutung gesetzlicher Ermessensdirektiven und allgemeiner Zweckvorgaben. Zudem werden die sogenannten Koppelungsvorschriften und die Rechtsfigur des "einheitlichen Ermessens" einer eingehen-

---

Ermessen bemüht wurde, vgl. BVerwG, Urteil vom 23.5.1996 - 3 C 13.94 -, Buchholz 451.513 Sonst. Marktordnungsrecht Nr. 1 S. 1 ff., 13.

25 Z.B.: *Beuermann*, Intendiertes Ermessen, S. 34 f.; *Brinktrine*, Verwaltungsermessen, S. 47; *Kopp/Ramsauer*, VwVfG, § 39 Rn. 29 f. und § 40 Rn. 45 f.; *Kopp/Schenke*, VwGO, § 114 Rn. 21b; *Masloff*, UBWV 1998, 26 ff., 27 li. Sp. vor III; *Michaelis*, JA 1998, 453 ff., 455; *Ossenbühl* in: Erichsen, Allg. VerwR., § 10 Rn. 13 (S. 206); *Sproll*, Allg. VerwR. II, Rn. 126; *Volkmann*, DÖV 1996, 282 ff..

26 Ob und inwieweit bei Vorliegen einer solchen gesetzlichen Intention eine behördliche Pflicht besteht, die Regelentscheidung zu treffen, ist bislang nicht geklärt. Siehe dazu Kap. 6 unter A.

den Betrachtung unterzogen. Schließlich zeigt die Untersuchung Parallelen zur Auslegung einer Kann-Vorschrift als zwingender Vorschrift auf (Kapitel 3). Kapitel 4 faßt die von der Literatur vorgebrachte Kritik zusammen und setzt sich mit ihr eingehend auseinander. In Kapitel 5 wird der Versuch unternommen, allgemeine Kriterien zu entwickeln, anhand derer sich ein intendiertes Ermessen identifizieren läßt. Dem Rechtsanwender soll auf diese Weise die erforderliche Auslegung erleichtert werden. Im Anschluß daran widmet sich die Darstellung den Rechtsfolgen des intendierten Ermessens. Neben den Auswirkungen auf die zu treffende Entscheidung als solche ergeben sich zahlreiche Konsequenzen für das Verwaltungsverfahren. Behandelt werden dabei auch mögliche Fehlentscheidungen der Behörde, etwa die irrige Annahme einer Intention oder die unzutreffende Verneinung eines Ausnahmefalles, sowie naheliegende Verfahrensfehler (Kapitel 6). Das abschließende siebente Kapitel stellt die wesentlichen Ergebnisse der Untersuchung dar und erlaubt so einen schnellen Überblick über die gesamte Abhandlung.

Kapitel 2: Fälle des intendierten Verwaltungsermessens in Rechtsprechung und Literatur

Gemäß der Vorgehensweise der Rechtsprechung, grundsätzlich jede Ermessensnorm auf eine ermessenslenkende Intention hin zu überprüfen, entwickelte sich im Laufe der Zeit eine breitgefächerte Kasuistik. Zahlreichen Vorschriften schrieben die Gerichte ein intendiertes Ermessen zu, ohne daß bislang Fallgruppen oder gar abstrakte Kriterien erkennbar sind, anhand derer sich zuverlässig und vor allem einheitlich eine Intention ablesen ließe. Eine weitgehend unsystematische Einzelfallrechtsprechung gilt es aber zu vermeiden bzw. auf ein Mindestmaß zu beschränken. Dazu bedarf es der genauen Analyse der einschlägigen Judikate, um Entscheidungslinien nachzuzeichnen und ein System zu entwickeln.

Bei dem nachfolgenden Überblick über die Anwendungsfälle des intendierten Ermessens offenbaren sich Schwerpunkte, sogar gewisse Fallgruppen, die letztlich zu einer Abstrahierung beitragen. Die Darstellung faßt die einzelnen Entscheidungen - soweit möglich - nach materiellen Kriterien zusammen und breitet so deskriptiv einzelne Anwendungsfelder aus. Der Rechtsprechungs- und Literaturüberblick erhebt dabei keinen Anspruch auf Vollständigkeit. Eingedenk der Vielzahl gerichtlicher Entscheidungen, die Ermessensvorschriften betreffen, und der in der Praxis noch uneinheitlichen Bezeichnung - zuweilen ist von einer "Regelfallentscheidung" oder einer "Ermessensreduktion im Regelfall" die Rede - kann nicht ausgeschlossen werden, daß die eine oder andere Entscheidung, die der Sache nach von einem intendierten Ermessen ausgeht, in dieser Übersicht nicht enthalten ist.

Die Literatur zum jeweiligen Fachrecht geht auf das Problem des intendierten Ermessens häufig nur am Rande ein, sofern sie die Entwicklung der neuen Rechtsfigur überhaupt zur Kenntnis nimmt. Diese sporadische Rezeption mag verwundern; immerhin erging die Leitentscheidung des Bundesverwaltungsgerichts bereits im Jahre 1980.

A. Das gefahrenabwehrrechtliche Einschreiten gegen rechtswidrige Zustände

Ein breites Anwendungsfeld für das intendierte Ermessen erschließt sich im Bereich des Gefahrenabwehrrechts beim Einschreiten gegen rechtswidrige Zustände durch entsprechende Verfügungen und Anordnungen. Die Aufhebung von Verwaltungsakten aufgrund eines im vor- oder im nachhinein rechtswidrigen Zustandes bleibt einem späteren Abschnitt vorbehalten[27].

Für die Rechtsprechung des Bundesverwaltungsgerichts grundlegend ist der eingangs erwähnte Beschluß vom 28. August 1980[28], in dem sich der 4. Senat allgemein zum ordnungsbehördlichen Einschreiten äußert[29]:

> „Einer Begründung der ‚Abwägung des Für und Wider' kann es voraussetzungsgemäß nicht bedürfen, soweit es nach dem jeweils einschlägigen materiellen Recht einer solchen Abwägung nicht bedarf. Diese Erkenntnis wirkt sich gerade auf das ordnungsbehördliche Einschreiten aus. Denn bei einem Einschreiten gegen rechts- oder auch nur ordnungswidrige Zustände stehen sich nicht in dem Sinne ein ‚Für und Wider' gegenüber, daß der zuständigen Behörde ohne gesetzliche Intention freigegeben wäre, zwischen dem Einschreiten und dem Nichteinschreiten zu wählen. Bei der Ermessensentscheidung über das Einschreiten gegen rechts- und ordnungswidrige Zustände geht es vielmehr darum, daß die zuständige Behörde in die Lage versetzt werden soll, von dem an sich aus der Natur der Sache gerechtfertigten, ja, gebotenen Einschreiten (ausnahmsweise) absehen zu dürfen, wenn sie dies für nach den konkreten Umständen opportun hält. Angesichts dessen braucht bei der (Ermessens-)Entscheidung über das Einschreiten das ‚Für und Wider' nur dann abgewogen zu werden, wenn der Fall so geartet ist, daß ganz bestimmte konkrete Anhaltspunkte für die Angemessenheit einer Ausnahme, d.h. der hier (ausnahmsweise) in Kauf zu nehmenden Duldung eines rechts- oder ordnungswidrigen Zustandes, bestehen."

Im Bereich des Bauordnungsrecht finden sich zahlreiche Judikate, die diese Rechtsprechung aufgreifen. Zu anderen Gebieten des besonderen Verwaltungsrechts ergingen hingegen weitaus weniger Entscheidungen, obwohl der Beschluß des Bundesverwaltungsgerichts vom 28.8.1980 das gesamte Ordnungsrecht in Bezug nimmt.

I. Baurechtliche Ordnungsverfügungen

Bereits vor der grundlegenden Entscheidung des Bundesverwaltungsgerichts haben das Oberverwaltungsgericht Rheinland-Pfalz und der Bayerische Verwaltungsgerichtshof der Sache nach intendiertes Ermessen beim

---

27 Siehe unten, E.

28 – 4 B 67.80 –, Buchholz 406.11 § 35 BBauG Nr. 168 S. 126 ff.

29 A.a.O. S. 127 f.

Erlaß einer baurechtlichen Beseitigungsanordnung angenommen[30]. Auch das Bundesverwaltungsgericht deutete in einer Entscheidung aus dem Jahre 1965[31] den späteren Standpunkt an, indem es ausführte, die Beseitigungsanordnung bei einem ungesetzlichen Bauwerk verstoße in der Regel nicht gegen den Grundsatz der Verhältnismäßigkeit.

In der Folgezeit griffen zahlreiche Entscheidungen zum bauaufsichtsrechtlichen Einschreiten die Figur des intendierten Ermessens auf[32].

Diese Rechtsprechung fand in der Literatur Zustimmung[33], wenngleich das intendierte Ermessen als Rechtsfigur zumeist keine Beachtung erfährt[34]. Eine dogmatische Auseinandersetzung findet jedenfalls nicht statt.

Das bekannte Problem, ob für den Erlaß einer Nutzungsuntersagung bzw. einer Beseitigungsanordnung eine Anlage sowohl in formeller als auch ma-

---

30 OVG RP, Urteil vom 13.12.1979 - 1 A 68/77 -, AS 15, 324 ff., 325; BayVGH, Urteil vom 6.2.1980 - 15.B-1048/79 -, BayVBl. 1981, 89 f., 90.

31 BVerwG, Beschluß vom 29.9.1965 - IV B 214.65 -, DÖV 1966, 249.

32 Zur Beseitigungsanordnung: OVG Lüneburg, Urteil vom 27.2.1981 - 1 A 64/79 -, BRS 38, 439 ff. (Nr. 205), 440 f., Urteil vom 10.3.1986 - 6 A 70/85 -, BRS 46, 443 ff. (Nr. 191), 444; BayVGH, Urteil vom 9.8.1984 - 26 B 82 A.692 -, BayVBl. 85, 751 f., 751, Urteil vom 16.10.1990 - 14 B 89.835 -, BayVBl. 1991, 754 f., 755; OVG d. Saarl., Urteil vom 9.8.1985 - 2 R 91/84 -, BRS 44, 450 ff. (Nr. 194), 452, Urteil vom 25.2.1992 - 2 R 78/89 -, BRS 54, 551 ff. (Nr. 207), 552 f.; OVG MV, Beschluß vom 2.11.1993 - 3 M 89/93 -, NVwZ 1995, 608 f., 608; ThürOVG, Beschluß vom 27.6.1996 - 1 EO 425/95 -, ThürVBl. 1997, 16 ff., 18, und Urteil vom 10.11.1999 - 1 KO 519/98 -, ThürVBl. 2000, 107 f., 108 re. Sp.
Zur Nutzungsuntersagung: BVerwG, Urteil vom 30.8.1985 - 4 C 50/82 -, NJW 1986, 393 f., 394; OVG d. Saarl., Beschluß vom 10.8.1994 - 2 W 24/94 -, BRS 56, 490 ff. (Nr. 191), 491; ThürOVG, Beschluß vom 27.6.1996 - 1 EO 425/95 -, ThürVBl. 1997, 16 ff., 18, Urteil vom 11.12.1997 - 1 KO 674/95 -, ThürVBl. 1998, 137 ff., 138.
Zur allg. Ordnungsverfügung: OVG NW, Urteil vom 25.10.1993 - 11 A 1349/91 -, NVwZ 94, 703 ff., 704.

33 *Brohm*, Öff. BauR., § 28 Rn. 5 (S. 502) und Rn. 13 (S. 506); *Hahn/Schulte*, Öff.-Rl. BaunachbarR., Rn. 463 (S. 144); *Jäde*, ThürVBl. 1993, 82 ff., 84 li. Sp. unter 2, 87 re. Sp. unter 2 sowie 88 re. Sp. unter 2; *ders.*, Bauaufsichtliche Maßnahmen, Rn. 92 und 251; *Lang* in: Jeromin, LBauO RP, § 78 Rn. 25, 64 (zu LBauO RP a.F.) und § 81 Rn. 25, 65 (zu LBauO RP 1999) m.w.N.; *Ortloff* in: Finkelnburg/Ortloff, Öff. BauR. II, § 12 IV (S. 160 f.) und § 13 VII 6 (S. 190).

34 Z.B.: *Grotefels* in: Hoppe/Grotefels, Öff. BauR., § 15 Rn. 85 ff. (S. 602 ff.).

terieller Hinsicht rechtswidrig errichtet sein muß[35], spielt für das intendierte Ermessen nur eine Rolle, wenn nicht nach dem Wortlaut des Gesetzes[36] bereits auf der Tatbestandsseite eine entsprechende Prüfung ansteht. Sieht man im übrigen sowohl die formelle als auch materielle Illegalität als erforderlich an und begründet dies mit dem Übermaßverbot, weil die Aufforderung zur Einholung einer Genehmigung das mildere Mittel darstellt, verlagert sich das Problem in die Ermessensausübung auf der Rechtsfolgenseite. Bei konsequenter Anwendung der Figur des intendierten Ermessens muß dann die materielle Rechtmäßigkeit, also die bestehende Genehmigungsfähigkeit, als Ausnahmetatbestand angesehen werden[37], der zum einen Ermessen eröffnet und dieses unter Umständen soweit reduziert, als lediglich die Aufforderung zur Stellung eines Bauantrags etc. in Betracht kommt.

II. Gewerberechtliche Untersagungs- und Schließungsverfügungen

Im Gewerberecht zeichnet sich eine Tendenz in der Rechtsprechung der Oberverwaltungsgerichte und Verwaltungsgerichtshöfe ab, bei Untersagungs- bzw. Schließungsverfügungen nach § 16 Abs. 3 Satz 1 und Abs. 4 HandwO[38], § 15 Abs. 2 Satz 1 GewO i.V.m. § 31 GastG[39] bzw. i.V.m.

---

[35] Dazu ausführlich: *Grotefels* in: Hoppe/Grotefels, Öff. BauR., § 15 Rn. 79 bzw. 84 m.w.N.

[36] Z.B. § 81 Satz 1 LBauO RP: "..., wenn nicht auf andere Weise rechtmäßige Zustände hergestellt werden können."

[37] So auch *Lang* in: Jeromin, LBauO RP, § 78 Rn. 7 und 65 (zu LBauO RP a.F.) und § 81 Rn. 7 und 66 (zu LBauO RP 1999).

[38] Zu § 16 Abs. 3 Satz 1 HandwO: OVG Lüneburg, Urteil vom 17.9.1975 - VII OVG A 149/75 -, GewArch. 1976, 124 ff., 125; OVG NW, Urteil vom 15.9.1977 - XIII A 1008/75 -, GewArch. 1978, 28 f., 29 (Das Urteil spricht von einer Ermessensreduzierung auf Null "im Regelfall". Der Sache nach handelt es sich aber um intendiertes Ermessen, wie sich den Urteilsgründen unschwer entnehmen läßt.); OVG RP, Urteil vom 17.3.1982 - 2 A 71/81 -, GewArch. 1982, 203 f., 204; HessVGH, Urteil vom 20.2.1990 - 11 UE 2161/85 -, NVwZ 1991, 280 ff., 281 (bezeichnet als "Ermessensreduktion im Regelfall").
Zu § 16 Abs. 4 HandwO: OVG RP, Beschluß vom 6.12.1993 - 11 B 12074/93.OVG -, GewArch. 1994, 203 f., 204 (unzutr. als Ermessensreduktion bezeichnet).

[39] HessVGH, Beschluß vom 20.2.1996 - 14 TG 430/95 -, GewArch. 1996, 291 ff., 292 (intendiertes Ermessen wird ausdrücklich gleichgesetzt mit einer Ermessensreduktion im Regelfall).
A.A.: VGH BW, Beschluß vom 23.11.1992 - 14 S 2179/92 -, GewArch. 1993, 81 ff., 82; anders auch noch: HessVGH, Beschluß vom 13.10.1993 - 14 TH 84/93 -, GewArch. 1994, 116 f. 116: Beide Entscheidungen stellen schlicht darauf ab, daß

§ 33a GewO[40] und § 35 Abs. 5 GewO a.F.[41] eine Intention im zuvor dargestellten Sinne anzunehmen. In den entsprechenden Entscheidungen klingt an, daß für eine Ordnungsverfügung die formelle Illegalität grundsätzlich ausreiche; ein Ausnahmefall, der die zuständige Behörde zu einer Ermessensausübung zwingt, soll aber dann vorliegen, wenn die materielle Legalität erkennbar besteht oder in naher Zukunft eintritt[42].

Die Literatur rezipiert die Rechtsprechung zu § 16 Abs. 3 HandwO überwiegend wohlwollend[43]. Es sei in der Regel im öffentlichen Interesse angezeigt, den Handwerksbetrieb zu untersagen, wenn nicht ausnahmsweise die materiellen Voraussetzungen für die Eintragung in die Handwerksrolle vorlägen.

In § 16 Abs. 4 HandwO soll das Ermessen durch die Amtspflicht eingeschränkt sein, die Fortsetzung untersagter Handwerksbetriebe zu verhindern; von Zwangsmaßnahmen könne immer nur dann abgesehen werden, wenn die Behörde davon ausgehen dürfe, das Unternehmen werde in angemessener Frist beendet[44]. Auch diese Ansicht entspricht dem Standpunkt der Rechtsprechung.

Die Diskussion zu § 15 Abs. 2 GewO (i.V.m. § 31 GastG) gestaltet sich hingegen lebhafter[45]. Die gegen das intendierte Ermessen erhobene Kritik

---

§ 15 Abs. 2 GewO eine Ermessensvorschrift ("kann") sei, so daß Ermessen ausgeübt und die Entscheidung dementsprechend begründet werden müsse. Mit der Frage der Ermessensintention setzen sich die Entscheidungen nicht auseinander.

40 OVG Hamburg, Beschluß vom 7.8.1992 - OVG Bs VI 64/92 -, GewArch. 1992, 423 f., 424.

41 Schl.-Holst. OVG, Beschluß vom 23.10.1995 - 3 M 82/95 -, GewArch. 1996, 24 f., 25.

42 So insb. OVG RP, Urteil vom 17.3.1982 - 2 A 71/81 -, GewArch. 1982, 203 f., 204, Beschluß vom 6.12.1993 - 11 B 12074/93.OVG -, GewArch. 1994, 203 f., 204; HessVGH, Urteil vom 20.2.1990 - 11 UE 2161/85 -, NVwZ 1991, 280 ff., 281.

43 *Frotscher*, WirtVerf.- u. WirtVwR., Rn. 311 (S. 186 f.); *Meier* in: Schmidt, Kompendium, § 10 Rn. 60 (S. 285); *Musielak/Detterbeck*, R. d. Handw., § 16 Rn. 12; *Stober*, Handbuch, S. 1167 unter 5, jeweils m.w.N.
A.A. *Czybulka* in: Schmidt, Öff. WirtR. BT 1, § 2 Rn. 94 (S. 156 f.), der eine Ermessensreduktion auf Null im Regelfall ohne nähere Begründung für zu weitgehend hält.

44 *Musielak/Detterbeck*, R. d. Handw., § 16 Rn. 15.

45 Zustimmend: *Pauly* in: Michel/Kienzle, GaststättenG., § 2 Rn. 11 m.w.N.
Dagegen: *Seitter*, GaststättenR., § 15 Rn. 11; *Heß* in: Friauf, GewO, § 15 Rn. 26.

fußt maßgeblich darauf, daß sich die Behörde der komplexen Struktur der einzelnen Bestandteile ihrer Entscheidungsfindung durch abgestufte Ermessenserwägungen bewußt werden solle, so daß die Begründung einer Verfügung nach § 15 Abs. 2 Satz 1 GewO stets Erwägungen enthalten müsse, die erkennen ließen, daß der Behörde das Ineinandergreifen von rechtlich gebundenen und in ihrem Ermessen stehenden Maßnahmen deutlich gewesen sei[46].

Ohne der dogmatischen Untersuchung vorgreifen zu wollen, ist darauf hinzuweisen, daß diese Argumentation in einem Zirkelschluß endet. Sie verkennt, daß eine gesetzliche Intention das Ermessen einschränkt, so daß sich die Behörde eines Ermessensspielraums durch entsprechende Erwägungen nicht bewußt werden muß. Sie beruht daher offenbar auf der Prämisse, daß eine Kannbestimmung zwangsläufig freies Ermessen eröffnet.

III. Einzelne Eingriffsermächtigungen aus dem Bereich des Gefahrenabwehrrechts

Entscheidungen zum sonstigen Gefahrenabwehrrecht sind rar.

Ein Einschreiten nach § 2 Abs. 2 TierSchG a.F. (entspricht § 16a Satz 1 n.F.) soll bei einem Verstoß gegen die Vorschriften des Tierschutzgesetzes die "nicht näher zu begründende Regel" darstellen[47].

Die Meinungen in der Literatur dazu sind geteilt. Nach einer Ansicht wird im Einklang mit dem Verwaltungsgerichtshof Baden-Württemberg eine Intention im dargestellten Sinne angenommen (ohne dies näher zu begründen)[48], nach anderer Ansicht soll - offenbar ohne das Problem zu erkennen - von einer freien Ermessensentscheidung auszugehen sein[49]. Weitere Stellungnahmen sind bislang nicht ersichtlich.

Der Verwaltungsgerichtshof Baden-Württemberg führt zu dem nach § 1 Abs. 2 AGFlHG BW eingeräumten (intendierten) Ermessen aus[50]:

---

[46] *Heß*, a.a.O. Ohne weitere Begründung schließt sich *Heß* aber dem Beschluß des OVG Hamburg vom 7.8.1992 - Bs VI 64/92 -, GewArch. 1992, 423 f., 424, zu § 15 Abs. 2 i.V.m. § 33a GewO an.

[47] VGH BW, Urteil vom 12.3.1985 - 10 S 1891/82 -, NJW 1986, 395 ff., 398 f.

[48] *Lorz*, TierSchG. (3./4. Aufl.), § 16a Rn. 5.

[49] *Metzger* in: Lorz/Metzger, TierSchG. (5. Aufl.), § 16a Rn. 8 f.

[50] VGH BW, Beschluß vom 12.11.1997 - 9 S 2530/97 -, VBlBW 1998, 186 ff., 188.

"Darin ist die Vorschrift Eingriffsermächtigungen aus anderen Rechtsgebieten vergleichbar, denen es ebenfalls in erster Linie um die Aufrechterhaltung oder Wiederherstellung rechtmäßiger Zustände geht... Damit ist das... eingeräumte Ermessen nicht in dem Sinne offen, daß ein Einschreiten auch im Regelfalle in gleicher Weise als rechtmäßig angesehen werden könnte wie ein Dulden rechtswidriger Umstände. Das Ermessen besteht vielmehr vor allem zur Berücksichtigung besonderer Umstände des Einzelfalls, die allenfalls in Extremfällen auch ein Absehen von hoheitlichen Maßnahmen gebieten können."

Auch die im Anschluß an die Aufhebung oder das Erlöschen einer waffenrechtlichen Erlaubnis mögliche Anordnung, noch vorhandene Waffen unbrauchbar zu machen oder einem Berechtigten zu überlassen, stellt nach einem Beschluß des Sächsischen Oberverwaltungsgerichts vom 20.1.1997[51] den nach § 48 Abs. 2 Satz 1 WaffG intendierten Regelfall dar:

"Es spricht nämlich vieles dafür, daß mit Rücksicht auf den Zweck, den der Widerruf einer Waffenhandelserlaubnis wegen nachträglich eingetretener Unzuverlässigkeit des Betroffenen hat, das Ermessen der Behörde in § 48 II 1 WaffG in Richtung der Unbrauchbarmachung oder der Überlassung der auf Grund der Erlaubnis erworbenen Gegenstände an einen Berechtigten intendiert und eine ausdrückliche Begründung der insoweit getroffenen Anordnung nicht erforderlich ist... Ist ein Betroffener unzuverlässig, ...muß ihm die Waffenhandelserlaubnis zwingend entzogen werden... In einem solchen Fall kann der waffenrechtlichen Gefahr... nur dadurch wirksam begegnet werden, daß funktionsfähige Waffen und Munition nicht im Besitz des Betroffenen belassen werden. Andernfalls würde der mit dem Widerruf der Waffenhandelserlaubnis verfolgte Zweck der Abwehr einer waffenrechtlichen Gefahr unterlaufen werden."

Die Rechtsprechung zu § 48 Abs. 2 Satz 1 WaffG erfährt von Seiten der Literatur keine Kritik[52]. Das mag an der amtlichen Begründung zum Entwurf des Waffengesetzes[53] liegen. Dort heißt es nämlich zu § 48 Abs. 2 WaffG (§ 45 Abs. 2 des damaligen Entwurfes):

"Absatz 2 gewährleistet, daß Rücknahme und Widerruf einer Erlaubnis nicht wirkungslos bleiben... Vielmehr soll die zuständige Behörde anordnen können, daß der Inhaber des Gegenstandes seine waffenrechtlich nicht mehr legitimierte Sachherrschaft so beendet, daß kein Unbefugter sie erwirbt. Diese

---

51 – 3 S 315/96 –, NVwZ-RR 1997, 411 ff., 413 re. Sp.
52 Siehe etwa *Steindorf*, WaffenR., § 48 Rn. 4 ff. m.w.N.
53 BT-Drucks. VI/2678 S. 36 (zu § 45).

im Sicherheitsinteresse mögliche und im Regelfall auch gebotene Maßnahme wird durch die in Satz 3 enthaltene Befugnis zur Sicherstellung ergänzt."

Der Gesetzgeber bediente sich in seiner Begründung genau der Formulierung, die in zahlreichen gerichtlichen Entscheidungen der Umschreibung eines Regelfallermessens, also intendierten Ermessens, dient. Gleichwohl gestaltete er diese Regelung nicht als Soll-Vorschrift aus.

Ebenfalls in den Bereich der Gefahrenabwehr und des Einschreitens gegen rechtswidrige Zustände fällt die behördliche Entziehung der Rechtsfähigkeit eines eingetragenen Vereins gemäß § 43 Abs. 2 BGB. Nur ein nichtwirtschaftlicher Verein erlangt gemäß § 21 BGB die Rechtsfähigkeit durch Eintragung ins Vereinsregister. Verfolgt er dennoch einen wirtschaftlichen Zweck, besteht die Rechtsfähigkeit zu unrecht. In seinem Urteil vom 6.11.1997 gelangte das Bundesverwaltungsgericht[54] zu der Auffassung, das in § 43 Abs. 2 BGB eingeräumte Ermessen sei in Richtung auf die Entziehung intendiert, indem es ausführte:

"In der Tat sind im Regelfall keine Gesichtspunkte denkbar, die dafür sprechen könnten, von der Entziehung der Rechtsfähigkeit abzusehen. Insbesondere bieten die hier einschlägigen vereinsrechtlichen Vorschriften keinen Anhalt, die Verwaltungsbehörde könne nur bei einer konkreten Gefährdung der Vereinsgläubiger einschreiten. Die Ermächtigung zur Entziehung der Rechtsfähigkeit soll den vorbeugenden Vorschriften des Gläubigerschutzes zur Beachtung verhelfen und stellt sich damit selbst als Instrument abstrakter Gefahrenabwehr dar. Demnach ist mit der Erfüllung des gesetzlichen Tatbestandes die Entziehung der Rechtsfähigkeit grundsätzlich vorgezeichnet. Ermessenserwägungen sind nur in atypischen Fällen geboten."

Anders noch hatte 1986 der Bayerische Verwaltungsgerichtshof entschieden[55]. Er stellte maßgeblich auf die konkrete Gläubigergefährdung im Einzelfall ab, die Gegenstand der Abwägung im Rahmen der Ermessensbetätigung sein solle. Intendiertes Ermessen kam unter dieser Voraussetzung folgerichtig nicht in Betracht.

Das Schrifttum zu § 43 Abs. 2 BGB ist geteilter Meinung. Die Befürworter einer freien Ermessensausübung stellen vornehmlich auf den Wortlaut der Vorschrift ("kann") ab[56]. Im Hinblick auf den bezweckten Gläubiger-

---

[54] - 1 C 18.95 -, BVerwGE 105, 313 ff., 322.

[55] Urteil vom 5.11.1986 - 5 B 85 A 2088 -, NJW-RR 1987, 830 f.

[56] *Hadding* in: Soergel, BGB[12.], § 43 Rn. 6; *Weick* in: Staudinger, BGB, § 434 Rn. 13, jeweils m.w.N.

schutz sei für die Abwägung das Bestehen einer konkreten Gläubigergefährdung maßgebend[57]. Der Hinweis auf die "vagen Tatbestandsmerkmale", die durch eine Ermessensentscheidung kompensiert werden sollen[58], überzeugt nach verwaltungsrechtlicher Sichtweise freilich nicht. Er widerspricht der Trennung von Tatbestands- und Rechtsfolgenseite. Dem Ermessen kommt nicht die Funktion zu, tatbestandliche Voraussetzungen zu korrigieren.

Die Stimmen in der Literatur, die sich für ein intendiertes Ermessen aussprechen, erblicken im Zweck des § 43 Abs. 2 BGB das maßgebliche Kriterium für die Beurteilung des Ermessensumfangs. Es bestehe kein schutzwürdiges Vertrauen für den sich wirtschaftlich betätigenden Verein. Die verdeckte Rechtsformverfehlung sei geradezu definitionsgemäß eine solche, deren Grundlagen nicht schon Gegenstand der Überprüfung vor der Eintragung des Vereins gewesen seien.[59] Die Norm diene der abstrakten Gefahrenabwehr, dem abstrakten Gläubigerschutz[60]. Bei Annahme eines ungelenkten, also nicht intendierten Ermessens sei die verwunderliche Rechtsfolge, daß im Eintragungsverfahren ein Rechtsanspruch bestehe, wenn nichts gegen die Wahrung der gesetzlichen Normativbestimmungen spreche, und daß selbst einem nachträglich als zu Unrecht eingetragen erkannten Verein diese Rechtsfähigkeit nur nach Ausübung eines den Rechtsformbesitzstand schützenden Behördenermessens wieder entzogen werden könne[61].

IV. Die polizei- und ordnungsrechtlichen Generalklauseln

Auch bei den polizeirechtlichen Generalklauseln der jeweiligen Landesgesetze besteht Anlaß, sich mit der Frage auseinanderzusetzen, ob eine ermessenslenkende Intention den nach dem Wortlaut ("kann") gegebenen Handlungsspielraum einzuengen vermag. Über das Schutzgut der öffentlichen Sicherheit ist das gesamte geltende Recht erfaßt, so daß bei einem Verstoß gegen Gebots- und Verbotsnormen der Tatbestand dieser allgemeinen Eingriffsermächtigungen erfüllt ist. Es geht dann um ein Einschreiten

---

57 *Hadding*, a.a.O.

58 *Weick*, a.a.O.

59 *Reuter* in: Münch. Komm. BGB, §§ 43, 44 Rn. 11, der sogar noch über die Ansicht des BVerwG hinausgeht und den Wortlaut ("kann") lediglich als Handlungsermächtigung versteht, mithin nicht von einer Ermessens-, sondern von einer gebundenen Entscheidung ausgeht.

60 *Müller-Laube*, JZ 1998, 788 ff., 789 li. Sp.; *K. Schmidt*, NJW 1998, 1124 ff., 1125 unter II m.w.N.; nunmehr auch *Hadding* in: Soergel, BGB[13.], § 43 Rn. 6.

61 *K. Schmidt*, a.a.O.

gegen eine Rechtsverletzung, also gegen einen rechtswidrigen Zustand. Anders verhält es sich freilich bei Gefahren, die nicht auf einer solchen (drohenden) Verletzung geltenden Rechts beruhen, wie etwa solchen für Leib, Leben und Vermögen einzelner oder für den Bestand staatlicher Einrichtungen durch Naturkatastrophen. Hier spielt die Bewahrung der Rechtsordnung keine Rolle, so daß insofern auch keine Ermessenslenkung bestehen kann.

Soweit ersichtlich hat sich bislang keine gerichtliche Entscheidung mit dieser Frage befaßt; in der Literatur finden sich - wohl mangels eines konkreten Anlasses - nur vereinzelte Stellungnahmen. Es ist in diesem Zusammenhang zu bedenken, daß die meisten Verwaltungsakte, die sich auf die Ermächtigungen der Polizeigesetze einschließlich der Generalklauseln stützen, zumeist mündlich ergehen und daher keiner Begründung bedürfen (vgl. § 39 Abs. 1 Satz 1 VwVfG)[62]. Der Streit, ob intendiertes Ermessen vorliegt oder nicht, entzündet sich aber in aller Regel daran, daß ein Verwaltungsakt eine vermeintlich unzureichende Begründung aufweist, die den Schluß auf einen Ermessensnichtgebrauch oder eine Ermessensunterschreitung nahelegt.

Ohne sich die Figur des intendierten Ermessens zu vergegenwärtigen, fordern zahlreiche Autoren - gemäß der allgemeinen Ermessenslehre - die uneingeschränkte Ausübung von Ermessen[63].

Schenke[64] erkennt zwar die grundsätzliche Möglichkeit, intendiertes Ermessen anzunehmen. Er gelangt aber im Wege der Auslegung zu dem Schluß, daß die Generalklauseln gerade nicht eine bestimmte Entscheidung für den Regelfall vorsehen. Das gegenteilige Ergebnis müsse in einen Zirkelschluß einmünden. Ähnlich äußert sich *Volkmann*[65], der es zwar allgemein für möglich hält, aus dem Zweck des Ordnungsrechts eine auf das Einschreiten gerichtete Intention herzuleiten, auf diese Weise aber das Opportunitätsprinzip ad absurdum geführt sieht. Das Entschließungsermessen wäre immer eingeschränkt mit der Konsequenz, daß Für und Wider des Einschreitens nicht mehr abgewogen und auch nicht mehr begründet werden müßten. Daraus schließt *Volkmann*, daß allein aus dem Zweck einer Vorschrift niemals eine ermessensvorprägende Intention abgeleitet werden könne. Ein

---

62 Auf diesen Umstand weist *Rachor* in: Lisken/Denninger, PolizeiR., F Rn. 57 (S. 251 f.) hin.

63 Z.B. *Gusy*, PolizeiR., Rn. 307; *Jochum* in: Jochum/Rühle, PolizeiR. RP, F Rn. 1 (S. 197 ff.); *Drews/Wacke/Vogel/Martens*, Gefahrenabwehr, § 24 unter 4 a (S. 379) - Beachte aber die Ausführungen zu Dispensentscheidungen auf S. 379 f.! Mit dieser Begründung ließe sich auch generell ein intendiertes Ermessen rechtfertigen.

64 *Schenke* in: Steiner, Bes. VerwR., III Rn. 69 (S. 209).

65 *Volkmann*, DÖV 1996, 282 ff., 287 re. Sp. unter 5.

Konflikt mit dem Grundsatz der Einzelfallgerechtigkeit sei vorprogrammiert[66].

Dem tritt *Schwabe*[67] entgegen, indem er den Zweck des Ermessens in der polizeilichen Generalklausel gerade nicht darin sieht, den besonderen Umständen des Einzelfalles (bzgl. Gefahr und Verantwortlichkeit) gerecht zu werden, sondern der Ordnungsbehörde die Möglichkeit einzuräumen, aus Zweckmäßigkeitsgesichtspunkten nicht einzuschreiten. Es erscheine grotesk einzuwenden, mangels Erwägungen zum Nichteinschreiten liege ein Ermessensdefizit vor. Von der praktischen Seite aus betrachtet, kommt *Rachor*[68] zu einem ganz ähnlichen Ergebnis: An die Ermessensbetätigung der Vollzugspolizei dürften keine zu hohen Anforderungen gestellt werden. Das gelte vor allem für das Entschließungsermessen. Wo in heiklen Situationen rasch eine Entscheidung getroffen werden müsse, könne der Polizeibeamte nicht langwierige Erwägungen über das Für und Wider des Einschreitens anstellen. Sofern die gesetzlichen Voraussetzungen vorlägen, sei der Eingriff auch dann rechtmäßig, wenn der Beamte sich die Möglichkeit des Nichteinschreitens nicht im einzelnen vergegenwärtigt habe. Einer Pflicht zum Einschreiten stünden die Gesichtspunkte des unzumutbaren Aufwands und der Kollision mit anderen Aufgaben entgegen[69]. Die Polizei habe im Ergebnis nur unter den Aspekten der Schwerpunktsetzung, der Einsatzplanung und der taktischen Vorgehensweise ein weitgehend "freies" Ermessen. Seien ihr aber die Hände nicht durch andere und wichtigere Aufgaben gebunden, so sei sie zum Einschreiten auch dann verpflichtet, wenn die zu schützenden Rechtsgüter nicht von erheblicher Bedeutung seien. Dies gehöre zu ihren Aufgaben, deren Erfüllung sie nicht grundlos verweigern dürfe.[70] In ganz ähnlicher Weise leitet *Knemeyer* aus der Pflicht zur Aufgabenerfüllung eine grundsätzliche Pflicht zum Eingreifen ab und verneint ein Recht zur Untätigkeit[71], was freilich über die Vorgaben des intendierten Ermessens noch hinausgeht.

---

66 *Volkmann*, NVwZ 1999, 225 ff., 229 li. Sp. unter III 3, im Zusammenhang mit der Frage, ob eine Zero-Tolerance-Strategie mit dem geltenden Polizei- und Ordnungsrecht vereinbar sei.

67 *Schwabe*, DVBl. 1998, 147 f.

68 *Rachor* in: Lisken/Denninger, PolizeiR., F Rn. 58.

69 *Rachor*, a.a.O. F Rn. 67.

70 *Rachor*, a.a.O. F Rn. 68, *Rühle/Suhr*, POG RP, § 3 unter 1.1 – allerdings wieder einschränkend unter 1.2, bzgl. des Ermessenszwecks ebenso *Götz*, PolizeiR., Rn. 351, *Waechter*, Nds. PolizeiR., Rn. 433.

71 *Knemeyer*, PolizeiR., Rn. 126, 128.

B. Begünstigende Verwaltungsakte mit Ausnahmecharakter

Eine Reihe von gerichtlichen Entscheidungen zum intendierten Ermessen befaßt sich mit begünstigenden Ermessensverwaltungsakten, die in Ausnahme von zwingenden Vorschriften erlassen werden können.

Keine Probleme bereitet diese Fallgruppe, wenn der Ausnahmecharakter der Entscheidung im Gesetz ausdrücklich hervortritt, zum Beispiel durch Formulierungen wie "ausnahmsweise kann...", "können Ausnahmen zugelassen werden..." usw. Ähnlich wie bei Soll-Vorschriften[72] legt der Gesetzgeber ein Regel-Ausnahme-Verhältnis fest, das bei der Ermessensausübung zu berücksichtigen ist.

Wenn erst die Auslegung ein solches Regel-Ausnahme-Verhältnis offenbart, kommt ein intendiertes Ermessen in Betracht. Die Rechtsprechung leitet aber nicht in jedem Fall aus einem gesetzlich vorgegebenen Regel-Ausnahme-Verhältnis eine den Soll-Vorschriften vergleichbare Wirkung ab. Einige Entscheidungen sollen diese Vorgehensweise illustrieren. Ferner können begünstigende Ausnahmeentscheidungen an sehr enge tatbestandliche Voraussetzungen geknüpft sein, die ihrerseits eine Intention in Richtung auf die Ausnahme bewirken.

I. Versagung einer bauordnungsrechtlichen Ausnahmegenehmigung

Bereits im Jahre 1969 befaßte sich das Oberverwaltungsgericht Berlin anläßlich der Anfechtung einer Nutzungsuntersagung mit der Frage, ob die Baubehörde eine mögliche Ausnahmegenehmigung für eine bestimmte Nutzung mit der Begründung verweigern darf, es sollten Berufungsfälle vermieden werden. Mit einer für das intendierte Ermessen typischen Argumentation hielt es diese Begründung und die dahinterstehenden Ermessenserwägungen für ausreichend:[73]

> "Sie [die Begründung] reicht jedoch in typischen Fällen, also bei Vorhaben, die in ihren rechtlich erheblichen Tatumständen im wesentlichen den Vorstellungen entsprechen, die den Gesetzgeber zu der vorbeugenden Verbotsnorm bewogen haben. Die Behörde handelt rechtmäßig, wenn sie in diesen Fällen

---

[72] *Sachs* in: Stelkens/Bonk/Sachs, VwVfG, § 40 Rn. 26a, verwendet den Begriff der "Gesetzgebungstechnik mit gleichem Resultat".

[73] Urteil vom 14.2.1969 - OVG II B 70.68 -, OVGE Bln. 10, 99 f., 100. Zustimmend *Drews/Wacke/Vogel/Martens*, Gefahrenabwehr, § 24 unter 4 a (S. 379 f.).

auf der Verwirklichung einer Regelvorschrift besteht; denn die Ausnahmegenehmigung müßte hier zu einem Dammbruch führen, die Behörde in allen typischen Fällen binden und damit die Ausnahme zur Regel machen."

Es müssen demnach außergewöhnliche Umstände vorliegen, die ein Vorhaben als atypisch erscheinen lassen.

II. Versagung einer Wohnberechtigungsbescheinigung

In zwei Fällen, die das Bundesverwaltungsgericht zu entscheiden hatte[74], ging es um die Versagung einer Wohnberechtigungsbescheinigung für Personen, die für sich und Nichtfamilienangehörige eine Wohnung von bestimmter Größe beanspruchten. Der einschlägige § 5 Abs. 1 Satz 2 Buchst. c WoBindG 1980, der nach Auffassung des Bundesverwaltungsgerichts eine einheitliche Ermessensentscheidung über das Bestehen einer besonderen Härte und die Erteilung einer solchen Bescheinigung anordnet[75], bedeutet eine Ausnahme zum Regelanspruch nach § 5 Abs. 1 Satz 1 WoBindG 1980.

> "Die Ermessensermächtigung soll... der zuständigen Stelle lediglich ermöglichen, von einer nach der grundsätzlichen Zielsetzung des Gesetzes an sich gebotenen Versagung der Wohnberechtigungsbescheinigung ausnahmsweise dann abzusehen, wenn sie dies aufgrund bestimmter besonderer Umstände des Einzelfalles unter Berücksichtigung der Wohnungsmarktlage zur Vermeidung einer ungewöhnlichen Härte für angemessen hält. Bei der Ausübung des von Gesetzes wegen zur Nichterteilung hin intendierten Ermessens darf und muß die Behörde deswegen das "Für und Wider" nur dann abwägen, wenn sie in dem zu würdigenden Einzelfall konkrete Anhaltspunkte für die Angemessenheit einer Ausnahme-Wohnberechtigungsbescheinigung festzustellen vermag. Fehlt es an einer konkreten Ausnahmelage, bedarf es... keiner Abwägung und folgeweise dann auch nicht einer... Begründung... Die zuständige Stelle genügt vielmehr in derartigen Fällen bei einer ablehnenden Ermessensentscheidung... den Anforderungen..., wenn sie die begehrte Ausnahme-Wohnberechtigungsbescheinigung mangels einer ihre

---

74 BVerwG, Urteil vom 5.7.1985 - 8 C 22.83 -, BVerwGE 72, 1 ff., und Urteil vom 1.10.1986 - 8 C 29.84 -, NJW 1987, 1564 ff.

75 BVerwG, Urteil vom 5.7.1985 - 8 C 22.83 -, BVerwGE 72, 1 ff., 4 f. Zu sog. einheitlichen Ermessensentscheidungen bei Koppelungsvorschriften siehe unten, Kap. 3 unter B III.

Erteilung rechtfertigenden besonderen Härte versagt und dieses Ergebnis ihrer Prüfung zum Ausdruck bringt."[76]

Das Zusammentreffen einer sogenannten einheitlichen Ermessensausübung mit intendiertem Ermessen verblüfft, offenbart sich doch bei näherer Betrachtung ein Widerspruch. Einerseits werden unbestimmte Tatbestandsmerkmale und Rechtsfolgeermessen zu einem einheitlichen Abwägungsvorgang verbunden, andererseits soll die der Vorschrift beigemessene Intention bewirken, daß vorab zu prüfen ist, ob eine besondere Härte als atypischer Fall und mithin als Ausnahmetatbestand vorliegt.

Diese Besonderheit ändert freilich nichts an der Einordnung in die Fallgruppe der Ausnahmebewilligungen. Für die Voraussetzungen und Folgen intendierten Ermessen ergeben sich in diesem Fall keine Besonderheiten; es stellt sich allenfalls die Frage, welche Konsequenzen sich für die Figur der einheitlichen Ermessensausübung ergeben.[77]

Die Literatur zum Wohnungsbau- und Wohnungsbindungsrecht[78] beschränkt sich darauf, die Entscheidungen des Bundesverwaltungsgerichts zu referieren, ohne sich mit der Figur des intendierten Ermessens auseinanderzusetzen.

III. Ablehnung eines Auskunftsbegehrens nach den Datenschutzgesetzen

Zwei weitere Entscheidungen des Bundesverwaltungsgerichts widmen sich der Versagung eines Auskunftsbegehrens im Anwendungsbereich der Datenschutzgesetze[79].

Sowohl § 13 Abs. 2 BDSG (in der Fassung vom 27.1.1977[80]) als auch § 13 Abs. 2 des Berliner DSG eröffnen nach allgemeiner Meinung Ermessen für die von der Auskunftsverpflichtung der jeweiligen Abs. 1 freigestellten Behörden. Nach Ansicht des Bundesverwaltungsgerichts sollen diese Son-

---

[76] BVerwG, Urteil vom 5.7.1985 - 8 C 22.83 -, BVerwGE 72, 1 ff., 6., daran anschließend Urteil vom 1.10.1986 - 8 C 29.84 -, NJW 1987, 1564 ff., 1565 re. Sp.

[77] Siehe ausf. unten, Kap. 3 unter B III.

[78] Z.B.: *Bellinger* in: Dyong/Heix, WoBauR., Bd. 3.1, WoBindG § 5 S. 37 f.; *Mükkenberger/Hanke*, WoBindR., S. 32 unten.

[79] BVerwG, Urteil vom 20.2.1990 - 1 C 42/83 -, NJW 1990, 2761 ff., 2764 f. (zu § 13 Abs. 2 BDSG i.d.F. v. 27.1.1977) und Urteil vom selben Tage - 1 C 29/86 -, NJW 1990, 2765 ff., 2767 f. (zu § 13 Abs. 2 Berliner DSG).

[80] BGBl. I 1977, 205.

dervorschriften nicht nur eine Freistellung von der Auskunftspflicht bewirken, sondern darüber hinaus die Sicherheitsbehörden generell ermächtigen, die Auskunft zu verweigern. Im Gegensatz dazu seien andere Behörden nur nach Maßgabe des Abs. 3 der jeweiligen Vorschrift aufgrund einer besonderen Prüfung im Einzelfall zur Auskunftsverweigerung berechtigt. Sowohl die aus der Verfassung als auch aus dem Gesetz herzuleitende grundsätzliche Geheimhaltungsbedürftigkeit der Unterlagen, welche die zur Wahrung der inneren Sicherheit tätigen Behörden für die Erfüllung ihrer Aufgaben benötigen, wirke sich auf die Ermessensausübung bei der Entscheidung über die Auskunftserteilung aus. Daher stelle es keinen Ermessensfehler dar, wenn die Sicherheitsbehörden im Regelfall von einer Auskunftserteilung absehen und nur bei der Geltendmachung besonderer Umstände anders verfahren.[81]

Diese Entscheidungen finden ihre maßgebliche Stütze in der amtlichen Begründung des BDSG. Dort heißt es[82]:

> "Die Absätze 2 und 3 enthalten Regelungen für das Entfallen der Auskunftspflicht. Es handelt sich dabei vor allem um Fälle aus dem Bereich der staatlichen Sicherheit und der Verbrechensbekämpfung, in denen die Verweigerung der Auskunft geboten ist, um die Arbeit der zuständigen Behörden vor schweren, ihre Wirksamkeit in Frage stellenden Beeinträchtigungen zu bewahren und Nachteile für die öffentliche Sicherheit und Ordnung oder sonst für das öffentliche Wohl zu vermeiden...
>
> Die **Auskunftsverpflichtung entfällt nach Absatz 2** für die in § 10 Satz 2[83] genannten Behörden wegen ihrer besonderen Aufgabenstellung **generell, während sie nach Absatz 3 von allen übrigen Behörden und öffentlichen Stellen im Einzelfall besonders geprüft werden muß.**"

Die differenzierten Regelungen in den Absätzen 2 und 3 lassen nach Ansicht des Bundesverwaltungsgerichts nur den Schluß zu, daß die von Absatz 2 erfaßten Behörden weitergehend von der Auskunftspflicht befreit sein müssen als die übrigen Behörden nach Absatz 3. Die zwingende Folge sei, daß kein offenes Ermessen bestehe, das in jedem Falle zu einer Abwägung nebst entsprechender Begründung verpflichte, in die alle Belange grundsätzlich gleichgewichtig einzustellen wären.

---

[81] BVerwG a.a.Oen. S. 2764 re. Sp. und 2767 f.

[82] BT-Drucks. 7/1027 S. 26 unter § 11.

[83] In der Gesetz gewordenen Fassung erfolgt der Verweis auf § 12 Abs. 2 Nrn. 1 und 2.

Die datenschutzrechtliche Literatur geht auf das intendierte Ermessen in diesem Zusammenhang - soweit ersichtlich - nicht ein.

IV. Versagung einer Zweckentfremdungsgenehmigung für Wohnraum

Das Oberverwaltungsgericht Berlin nahm in einem Urteil vom 13.12.1990[84] intendiertes Ermessen bei der Entscheidung über die Erteilung einer Zweckentfremdungsgenehmigung für Wohnraum nach § 3 der Ersten Zweckentfremdungsverbotsverordnung des Landes Berlin vom 9.2.1973 (ZwVbVO)[85] an.

§ 3 Abs. 2 ZwVbVO gewährt einen Anspruch auf Erteilung einer solchen Genehmigung, sofern ein erheblich überwiegendes berechtigtes Interesse des Antragstellers besteht. Unterhalb dieser Anspruchsvoraussetzung sei der Behörde ein Ermessensspielraum eröffnet. Der erkennende Senat führt weiter aus:

> "Dabei wird es unterhalb der Schwelle des § 3 Abs. 2 ZwVbVO, insbesondere bei fehlenden oder wenig substantiierten Angaben seitens des Antragstellers, keiner besonderen Erwägungen in den Ablehnungsbescheiden oder Vermietungsaufforderungen bedürfen. Denn im Hinblick auf den Charakter des Zweckentfremdungsverbots als repressives Verbot mit Befreiungsvorbehalt soll die Zweckentfremdung grundsätzlich verhindert werden; für den Verfügungsberechtigten soll es voraussehbar sein, daß er in aller Regel mit einer Genehmigung nicht wird rechnen können... Das unterhalb der Anspruchsnorm des § 3 Abs. 2 ZwVbVO verbleibende Ermessen ist damit auf die Versagung hin angelegt ("intendiertes Ermessen")."[86]

Der repressive Zweck ergebe sich im übrigen auch aus Art. 6 § 1 Abs. 1 Satz 1 des Gesetzes zur Verbesserung des Mietrechts und zur Begrenzung des Mietanstiegs sowie zur Regelung von Ingenieur- und Architektenleistungen[87]. Die Beseitigung und Verhinderung von Wohnraummangel ist Ziel dieser Regelung.

---

84 - OVG 5 B 53.89 -, OVGE Berlin 19, 56 ff.
85 GVBl. Berlin 1973, 421 f., 422.
86 OVG Berlin, a.a.O. S. 62.
87 BGBl. I 1971, 1745 ff., 1746 f.

V. Versagung einer straßenverkehrsrechtlichen Ausnahmegenehmigung

Schließlich rückte mehrfach die Versagung einer Genehmigung nach § 46 Abs. 1 und 2 StVO in den Blickpunkt.

In einem Urteil vom 20.3.1991 äußerte der Verwaltungsgerichtshof Baden-Württemberg[88], schon aus dem Wortlaut des § 46 Abs. 1 StVO ("kann in bestimmten Einzelfällen Ausnahmen genehmigen") ergebe sich, daß die Erteilung einer Ausnahmegenehmigung nur bei Vorliegen von Umständen, die einen besonderen Ausnahmefall begründen, zulässig sei. Das entspricht der Vorgehensweise beim intendierten Ermessen.

An sich unterfällt die Entscheidung nach § 46 Abs. 1 und 2 StVO nicht dem Begriff des intendierten Ermessens, ergibt sich doch die Regelhaftigkeit der ablehnenden Entscheidung ausdrücklich aus dem Gesetz. Allerdings argumentiert das Bundesverwaltungsgericht hier entgegen den gesetzlichen Vorgaben, was eine nähere Betrachtung dennoch rechtfertigt. Es nimmt weder bei § 46 Abs. 1 StVO noch bei § 46 Abs. 2 StVO ein intendiertes Ermessen oder eine den Soll-Vorschriften vergleichbare Ermessensbeschränkung an. Vielmehr sei jeweils eine umfassende Abwägung erforderlich, die betroffene private und öffentliche Belange den Zwecken der Verbotstatbestände der StVO gegenüberstelle.[89] Nach der Entscheidung des 11. Senats[90] soll allerdings eine Ermesseneinschränkung bei der Abwägung stattfinden, die dem intendierten Ermessen ähnelt:

> "Die Genehmigung einer Ausnahme nach § 46 Abs. 2 StVO kommt in Betracht, um besonderen Ausnahmesituationen Rechnung zu tragen, die bei strikter Anwendung der Bestimmungen nicht hinreichend berücksichtigt werden könnten... Die Ermessensentscheidung der zuständigen Behörde hat daher einerseits zu beachten, ob die Auswirkungen einer Ausnahmegenehmigung den Zielen des § 6 Abs. 1 Nr. 3 Buchst. d StVG nicht zuwiderlaufen, andererseits hat sie eine geltend gemachte und bestehende besondere Ausnahmesituation in diesem Lichte zu gewichten... Störungen durch Lärm und Abgas, die in einem entsprechend der Waldfunktionskartierung als Erho-

---

88 – 5 S 1791/90 –, NZV 1991, 485 f., 486.

89 BVerwG, Urteil vom 20.5.1987 - 7 C 60.85 –, Buchholz 442.151 § 46 StVO Nr. 7, S. 1 ff., 3 (zu § 46 Abs. 1 StVO); Urteil vom 16.3.1994 - 11 C 48.92 –, Buchholz 442.151 § 45 StVO Nr. 10, S. 1 ff., 7 f.; Urteil vom 13.3.1997 - 3 C 2.97 –, Buchholz 442.151 § 46 StVO Nr. 11, S. 9 ff., 12; Urteil vom 13.3.1997 - 3 C 5.97 –, DAR 97, 413 ff., 414 (jeweils zu § 46 Abs. 2 Satz 1 StVO).

90 BVerwG, Urteil vom 16.3.1994 - 11 C 48.92 –, Buchholz 442.151 § 45 StVO Nr. 10, S. 1 ff., 7 f.

lungsschwerpunkt genutzten Gebiet von einem gemäß § 29 Abs. 1 StVO grundsätzlich verbotenen Kraftfahrzeugrennen auf einer zum öffentlichen Verkehr bestimmten Straße ausgehen, müssen sich die Erholungsuchenden unabhängig davon nicht zumuten lassen, wie hoch der Grad der Störung im Einzelfall ist. **Nur in besonderen Ausnahmefällen kann das Interesse an der Durchführung einer solchen Rennsportveranstaltung** [deren Genehmigung begehrte der Kläger] **so hoch sein, daß der Straßenverkehrsbehörde ein Ermessensspielraum verbleibt**."

Unklar bleibt aufgrund dieser Ausführungen, ob eine abstrakt-generelle Ermessenslenkung im Sinne intendierten Ermessens eintritt oder ob ein Fall der Ermessensreduktion (womöglich im Regelfall) vorliegt. Die Kategorien verschwimmen.

Auch der nachfolgenden Entscheidung des 3. Senats[91] fehlt eine klare Linie. Zunächst soll das Vorliegen eines besonderen Ausnahmefalls kein Tatbestandsmerkmal sein:

"Im Wortlaut des § 46 Abs. 2 Satz 1 StVO findet die Auffassung... keine Grundlage. Dort ist der Begriff der Ausnahme der Rechtsfolgenseite zugeordnet... Auch Sinn und Zweck der Regelung stehen der Annahme entgegen, die Vorschrift verlange ein objektives - und gerichtlich voll überprüfbares - Tatbestandsmerkmal des besonderen Ausnahmefalls. Zwar soll die Vorschrift eine Abweichung von den generellen Bestimmungen der StVO ermöglichen, um besonderen Ausnahmesituationen Rechnung zu tragen, die bei strikter Anwendung der Bestimmungen nicht hinreichend berücksichtigt werden könnten... Die Feststellung, ob ein besonderer Ausnahmefall vorliegt, setzt jedoch den gewichtenden Vergleich der Umstände des konkreten Falles mit dem typischen Regelfall voraus, der dem generellen Verbot zugrunde liegt... Das Merkmal der Ausnahmesituation ist damit... Bestandteil der der Behörde obliegenden Ermessensentscheidung. Das entspricht der allgemeinen Konzeption derartiger Ausnahmevorschriften. Selbst in Fällen, in denen die Rechtsordnung die Möglichkeit der Ausnahme von generellen Verboten an eine besondere oder unbeabsichtigte Härte knüpft, sieht die Rspr. darin regelmäßig nicht die Koppelung eines selbständig festzustellenden Tatbestandsmerkmals mit einer Ermessensermächtigung, sondern lediglich eine Wertungsvorgabe im Rahmen einer einheitlich zu treffenden Ermessensentscheidung..."

Im Ergebnis soll mithin eine Parallele zu der umstrittenen Figur der "einheitlichen Ermessensentscheidung" bestehen[92]. Wie das vorangegangene Urteil des 11. Senats vollzieht die Entscheidung allerdings eine Kehrtwende:

---

[91] BVerwG, Urteil vom 13.3.1997 - 3 C 2.97 -, Buchholz 442.151 § 46 StVO Nr. 11, S. 9 ff., 12.

"[Das Berufungsgericht] ...verkennt die Bedeutung, die dem grundsätzlichen Verbot von Rennveranstaltungen auf öffentlichen Straßen für die von der zuständigen Behörde zu treffende Ermessensentscheidung zukommt.

... Das Berufungsgericht verletzt hiernach Bundesrecht, wenn es annimmt, § 46 Abs. 2 StVO habe die Zulassung motorsportlich organisierter Rennen im Rahmen einer offenen Ermessensausübung generell ermöglichen wollen. Das generelle Verbot von Rennen mit Kraftfahrzeugen erfaßt typischerweise auch solche Veranstaltungen mit der Folge, daß die vom Verordnungsgeber vorgenommene Bewertung auch im Rahmen des § 46 Abs. 2 StVO zu beachten ist.

Hiernach geht auch die Rüge des OVG fehl, die Beklagte habe ihre Bedenken gegen die streitige Veranstaltung nicht hinreichend einzelfallbezogen dargelegt. Da es sich um Bedenken handelt, die den Verordnungsgeber zum generellen Verbot veranlaßt haben, wäre die Beklagte zu substantiiertem Vorbringen nur verpflichtet gewesen, wenn der Kläger geltend gemacht hätte, daß diese generellen Bedenken im konkreten Fall gegenstandslos seien."

Die Frage, ob Umstände vorliegen, die eine vom Regelfall abweichende Situation nahelegen, wird auf diese Weise wieder auf die tatbestandliche Ebene verlagert. Die Judikatur des 3. und 11. Senats erweist sich somit als widersprüchlich[93].

In der Literatur zum Straßenverkehrsrecht sind die oben genannten Entscheidungen Gegenstand einer lebhaften Diskussion. Die Kritik richtet sich vornehmlich gegen die Annahme des Bundesverwaltungsgerichts, es bestehe im Ergebnis ein Regel-Ausnahme-Verhältnis, das den grundsätzlich bestehenden Ermessensspielraum verenge.

Eine Ansicht[94] bezieht sich auf die Verwaltungsvorschrift zur StVO (die gleichsam vom Verordnungsgeber stammt, siehe § 6 Abs. 1 StVG), die Regelungen über Kraftfahrzeugrennen und deren Genehmigung enthält (VwV zu § 29 Abs. 1 StVO unter III). Daraus folge die grundsätzliche Genehmigungsfähigkeit bestimmter Rennen, so daß allgemeine Einwände, die das

---

92 Zu dieser Figur siehe unten, Kap. 3 unter B III.

93 Ähnlich zwiespältig: BayVGH, Beschluß vom 16.4.1998 - 11 B 97.833 -, NZV 1998 390 ff., 391 li. Sp. oben.
Siehe auch OVG NW, Urteil vom 12.6.1996 - 25 A 199/96 -, NVwZ-RR 1997, 4 ff., 5 ff. - Das OVG lehnt eine Ermessens*reduktion* durch den Verbotszweck ab.

94 *Thubauville*, VM 1998, 22, der sich sogar für einen Anspruch auf die Genehmigung ausspricht, wenn keine konkreten öffentlichen Belange entgegenstehen.

Verbot nach § 29 Abs. 1 StVO materiell rechtfertigen, eine Versagung nicht tragen könnten.

Ferner wird die Befürchtung geäußert, eine undifferenzierte Bescheidung hinsichtlich aller Arten von Kraftfahrzeugrennen könnte zur gängigen Praxis werden. Wegen der Bezugnahme des § 46 Abs. 2 StVO auf völlig heterogene Verbotstatbestände bedürfe es einer sorgfältigen, am jeweiligen Zweck der Verbote ausgerichteten Betrachtung. Die "Konzeption des eingeschränkten Dispensermessens", die das Bundesverwaltungsgericht vertrete, verhindere eine interessengerechte Lösung, die sich nur durch eine Abwägung der Umstände des Einzelfalles erzielen lasse.[95]

Nach einer vermittelnden Ansicht[96], die sich ebenfalls auf die einschlägige Verwaltungsvorschrift stützt, ist Voraussetzung für die Erteilung der Ausnahmegenehmigung jedenfalls die besondere Dringlichkeit unter strengen Anforderungen an den Nachweis der Ausnahmevoraussetzungen. Sie verzichtet somit auf die Entscheidung, auf welcher Ebene eine Ermessenseinschränkung stattfindet.

VI. § 135 Abs. 5 Satz 1 BBauG

§ 135 Abs. 5 Satz 1 BBauG (entspricht § 135 Abs. 5 Satz 1 BauGB) eröffnete die Möglichkeit, im öffentlichen Interesse oder zur Vermeidung unbilliger Härten von der Erhebung eines Erschließungsbeitrages nach §§ 127 ff. BBauG abzusehen.

Im Gegensatz zu den zuvor dargestellten Entscheidungen soll nach der Rechtsprechung des Bundesverwaltungsgerichts[97] eine Intention in umgekehrter Richtung wirken:

> "Da es sich bei § 135 V 1 BBauG um eine sog. Koppelungsvorschrift handelt, d.h. eine Vorschrift, die durch einen unbestimmten Rechtsbegriff (unbillige Härte, öffentliches Interesse) und ein Rechtsfolgeermessen gekennzeichnet ist, eröffnet (erst) das Vorliegen einer unbilligen Härte den Weg zu einer entsprechenden Ermessensentscheidung der Gemeinde. Dieser (Ermessens-)Entscheidung ist allerdings durch das Gesetz eine bestimmte Richtung vorgegeben. Nach dem schon im Wortlaut des § 135 V 1 BBauG

---

[95] *Ronellenfitsch*, DAR 1997, 387 ff., 388 f.; so auch *Bouska*, StVO, § 46 Erl. 1 und § 29 Erl. 1, der die Entscheidung ins pflichtgemäße Ermessen der Behörde gestellt sieht.

[96] *Hentschel*, StVR., § 46 StVO Rn. 23. Ebenso BayVGH, Beschluß vom 16.4.1998 - 11 B 97.833 -, NZV 1998 390 ff., 391 li. Sp. oben.

[97] Urteil vom 1.8.1986 - 8 C 54/85 -, NVwZ 1987, 601 ff., 603 re. Sp.

('zur Vermeidung unbilliger Härten geboten') zum Ausdruck kommenden Sinngehalt dieser Bestimmung ist eine Gemeinde, wenn eine unbillige Härte vorliegt, grundsätzlich gehalten, einen (ggf. teilweisen) Billigkeitserlaß zu gewähren; das ihr eingeräumte Ermessen kann sie im Regelfall nur durch die Gewährung eines (ggf. teilweisen) Billigkeitserlasses ausüben (sog. intendiertes Ermessen). Etwas anderes gilt nur *ausnahmsweise* dann, wenn im Rahmen der gemeindlichen Ermessensentscheidung besondere, berücksichtigungsfähige und gewichtige Gründe ein anderes Ergebnis rechtfertigen."

Während sich ein Teil der Literatur dieser Auffassung anschließt[98], vertritt ein anderer Teil[99] die Auffassung, § 135 Abs. 5 BBauG/BauGB gebiete eine sogenannte einheitliche Ermessensentscheidung, da andernfalls bei Vorliegen einer unbilligen Härte die Behörde in aller Regel keine Handlungsfreiheit mehr habe. Dies widerspreche der nachweisbaren Absicht des Gesetzgebers, den Behörden eine Ermessensfreiheit einzuräumen.

VII. Versagung der Einsicht in Personalakten außerhalb der aktenführenden Stelle

Der Bayerische Verwaltungsgerichtshof setzte sich in einem Urteil vom 1.2.1989[100] mit der Frage auseinander, unter welchen Voraussetzungen einem Beamten Einsicht in seine Personalakte außerhalb der aktenführenden Stelle zu gewähren ist. Nach Art. 100 Abs. 3 Satz 1 BayBG hat der Beamte ein Recht auf Einsicht in seine vollständige Personalakte. Entsprechend der gesetzlichen Vorgabe, Akteneinsicht grundsätzlich bei der aktenführenden Behörde zu gewähren, sei die Ermessensausübung in Richtung auf die Ablehnung einer Akteneinsicht am davon verschiedenen Dienstort intendiert. Der Gesetzgeber habe die gegenläufigen Interessen des Beamten auf diese Weise bereits gewichtet.

VIII. § 26 Abs. 1 Satz 2 BSHG

§ 26 Abs. 1 BSHG regelt den Anspruch Auszubildender auf Beihilfe zum Lebensunterhalt. Nach Abs. 1 Satz 1 ist dieser ausgeschlossen, wenn An-

---

98 *Löhr* in: Battis/Krautzberger/Löhr, BauGB, § 135 Rn. 23; *Quaas* in: Schrödter, BauGB, § 135 Rn. 14.

99 *Ernst* in: Ernst/Zinkahn/Bielenberg/Krautzberger, BauGB, § 135 Rn. 8.

100 – 3 B 88.01323 –, NVwZ-RR 1989, 423 ff., 424.

sprüche nach dem Bundesausbildungsförderungsgesetz oder nach §§ 60 bis 62 SGB III bestehen. Abs. 1 Satz 2 läßt allerdings Ausnahmen in besonderen Härtefällen zu.

Bei Vorliegen eines besonderen Härtefalles ist nach Ansicht des Hessischen Verwaltungsgerichtshofes[101] der Träger der Sozialhilfe in aller Regel verpflichtet, Hilfe zum Lebensunterhalt zu leisten, eine abweichende Ermessensentscheidung sei trotz der Formulierung "kann" ausgeschlossen.

Keine Einigkeit besteht in der Literatur. Die Befürworter einer Ermessensentscheidung halten am Wortlaut ("kann") fest und verneinen die Möglichkeit einer abweichenden Auslegung.[102]

IX. § 27 Abs. 2 BVFG

Nach § 27 Abs. 2 BVFG kann Personen, die sich ohne Aufnahmebescheid im Geltungsbereich des BVFG aufhalten und demselben unterfallen, ein solcher unter den allgemeinen Voraussetzungen erteilt werden, wenn die Versagung eine besondere Härte bedeuten würde.

Das Bundesverwaltungsgericht befand in einem Urteil vom 19.4.1994[103], daß bei Vorliegen einer besonderen Härte, welche die Berücksichtigung und Wertung aller Gesamtumstände voraussetze, jedenfalls in der Regel für eine Ausübung des Ermessens in einem negativen Sinn daneben kein Raum mehr sei, weil grundsätzlich kaum noch Umstände denkbar seien, die gleichwohl die Versagung der beantragten Ausnahme rechtfertigen könnten.

X. § 46 Abs. 3 SchulG Mecklenburg-Vorpommern

Nach § 46 Abs. 3 Satz 1 SchulG MV kann der Träger der örtlich zuständigen Schule den Besuch einer anderen Schule aus wichtigem Grund gestatten.

---

[101] Urteil vom 10.12.1991 - 9 UE 3241/88 -, NVwZ-RR 1992, 636.

[102] Im Sinne des HessVGH: *Krahmer* in: Birk, LPK-BSHG, § 26 Rn. 15; *W. und H. Schellhorn* in: Schellhorn/Jirasek/Seipp, BSHG, § 26 Rn. 26 f.; *Wenzel* in: Fichtner, BSHG, § 26 Rn. 9.
A.A.: *Kunz* in: Oestreicher/Schelter/Kunz/Decker, BSHG, § 26 Rn. 10.

[103] - 9 C 343/93 -, NVwZ-RR 1995, 166 ff., 169.
So auch *v. Schenckendorff* in: ders., Vertriebenen- und Flüchtlingsrecht, § 27 BVFG Rn. 6.

Das somit eingeräumte Ermessen ist nach Ansicht des Oberverwaltungsgerichts Mecklenburg-Vorpommern[104] eingeschränkt. Die Vorschrift lasse die Gestattung zum Besuch einer anderen Schule nur aus wichtigem Grund zu. Liege dieser Grund vor, sei dieser Umstand auch in die Abwägung einzustellen. Dies lasse es ausgeschlossen erscheinen, daß die Behörde die Gestattung ermessensfehlerfrei versagen könne, ohne sich selbst auf einen besonderen Grund berufen zu können. Der wichtige Grund habe mithin zur Folge, daß als Entscheidung nur noch die Gestattung in Betracht komme, solange nicht ausnahmsweise besondere berücksichtigungsfähige Gründe vorlägen, die eine Versagung rechtfertigen könnten.

C. Durchsetzung staatlicher Ansprüche auf Geldleistungen

I. Grundsätzliches am Beispiel des § 84 Abs. 1 AuslG

§ 84 Abs. 1 Satz 1 AuslG gewährt einen staatlichen Erstattungsanspruch gegen denjenigen, der sich durch Abgabe einer sogenannten Verpflichtungserklärung verpflichtet hat, der öffentlichen Hand die Mittel zu erstatten, welche sie für den Lebensunterhalt eines Ausländers aufgewendet hat.

Das Bundesverwaltungsgericht[105] leitet aus dem Prinzip der Gesetzmäßigkeit der Verwaltung und den haushaltsrechtlichen Grundsätzen der Wirtschaftlichkeit und Sparsamkeit die grundsätzliche Pflicht der öffentlichen Hand her, ihr zustehende Geldleistungsansprüche durchzusetzen. Bei Vorliegen atypischer Gegebenheiten könne von dieser Regel abgewichen werden. Damit werde dem Umstand Rechnung getragen, daß die strikte Anwendung der Gesetze Folgen haben könne, die vom Gesetzgeber nicht gewollt und mit den Grundsätzen der Gerechtigkeit und der Verhältnismäßigkeit nicht vereinbar seien. Die Berücksichtigung der Einzelfallumstände sei nicht den vollstreckungsrechtlichen Instrumenten vorbehalten.

Diese Erwägungen sind in der verwaltungsgerichtlichen Rechtsprechung in dieser Allgemeinheit neu. Sie knüpfen aber an die Rechtsprechung des

---

[104] Beschluß vom 3.11.1998 - 2 M 105/98 -, LKV 1999, 466.
Ebenso BayVGH, Urteil vom 24.4.1985 - 7 B 84 A. 1295 -, SPE 272 Nr. 8 S. 6 ff., 7 f. (zu Art. 20 Abs. 1 Bay GbSch).

[105] Urteil vom 24.11.1998 - 1 C 33.97 -, BVerwGE 108, 1 ff., 17 ff.

Bundesverfassungsgerichts zur Geltendmachung öffentlicher Geldleistungsansprüche an[106].

Insgesamt scheint die Entscheidung auch in der Literatur auf Zustimmung zu stoßen[107]. Zu der Ermessenskonzeption äußert sich - soweit ersichtlich - nur *Kube*[108]; er begrüßt das Modell einer flexiblen Risikoverteilung, ohne aber grundsätzlich auf die Figur des intendierten Ermessens einzugehen.

II. Kostenerstattung bei unmittelbarer Ausführung und Ersatzvornahme im Ordnungsrecht

Ein weiterer Anwendungsfall für das intendierte Ermessen ergibt sich nach der Rechtsprechung der Verwaltungsgerichtshöfe der Länder Hessen und Baden-Württemberg[109] bei der Entscheidung darüber, ob die Kosten für die unmittelbare Ausführung bzw. für die Ersatzvornahme einer polizei- oder ordnungsbehördlichen Anordnung beigetrieben werden sollen.

Bereits die Frage, ob die Beitreibung überhaupt im Ermessen der zuständigen Behörde steht, ist umstritten. Die einschlägigen, dem § 5a Abs. 2 Satz 1 und dem § 30 Abs. 1 MEPolG entsprechenden Vorschriften der Polizei- und Ordnungsbehördengesetze der Länder verpflichten die Verantwortlichen zur Kostentragung. Sie statuieren mithin lediglich einen Anspruch der Verwaltung, der im Wege der Verwaltungsvollstreckung durchgesetzt werden kann. Aus dem Bestehen eines Anspruchs kann aber noch nicht automatisch auf eine Pflicht zur Durchsetzung geschlossen werden. Folglich steht der Erlaß des Kostenbescheides im Ermessen der Verwaltung.[110]

---

[106] BVerfG, Beschluß vom 12.2.1969 -1 BvR 687/62 -, BVerfGE 25, 216 ff., 228, und Beschluß vom 16.3.1071 - 1 BvR 52, 665, 667, 754/66 -, BVerfGE 30, 292 ff., 332.

[107] *Funke-Kaiser* in: Fritz/Vormeier, GK AuslR., § 84 AuslG Rn. 23 ff. Zur Verpflichtungserklärung allgemein: *Siehr/Bumke*, ZAR 1998, 210 ff.

[108] JZ 1999, 676 ff., 676 unter I; *ders.*, VBlBW 1999, 364 ff., 370 unter V 2.

[109] VGH BW, Urteil vom 17.9.1990 - 1 S 2805/89 -, NJW 1991, 1698 f., 1698, und Urteil vom 11.6.1991 - 1 S 2967/90 -, VBlBW 1991, 434 f.; HessVGH, Urteil vom 30.5.1994 - 11 UE 1684/92 -, NVwZ-RR 1995, 29 f., 30 li. Sp. Andeutungsweise bereits OVG Hamburg, Urteil vom 24.9.1985 - Bf. VI 3/85 -, NJW 1986, 2005 ff., 2006 re. Sp.

[110] So ausdrücklich BVerwG, Urteil vom 24.11.1998 - 1 C 33.97 -, BVerwGE 108, 1 ff., 17 f. Ebenso: VGH BW, Urteil vom 17.9.1990 - 1 S 2805/89 -, NJW 1991, 1698 f., 1698, und Urteil vom 11.6.1991 - 1 S 2967/90 -, VBlBW 1991, 434 f.;

Die ermessenseinschränkende Intention leitet der Verwaltungsgerichtshof Baden-Württemberg aus dem Zweck der Ermächtigung ab:

> "Dem Zweck der Ermächtigung (§ 40 BadWürttVwVfG) und dem Grundsatz der Verhältnismäßigkeit entspricht es in der Regel, wenn die Behörde die ihr entstandenen Kosten erhebt, weil sie in erster Linie eine dem Störer oder Pflichtigen obliegende Aufgabe wahrgenommen hat."[111]

Zum Zweck der Ermächtigung heißt es, die Auslegung als Ermessensvorschrift sei mit Rücksicht auf den Grundsatz der Verhältnismäßigkeit geboten, um Härten zu vermeiden, die sich aus der strengen Zustandshaftung ergeben könnten. Solchen Unbilligkeiten könne sowohl bei der unmittelbaren Ausführung als auch bei der Ersatzvornahme nur dadurch begegnet werden, daß durch eine Ermessensentscheidung über die Kostenerhebung unter Beachtung des Grundsatzes der Verhältnismäßigkeit in atypischen Fällen ein Ausgleich ermöglicht werde.[112]

Das Ermessen der Behörde sei im Regelfall schon unter Berücksichtigung des Gleichbehandlungsgrundsatzes auf die Erhebung der Kosten verdichtet, so daß ohne Hinzutreten besonderer Umstände, also eines atypischen Sachverhalts, keine andere Entscheidung getroffen werden könne[113]. Ein atypischer Fall bestehe etwa darin, daß ein Anscheinsstörer den Anschein einer Gefahr nicht zurechenbar veranlaßt habe und daher gleich einem Nichtstörer zu behandeln sei[114].

HessVGH, Urteil vom 30.5.1994 - 11 UE 1684/92 -, NVwZ-RR 1995, 29 f., 30 li. Sp.

Im Ergebnis ebenso: *Friauf* in: Schmidt-Aßmann, Bes. VerwR., 2. Abschn. Rn. 204 (S. 215); *Hornmann*, HSOG, § 8 Rn. 10 f.; *Kästner*, JuS 1994, 361 ff., 366 unter 2; *Rühle* in: Jochum/Rühle, PolizeiR. RP, J Rn. 81 (S. 404 f.) - allerdings unter Berufung auf den Verhältnismäßigkeitsgrundsatz und den Gerechtigkeitsgedanken; wohl auch *Sailer* in: Lisken/Denninger, PolizeiR., M Rn. 5 a.E.; *Würtenberger/Heckmann/Riggert*, PolizeiR. BW, Rn. 514.

A.A.: *Götz*, PolizeiR., Rn. 460, der die Ermessensausübung bzgl. der unmittelbaren Ausführung als solcher als vorgreiflich ansieht; *Schenke* in: Steiner, Bes. VerwR., II Rn. 358 und Fn. 880 (S. 354), der aus der Kostentragungspflicht auf eine Beitreibungspflicht schließt; *Schoch*, JuS 1995, 504 ff., 506 re. Sp., unter unzutreffender Wiedergabe des Gesetzeswortlauts.

111 VGH BW, Urteil vom 17.9.1990 - 1 S 2805/89 -, NJW 1991, 1698 f., 1699.

112 VGH BW, a.a.O.

113 HessVGH, Urteil vom 30.5.1994 - 11 UE 1684/92 -, NVwZ-RR 1995, 29 f., 30 li. Sp.

114 Vgl. dazu OVG Hamburg, Urteil vom 24.9.1985 - Bf. VI 3/85 -, NJW 1986, 2005 ff., 2006 re. Sp.

Ein weiteres Beispiel benennt der VGH BW in seinem Urteil vom 17.9.1990.

Sofern Teile der Literatur eine Ermessensentscheidung annehmen, gehen sie überwiegend auch davon aus, daß diese in Richtung auf den Erlaß eines Kostenbescheids intendiert ist[115]. Die Begründungen unterscheiden sich dabei nicht von denen in der Rechtsprechung. Zusätzlich finden die Grundsätze der ordentlichen öffentlichen Haushaltsführung Erwähnung, deren Beachtung eine Kostenerstattung gebiete[116].

Insgesamt zeigt sich, daß die unterschiedlichen Standpunkte nicht all zu weit auseinanderliegen. Die Annahme intendierten Ermessens nähert die Ermessensentscheidung einer gebundenen Entscheidung an. Andererseits sehen auch die Befürworter einer Entscheidung ohne Ermessensspielraum die Notwendigkeit, in bestimmten Fällen ein Korrektiv anzubringen, etwa über die wertende Einschränkung des Störerbegriffs[117].

D. Auswahl unter Gesamtschuldnern

Nach zahlreichen Vorschriften - insbesondere im Abgabenrecht - haften für öffentliche Forderungen die Anspruchspflichtigen als Gesamtschuldner. Die Ermessensentscheidung darüber, welcher der Gesamtschuldner herangezogen wird, soll nach der Rechtsprechung der Obergerichte intendiert sein, sofern der Gesetzgeber keine ausdrückliche Regelung getroffen hat. So heißt es in einem Urteil des Bundesverwaltungsgerichts vom 22.1.1993[118] zur Erhebung der Fehlbelegungsabgabe nach dem AFWoG:

> "Die zuständige Stelle kann nach ihrem pflichtgemäßen Ermessen auswählen, von welchem Gesamtschuldner sie die Leistung fordern will. Das folgt aus dem - mangels einer abweichenden Ausgestaltung in § 1 I 2 AFWoG - ergänzend heranzuziehenden § 421 BGB... An die Stelle der Worte 'nach

---

[115] *Hornmann*, HSOG, § 8 Rn. 10 f.; *Kästner*, JuS 1994, 361 ff., 366 unter 2; *Rühle* in: Jochum/Rühle, PolizeiR. RP, J Rn. 81 (S. 404 f.); *Rühle/Suhr*, POG RP, § 6 unter 3.1 (S. 100) und § 57 Abs. 1 POG und § 63 LVwVG unter 5.2 (S. 305 f.).

[116] *Kästner*, a.a.O.; tendenziell auch *Peters*, DÖV 2001, 749 ff., 761 re. Sp. vor VI, obwohl i.ü. kritisch zur Figur des intendierten Ermessens.

[117] So z.B. *Schenke* in: Steiner, Bes. VerwR., II, Fn. 880 (S. 354).

[118] - 8 C 57/91 -, NJW 1993, 1667 ff., 1669. Vgl. auch die vorangegangene Entscheidung des BVerwG, Urteil vom 29.9.1982 - 8 C 138/81 -, NVwZ 1983, 222 f., 223 re. Sp.
Im gleichen Sinne entschied das SächsOVG, Urteil vom 11.1.1999 - 2 S 518/98 -, NVwZ-RR 1999, 788 f., 789, zu § 10 Abs. 3 GrStG.

Belieben' treten die Worte 'nach Ermessen'... Das der zuständigen Stelle eingeräumte Ermessen ist sehr weit. Dies ergibt sich aus dem Zweck der... gesamtschuldnerischen Haftung. Sie soll... der Verwaltung den Gesetzesvollzug erleichtern und den damit verbundenen Verwaltungsaufwand verringern... Da die zuständige Stelle die Abgabenforderung rasch und sicher verwirklichen soll, darf sie nach ihrer Wahl einen Gesamtschuldner zur Ausgleichszahlung in voller Höhe heranziehen und es ihm überlassen, bei dem (oder den) mithaftenden weiteren Wohnungsinhaber(n) einen Ausgleich zu suchen... Innerhalb der ihrem Ermessen lediglich durch das Willkürverbot und offenbare Unbilligkeit gezogenen Grenzen kann sie den Gesamtschuldner in Anspruch nehmen, dessen Wahl ihr namentlich unter dem Blickwinkel der Verwaltungspraktikabilität geeignet und zweckmäßig erscheint...

Die... ständige Verwaltungsübung..., regelmäßig die erste im Datensatz aufgeführte Person als Zahlungspflichtigen auszuwählen, trägt der mit der gesetzlichen Ermächtigung angestrebten Verwaltungsvereinfachung Rechnung. Gegen eine solche Ermessenshandhabung ist **für den Regelfall** nichts einzuwenden... Den ersten 'gespeicherten' Wohnungsinhaber als Zahlungspflichtigen heranzuziehen **ist jedenfalls nicht ermessensfehlerhaft, sofern nicht besondere Umstände des Einzelfalls dies ausnahmsweise als unbillig erscheinen lassen und eine abweichende Ermessensausübung gebieten. Ermessenserwägungen in dieser Richtung sind nur veranlaßt, wenn Billigkeitsgründe geltend gemacht werden und tatsächlich vorliegen...**"

Die Entscheidung zeigt, daß eine gesetzliche Intention auch dazu führen kann, daß der Ermessensspielraum im Regelfall weiter ausgreift als im Ausnahmefall. Für die Frage, welche Rechtsfolgen sich an das intendierte Ermessen knüpfen und ob ein Unterschied zu sogenannten Soll-Vorschriften besteht, wird dieser Befund im folgenden noch Bedeutung erlangen.

Die Argumentation läßt sich auf alle Fälle gesamtschuldnerischer Haftung übertragen, sofern nicht gesetzliche Regelungen besondere Auswahlkriterien aufstellen. Dann freilich liegt keine Gesamtschuld im eigentlichen Sinne mehr vor, weil die Gleichrangigkeit der Haftung fehlt.

Die Literatur geht nur vereinzelt auf die Frage des intendierten Ermessens im Zusammenhang mit der Auswahlentscheidung bei einer Gesamtschuld ein. Zum Teil hält sie die Rechtsprechung des Bundesverwaltungsgerichts nur bei sogenannten Massenvorgängen für verallgemeinerungsfähig[119].

[119] *Jochum* in: Jochum/Rühle, PolizeiR. RP, K Rn. 44 (S. 436 f.).

Dementgegen sollen nach anderer Ansicht die Erwägungen auf jede Art von Gesamtschuldnerauswahl zutreffen[120].

E. Die Aufhebung von Verwaltungsakten

Die Entscheidung über die Rücknahme bzw. den Widerruf eines Verwaltungsaktes nach den allgemeinen Vorschriften der Verwaltungsverfahrensgesetze des Bundes und der Länder steht - im Gegensatz zu diversen Regelungen des besonderen Verwaltungsrechts - im Ermessen der Verwaltung; §§ 48 und 49 VwVfG respektive die entsprechenden landesrechtlichen Vorschriften sind als Kann-Vorschriften ausgestaltet. Gleiches gilt für §§ 45 bis 47 SGB X, wobei in Abweichung zu den vorgenannten Regelungen bei rechtswidrigen belastenden Verwaltungsakten und Dauerverwaltungsakten die Aufhebung obligatorisch zu erfolgen hat.

In einer ganzen Reihe von Fällen leitet die obergerichtliche Rechtsprechung aus Bestimmungen des Fachrechts eine gesetzliche Intention ab, die zu einer Einschränkung des Aufhebungsermessens führen soll. Auch aus der Systematik der Aufhebungsvorschriften selbst könne eine Ermessenslenkung folgen.

Bei § 102b Abs. 2 Nr. 8 GüKG a.F. als fachgesetzlicher Aufhebungsvorschrift nahm das Bundesverwaltungsgericht ebenfalls intendiertes Ermessen an.

I. § 48 Abs. 1 Satz 1 VwVfG

In einem Urteil vom 25.9.1987 befand das Bundesverwaltungsgericht[121], der Grundsatz der Wehrgerechtigkeit und das gewichtige öffentliche Interesses an der Aufrechterhaltung der Integrität der Wehrverwaltung geböten, daß Ausmusterungsentscheidungen - vom Vorliegen besonderer Umstände abgesehen - zurückgenommen bzw. widerrufen werden, wenn sich ihre ursprüngliche Unrichtigkeit herausstelle oder der zunächst zurecht ausgemusterte Wehrpflichtige nachträglich wehrdienstfähig geworden sei. Mit Rücksicht darauf sei das Ermessen der Behörde sowohl in Richtung auf die Rücknahme als auch in Richtung auf den Widerruf intendiert.

---

[120] *Sailer* in: Lisken/Denninger, PolizeiR., M Rn. 62a ff. (S. 890 ff.).

[121] - 8 C 61.85 -, Buchholz 448.0 § 9 WPflG Nr. 11 S. 1 ff., 4.

An dieser Entscheidung übt *Ehlers*[122] Kritik, indem er die offene Ermessensermächtigung des § 48 Abs. 1 VwVfG als vorrangig ansieht, gleichzeitig aber einräumt, daß bei fehlendem Vertrauensschutz grundsätzlich eine Ermessensreduzierung anzunehmen sein dürfte. Frei von Widerspruch ist diese Argumentation ersichtlich nicht.

Auch sonst besteht überwiegend Skepsis gegenüber der Annahme intendierten Ermessens, selbst wenn die Intention aus dem Kontext mit anderen Normen bzw. Rechtsgrundsätzen hergeleitet wird[123].

II. § 48 Abs. 2 Satz 4 VwVfG

Zu der auf § 48 Abs. 2 VwVfG gestützten Rücknahme eines begünstigenden Verwaltungsaktes, der eine einmalige Geldleistung gewährt - nämlich der Bewilligung einer Vergütung für die Aufgabe der Milcherzeugung nach § 1, § 2 Abs. 1 und § 3 Abs. 1 MAVV -, entschied das Bundesverwaltungsgericht[124]:

> "§ 48 Abs. 2 Satz 4 VwVfG lenkt das der Behörde nach § 48 Abs. 1 Satz 1 VwVfG zustehende Ermessen, indem es für die Fälle des Satzes 3 die **Rücknahme** des Verwaltungsakts mit Wirkung für die Vergangenheit **als Regel** festlegt. Danach müssen **besondere Gründe** vorliegen, **wenn eine Rücknahme nur für die Zukunft angeordnet oder überhaupt von der Rücknahme abgesehen werden soll.** Liegt ein vom Regelfall abweichender Sachverhalt nicht vor, versteht sich das Ergebnis der Abwägung von selbst; versteht sich aber das Ergebnis von selbst, so bedarf es insoweit nach § 39 Abs. 1 Satz 3 VwVfG auch keiner das Selbstverständliche darstellenden Begründung... Nur dann, wenn außergewöhnliche Umstände des Falles bekannt geworden oder erkennbar sind, die eine andere Entscheidung möglich erscheinen lassen, liegt ein rechtsfehlerhafter Gebrauch des Ermessens vor, wenn diese Umstände von der Behörde nicht erwogen worden sind... Soweit aber Gründe, die eine andere als die **gesetzlich intendierte Entscheidung**

---

[122] GewArch. 1999, 305 ff., 313 f.

[123] Z.B.: *Kopp/Ramsauer*, VwVfG, § 48 Rn. 50; *Sachs* in: in: Stelkens/Bonk/Sachs, VwVfG, § 48 Rn. 89 und 96.

[124] BVerwG, Urteil vom 23.5.1996 - 3 C 13.94 -, Buchholz 451.513 Sonst. Marktordnungsrecht Nr. 1 S. 1 ff., 13.
Ebenso: OVG Berlin, Urteil vom 25.10.1989 - 7 B 68.88 -, OVGE 18, 178 ff., 180 f.; BayVGH, Urteil vom 15.3.2001 - 7 B 00.107 -, NVwZ 2001, 931 ff., 933 unter 5.
Für die Zeit vor Erlaß des VwVfG: BVerwG, Urteil vom 20.5.1959 - VI C 188.56 -, BVerwGE 8, 297 ff., 304 m.w.N.

erfordern oder rechtfertigen könnten, weder von den Beteiligten geltend gemacht werden noch für die Behörde sonst ersichtlich sind, erübrigt sich eine diesbezügliche Begründung, wenn - wie hier - nach der Regel entschieden wird."

Eingedenk des Wortlautes des § 48 Abs. 2 Satz 4 VwVfG ("in der Regel") handelt es sich um eine sogenannte Soll-Vorschrift, also nicht um einen der typischen Fälle intendierten Ermessens. Doch zeigt gerade diese Entscheidung die besondere Nähe der Soll-Vorschriften zum intendierten Ermessen und ferner die Tendenz, Soll-Vorschriften als Unterfälle des intendierten Ermessens zu begreifen. Entgegen einer in der Literatur vertretenen Ansicht[125] erblickt das Bundesverwaltungsgericht in § 48 Abs. 2 Satz 4 VwVfG eine Regelung, die sich nicht nur auf das "Wie" der Rücknahme in zeitlicher Hinsicht bezieht, sondern auch auf das "Ob" der Rücknahme.

Aufgrund des Wortlautes folgt auch die Literatur überwiegend dieser Ansicht[126], sofern sie nicht davon ausgeht, die Entscheidung über das "Ob" der Rücknahme werde von § 48 Abs. 2 Satz 4 VwVfG nicht betroffen.

III. § 49 Abs. 2 Satz 1 Nrn. 1 - 5 VwVfG

Zu § 49 Abs. 2 VwVfG bzw. zu den landesrechtlichen Parallelvorschriften ergingen mehrere Entscheidungen, die eine ermessenslenkende Intention annahmen.

Ein begünstigender Verwaltungsaktes darf nur unter den einschränkenden Voraussetzungen des § 49 Abs. 2 Nrn. 1 - 5 VwVfG widerrufen werden. § 49 Abs. 2 Satz 1 Nr. 3 VwVfG eröffnet die Möglichkeit des Widerrufs für den Fall, daß nachträglich die Voraussetzungen für den Erlaß des zu widerrufenden Verwaltungsaktes entfallen und das öffentliche Interesse ohne den Widerruf gefährdet würde.

---

125 Z.B. *Sachs* in: in: Stelkens/Bonk/Sachs, VwVfG, § 48 Rn. 170; *Knoke*, Rücknahme, S. 166 m.w.N. (Fn. 162); wohl auch *Meyer* in: Knack, VwVfG, § 48 Rn. 47 und 104.

126 Z.B.: *Erichsen* in: ders., Allg. VerwR., § 17 Rn. 20 (S. 340); *Schäfer* in: Obermayer, VwVfG, § 48 Rn. 72; *Ule/Laubinger*, VerwVfR., § 62 Rn. 16 (S. 648). Zumindest einschränkend, wenn nicht gar ablehnend *Kopp/Ramsauer*, VwVfG, § 48 Rn. 117 und Rn. 50 ff., offenbar unter der nicht begründeten Prämisse, daß § 48 Abs. 2 Satz 4 VwVfG keine Soll-Vorschrift darstellt. Vgl. aber auch *dies.*, VwVfG, § 48 Rn. 92: Interessenabwägung in den Fällen des § 48 Abs. 2 Satz 3 nur in atypischen Fällen.

Der 8. Senat des Bundesverwaltungsgerichts geht davon aus, daß die Vorschriften des Fachrechts, insbesondere des Wehrrechts, welche die Voraussetzungen für den Erlaß des aufzuhebenden Verwaltungsaktes formulieren, geeignet sein können, das Widerrufsermessen intentionsbedingt einzuschränken. Eingedenk der tatbestandlichen Voraussetzung, daß ohne den Widerruf das öffentliche Interesse gefährdet sein muß, liegt bei fachrechtlichen Vorschriften, die das öffentliche Interesse in besonderem Maße schützen, die Annahme einer ermessenslenkenden Intention durchaus nahe.

Nach dem bereits zuvor erwähnten Urteil des 8. Senats des Bundesverwaltungsgerichts vom 25.9.1987[127] folgt aus dem Grundsatz der Wehrgerechtigkeit und dem gewichtigen öffentlichen Interesses an der Aufrechterhaltung der Integrität der Wehrverwaltung, daß Ausmusterungsentscheidungen - vom Vorliegen besonderer Umstände abgesehen - gemäß § 49 Abs. 2 Satz 1 Nr. 3 VwVfG aufzuheben sind, wenn sich ihre ursprüngliche Unrichtigkeit herausstelle oder der zunächst zurecht ausgemusterte Wehrpflichtige nachträglich wehrdienstfähig geworden ist. Das Ermessen der Behörde erweise sich sowohl in Richtung auf einen Widerruf als auch in Richtung auf eine Rücknahme als intendiert.

Mit gleichlautender Begründung nahm ebenfalls der 8. Senat[128] eine auf den Widerruf gerichtete Intention bei dem Wegfall der Voraussetzungen für eine Wehrdienstausnahme nach § 8 Abs. 2 Satz 1 KatSG und § 13a Abs. 1 Satz 1 WPflG an.

In einer Entscheidung vom 29.6.1990 gelangte derselbe Senat[129] zu dem gleichen Ergebnis beim Widerruf der Zustimmung zum ehrenamtlichen Dienst als Helfer im Zivilschutz (Warndienst), also ebenfalls im Zusammenhang mit einer Wehrdienstausnahme nach § 13a WPflG. Über die in den vorgenannten Entscheidungen angeführten Interessen hinaus stützte das Gericht seine Entscheidung hier zusätzlich auf die aus § 7 Abs. 1 ZSchG a.F.

---

[127] - 8 C 61.85 -, Buchholz 448.0 § 9 WPflG Nr. 11 S. 1 ff., 4.

[128] BVerwG, Urteil vom 26.1.1990 - 8 C 28.89 -, Buchholz 448.0 § 13a WPflG Nr. 18 S. 1 ff., 4.

[129] BVerwG, Urteil vom 29.6.1990 - 8 C 69.88 -, Buchholz 448.0 § 13a WPflG Nr. 19 S. 4 ff., 6.

Beuermann, Intendiertes Ermessen, S. 39 f., erblickt in diesem Sachverhalt einen Fall der Ermessensreduzierung. Sie verkennt dabei aber, daß die Entscheidung maßgeblich auf das aus § 7 Abs. 1 ZSchG a.F. folgende öffentliche Interesse an der Zuverlässigkeit der Warndiensthelfer und mithin an der Funktionsfähigkeit des Warndienstes abstellt, nicht aber auf die konkreten Umstände, welche die Unzuverlässigkeit in dem konkreten Fall begründeten.

folgenden erhöhten persönlichen Anforderungen an einen Warndiensthelfer, insbesondere auf das erforderliche hohe Maß an Zuverlässigkeit. Das Fehlen dieser im öffentlichen Interesse bestehenden Eignungsvoraussetzungen soll das Widerrufsermessen im Regelfall einschränken.

Über diese Ansicht hinausgehend vertritt der 7. Senat des Bundesverwaltungsgerichts[130] (ihm ausdrücklich folgend der Hessische[131] und der Bayerische[132] Verwaltungsgerichtshof sowie der Verwaltungsgerichtshof Baden-Württemberg[133]) die Auffassung, daß § 49 Abs. 2 Satz 1 Nrn. 1 - 5 VwVfG lediglich ein durch den Zweck der Regelung selbst eingeschränktes Ermessen einräumt. Der Widerruf soll demnach den Regelfall darstellen. Im einzelnen führt der Senat aus:

> "Der Regelung des § 49 Abs. 2 VwVfG liegt der Gedanke zugrunde, daß in den Widerrufsfällen der Nrn. 1-5 das öffentliche Interesse an der Beseitigung oder Änderung des Verwaltungsaktes im allgemeinen schwerer wiegt als das Interesse des Betroffenen am Bestand des Verwaltungsaktes und das entsprechende Vertrauensinteresse... Dieses prinzipielle Übergewicht des öffentlichen Interesses liegt - soweit es um die in § 49 Abs. 2 Nrn. 3-5 VwVfG getroffenen Regelungen geht - darin begründet, daß dem Gesichtspunkt des Vertrauensschutzes hier bereits vom Gesetzgeber insofern Rechnung getragen worden ist, als dieser in § 49 Abs. 5 VwVfG einen Entschädigungsanspruch des Betroffenen für etwaige im Vertrauen auf den Bestand des Verwaltungsaktes erlittene Vermögensnachteile geschaffen bzw. einen Widerruf für den Fall des Gebrauchmachens von der Vergünstigung ausgeschlossenen hat (Nr. 4). Der Gesetzgeber hat mit anderen Worten den Gesichtspunkt des Vertrauensschutzes bereits in die Widerrufsregelungen des § 49 Abs. 2 Nrn. 3-5 i.V.m. § 49 Abs. 5 'eingearbeitet'... Das der Behörde in § 49 Abs. 2 Nrn. 3-5 VwVfG eingeräumte Ermessen ist deshalb im Hinblick auf das öffentliche Interesse an einem Widerruf der Vergünstigung in Richtung auf einen Widerruf 'intendiert'... Aus diesem Grund können Vertrauensschutzgesichtspunkte im Rahmen des... Widerrufsermessens nur dann... zu Buche schlagen, wenn der... unmittelbar kraft Gesetzes zustehende Vertrauensschutz aus besonderen Gründen nicht ausreichend erscheint."

---

130 Urteil vom 24.1.1992 - 7 C 39.80 -, Buchholz 316 § 49 VwVfG Nr. 25 S. 6 ff., 9 f.

131 Beschluß vom 25.6.1998 - 7 UE 4200/96 -, ESVGH 48, 286 ff., 293 f. (der erkennende Senat bejahte aufgrund der Umstände des Einzelfalles einen atypischen Fall).

132 Beschluß vom 31.8.1999 - 7 ZS 99.2168 -, BayVBl. 2000, 761 ff., 762 re. Sp. unter b.

133 Beschluß vom 25.9.1998 - 4 S 2210/98 -, RiA 1999, 204 ff., 206.

Die Meinungen in der Literatur sind geteilt[134]. Die Befürworter einer intendierten Ermessensentscheidung stellen - wie auch das Bundesverwaltungsgericht - auf die abschließende Berücksichtigung des Vertrauensschutzes in der Widerrufsregelung selbst, insbesondere in § 49 Abs. 6 VwVfG, ab; für die Ermessensabwägung verblieben so im Regelfall keine gegenläufigen Interessen[135]. Dagegen bringen die Gegner des intendierten Ermessens vor, bei § 49 Abs. 2 VwVfG handele es sich um eine Ausnahmeregelung, die den Grundsatz durchbreche, daß bestandskräftige rechtmäßige Verwaltungsakte nicht aufgehoben werden dürften[136]. Überdies kompensiere eine Entschädigung nach § 49 Abs. 6 VwVfG den Entzug der ehedem eingeräumten Rechtsposition nicht vollständig, so daß von einer umfassenden gesetzlichen Berücksichtigung des Vertrauensschutzes nicht die Rede sein könne[137].

IV. § 49 Abs. 3 Satz 1 Nrn. 1 und 2 VwVfG

In seinem Urteil vom 16.6.1997 leitete das Bundesverwaltungsgericht[138] aus den haushaltsrechtlichen Grundsätzen der Wirtschaftlichkeit und Sparsamkeit eine Intention in Richtung auf den Widerruf her. In dem der Entscheidung zugrunde liegenden Sachverhalt beruhte der Widerruf auf einem Verstoß gegen Auflagen (§ 48 Abs. 3 Satz 1 Nr. 2 VwVfG). Der Senat führte im einzelnen aus:

> "Soweit der Kläger aus dem Fehlen von Ermessenserwägungen im Widerrufs- und Widerspruchsbescheid auf das Nichtvorliegen einer Ermessensentscheidung schließt, verkennt er die Besonderheiten, die sich im vorliegenden Fall aus der Anwendbarkeit der Grundsätze über das gelenkte bzw. intendier-

---

134 Zustimmend: *Jäde*, VwVf./VwProz., Rn. 73 (S. 49); *Schäfer* in: Obermayer, VwVfG, § 49 Rn. 61 f.; *Schwabe*, DVBl. 1998, 147 f., 147 re. Sp.; *Wolff/Bachof/Stober*, VerwR. II, § 51 Rn. 53 (S. 147 f.).
Ablehnend: *Bronnenmeyer*, Widerruf, S. 238 f. unter (2); *Erichsen* in: ders., Allg. VerwR., § 18 Rn. 13 (S. 355 f.); *Meyer* in: Knack, VwVfG, § 49 Rn. 38 f.; *Kopp/Ramsauer*, VwVfG, § 49 Rn. 28 f.; *Sachs* in: in: Stelkens/Bonk/Sachs, VwVfG, § 49 Rn. 34; *Ule/Laubinger*, VwVfR., § 63 Rn. 22 (S. 679).

135 *Schäfer* in: Obermayer, VwVfG, § 49 Rn. 61; *Schwabe*, DVBl. 1998, 147 f., 147 re. Sp. Trotz i.ü. kritischer Haltung auch *Sachs* in: in: Stelkens/Bonk/Sachs, VwVfG, § 49 Rn. 34.

136 *Bronnenmeyer*, Widerruf, S. 238 f. unter (2); *Ule/Laubinger*, VwVfR., § 63 Rn. 22 (S. 679).

137 *Bronnenmeyer*, a.a.O.

138 - 3 C 22.96 -, BVerwGE 105, 55 ff., 57 ff.

te Ermessen ergeben... [Es folgen die hinlänglich bekannten allgemeinen Ausführungen.]

Dem gesetzlichen Gebot, bei der Aufstellung und Ausführung des Haushaltsplans die Grundsätze der Wirtschaftlichkeit und Sparsamkeit zu beachten (§ 7 Abs. 1 LHO [Nds.] i.V.m. § 6 Abs. 1 Gesetz über die Grundsätze des Haushaltsrechts des Bundes und der Länder), ist zu entnehmen, daß bei Verfehlung des mit der Gewährung von öffentlichen Zuschüssen verfolgten Zweckes im Regelfall das Ermessen nur durch eine Entscheidung für den Widerruf fehlerfrei ausgeübt werden kann. Diese Haushaltsgrundsätze überwiegen im allgemeinen das Interesse des Begünstigten, den Zuschuß behalten zu dürfen, und verbieten einen großzügigen Verzicht auf den Widerruf von Subventionen... In vielen Subventionsgesetzen ist der Widerruf sogar zwingend vorgeschrieben, wenn Voraussetzungen für den Erlaß des Bescheides nachträglich entfallen sind, Auflagen nicht eingehalten und eingegangene Verpflichtungen nicht erfüllt wurden..."

Während der Verwaltungsgerichtshof Baden-Württemberg bereits im Jahre 1983 in eben diesem Sinne entschieden hatte[139], erkannte das Oberverwaltungsgericht Lüneburg in seinem Urteil vom 10.4.1984[140] keine Ermesseneinschränkung an, sondern erblickte in den genannten haushaltsrechtlichen Grundsätzen lediglich einen unter mehreren abwägungsrelevanten Belangen. Das Oberverwaltungsgericht Nordrhein-Westfalen ging in einer Entscheidung aus dem Jahre 1996 in diesem Zusammenhang von einer "Vorprägung" des Ermessens aus, die aus dem grundsätzlichen Vorrang des öffentlichen Interesses an der Rückforderung folge[141].

Die Ansicht des Bundesverwaltungsgerichts findet in der Literatur überwiegend Akzeptanz[142], wenngleich eine weitergehende Begründung aus-

---

[139] Urteil vom 1.2.1983 - 10 S 1346/82 -, NVwZ 1983, 552 ff., 554 f. (zu § 7 Abs. 1 BadWürttHaushO).

[140] - 9 A 223/81 -, NVwZ 1985, 120 ff., 121.

[141] Urteil vom 25.11.1996 - 25 A 1950/96 -, NVwZ-RR 1997, 585 ff., 590.

[142] *Erichsen/Brügge*, Jura 1999, 496 ff., 501 li. Sp. unter 8; *Erichsen* in: ders., Allg. VerwR., § 18 Rn. 13 (S. 355 f.), obwohl i.ü. kritisch; *Frotscher*, WirtVerf- u. WirtVerwR., Rn. 412 f. (wenngleich mit gewissen Einschränkungen); *Henneke* in: Knack, VwVfG, § 39 Rn. 32; *Oldiges*, NVwZ 2001, 626 ff., 629 unter 5; *Schäfer* in: Obermayer, VwVfG, § 49 Rn. 89 f.; *Schwabe*, DVBl. 1998, 147 f. Siehe auch *Gröpl*, VerwArch. 88 (1997), 23 ff., 37 f. unter d, und *Stober*, Handbuch, § 111 III (S. 1242), deren Ausführungen ein intendiertes Ermessen nahelegen.

bleibt. Die dagegen gerichtete Kritik[143] betont die besondere Bedeutung der Umstände des Einzelfalles und die Bedeutung des Ermessens für die Entscheidung über das "Wie" der Rücknahme[144] (eine Einschränkung des Auswahlermessens sieht die Rechtsprechung allerdings gar nicht vor).

Die amtliche Begründung zu § 49 Abs. 3 VwVfG (n.F.)[145] sieht die Widerrufbarkeit rechtmäßiger Verwaltungsakte, die eine einmalige oder laufende Geldleistung oder teilbare Sachleistung zur Erfüllung eines bestimmten Zwecks gewähren oder hierfür Voraussetzung sind, auch für die Vergangenheit als "zur Wahrung haushaltsrechtlicher Belange rechtspolitisch geboten" an. Die Vorschrift des § 49 Abs. 3 VwVfG entspricht der (aufgehobenen) Regelung des § 44a Abs. 1 BHO. Der Gesetzgeber ging allerdings ausweislich der amtlichen Begründung dieser Vorschrift[146] von einem offenen Ermessen aus, das die Umstände des Einzelfalles einer Abwägung zuführt.

V. § 49a Abs. 4 VwVfG

Nach § 49a Abs. 4 Satz 1 VwVfG bzw. den landesrechtlichen Parallelvorschriften kann die Behörde Zinsen auf eine bewilligte und erbrachte staatliche Leistung bis zu deren zweckentsprechender Verwendung fordern, wenn die Leistung nicht alsbald für den bestimmten Zweck verwendet wird.

Im Anschluß an die Rechtsprechung des Bundesverwaltungsgerichts zu § 49 Abs. 3 VwVfG nahm das Thüringer Oberverwaltungsgericht[147] ein in Richtung auf die Einforderung der Zinsen intendiertes Ermessen an:

> "Das in § 44a Abs. 3 Satz 4 LHO [a.F.; entspricht § 49a Abs. 4 ThürVwVfG/VwVfG] eingeräumte Ermessen ist durch den Regelungszweck und die Grundsätze der Wirtschaftlichkeit und Sparsamkeit 'intendiert'... [Es folgt eine Darstellung der Entscheidung des Bundesverwaltungsgerichts vom 16.6.1997.] Diese Grundsätze, die in erster Linie auf § 44a Abs. 1 LHO a.F. [entspricht § 49 Abs. 3 ThürVwVfG/VwVfG] anzuwenden sind, gelten erst recht für die im Vergleich zum Widerruf des Zuwendungsbescheides

---

143 *Ehlers*, GewArch. 1999, 305 ff., 316 li. Sp. unter e; *Michaelis*, JA 1998, 453 ff., 455 (eher allgemein); i.d.S. wohl auch *Kopp/Ramsauer*, VwVfG, § 49 Rn. 73.
144 *Ehlers*, a.a.O.
145 BT-Drucks. 13/1534 S. 6 (zu Nr. 2 Buchst. a).
146 BT-Drucks. 8/3785 S. 5 (zu Abs. 1).
147 Urteil vom 16.2.1999 - 2 KO 61/96 -, ThürVBl. 1999, 161 ff., 163 li. Sp.

viel weniger eingreifende Zinsforderung. Wenn schon aus Gründen der Verhältnismäßigkeit - wie hier - vom möglichen Widerruf nach § 44a Abs. 1 Satz 2 LHO abgesehen wird und damit trotz der Grundsätze der Wirtschaftlichkeit und Sparsamkeit in einem atypischen Fall - nämlich der verspäteten, aber dennoch zweckentsprechenden Verwendung der Zuwendung - von der Regelfolge 'Widerruf' abgewichen wird, schlagen die genannten haushaltsrechtlichen Grundsätze erst recht bei dem milderen Mittel 'Zinsforderung' durch."

In der Literatur fand die Entscheidung bislang nur vereinzelt Beachtung[148]. Die Gesetzesmaterialien[149] geben keinen weiteren Aufschluß.

VI. § 45 Abs. 2 SGB X

Die Regelungen des § 45 Abs. 1 und 2 SGB X entsprechen weitgehend denen des § 48 Abs. 1 Satz 2 und des Abs. 2 Sätze 1 - 3 VwVfG. § 45 Abs. 4 Satz 1 SGB X sieht im Gegensatz zu § 48 Abs. 2 Satz 4 VwVfG eine Pflicht zur Rücknahme mit Wirkung für die Vergangenheit vor. Somit stellt sich bei § 45 Abs. 1 i.V.m. Abs. 2 SGB X die Frage, ob eine Intendierung in Richtung auf die Rücknahme im Falle des Ausschlusses des Vertrauensschutzes gemäß § 45 Abs. 2 Satz 3 SGB X anzunehmen ist.

Antworten auf diese Frage lieferten sowohl die verwaltungsgerichtliche als auch die sozialgerichtliche Rechtsprechung. Der 8. Senat des Bundesverwaltungsgerichts führte lapidar aus[150]:

> "Zwar steht die Entscheidung über die Rücknahme eines - wie hier - von Anfang an rechtswidrigen begünstigenden Verwaltungsakts mit Wirkung für die Vergangenheit nach § 45 Abs. 1 SGB X grundsätzlich im Ermessen der Behörde...; deshalb setzt die Rechtmäßigkeit der Rücknahme grundsätzlich eine entsprechende Ermessensausübung voraus. In dieser Beziehung gelten jedoch Besonderheiten, wenn der zu betreffenden Entscheidung durch das einschlägige Fachrecht eine bestimmte Richtung vorgegeben ist, d.h. kraft dieses Fachrechts das Ermessen im Regelfall fehlerfrei nur durch eine bestimmte Entscheidung... ausgeübt werden kann (sog. intendiertes Ermessen), und ein vom Regelfall abweichender Sachverhalt nicht vorliegt."

---

[148] Zustimmend *Oldiges*, NVwZ 2001, 626 ff., 629 f.
Kritisch *Sachs* in: Stelkens/Bonk/Sachs, VwVfG, § 49a Rn. 82.

[149] BT-Drucks. 13/1534 S. 6 f. (zu Nr. 3).

[150] Urteil vom 25.9.1992 - 8 C 68 u. 70.90 -, BVerwGE 91, 82 ff., 90 f.

In diesem Fall leitete sich die Intention aus § 18 Abs. 3 WohngeldG ab, wonach Wohngeld nicht erbracht werden soll, wenn und soweit seine Inanspruchnahme mißbräuchlich wäre. Der Senat folgte damit der Rechtsprechung des 5. Senats[151].

Der 4. Senat des Bundessozialgerichts nimmt zwar eine Ermessensreduzierung auf Null an; tatsächlich handelt es sich aber um intendiertes Ermessen, wie die Ausführungen des Senats zeigen[152]:

> "Das... Rücknahmeermessen dient dem Zweck, die Behörde zu verpflichten (§ 39 Abs. 1 SGB I), das öffentliche Interesse an der Rücknahme der Begünstigung mit - vom Vertrauensschutz nicht erfaßten - sonstigen billigen Interessen des gutgläubig Bereicherten sowie mit dem weiteren öffentlichen Interesse an der Verwirklichung der sozialen Rechte (etwa im Blick auf durch die rechtswidrige Begünstigung verdrängte Sozialleistungen) abzuwägen. Dies kann dann - bei Gutgläubigen - sogar zu einer bloßen Teilrücknahme (nur selten zum Ausschluß der Rücknahme), also zu einem gewissen Fortbestand der rechtswidrigen Begünstigung für die Zukunft führen.
>
> Demgegenüber sind **bei einem Bösgläubigen, der sich auf Vertrauen schlechthin nicht berufen kann, grundsätzlich auch keine 'billigenswerten' Interessen rechtlich anzuerkennen**, das schuldhaft zu Unrecht Erlangte ganz oder teilweise zu behalten... Jedenfalls **für den Bereich der Sozialversicherung** (§ 1 Abs. 1 SGB IV) **hat § 76 Abs. 2 SGB IV** - in thematischer Spezialität - **die Frage**, in welchem Zusammenhang und **unter welchen Voraussetzungen wirtschaftliche Härten zu berücksichtigen sind, grundsätzlich abschließend und in einer dem Übermaßverbot in aller Regel genügenden Weise beantwortet**... Grundsätzlich muß der Sozialversicherungsträger das zu Unrecht Erlangte vom Bösgläubigen durch Erstattungsbescheid zurückfordern (bzw. den rechtswidrig begünstigenden Verwaltungsakt zurücknehmen); das in § 45 Abs. 1 SGB X vorgesehene Ermessen ist auf Null reduziert. **Nur in Ausnahmefällen... 'darf' überhaupt von einer Rücknahme/Rückforderung abgesehen werden.**"

Weitere Entscheidungen des Bundessozialgerichts befürworten bei § 45 Abs. 2 SGB X "in den üblichen Fällen" ganz allgemein eine Ermessensre-

---

[151] BVerwG, Urteil vom 17.9.1987 - 5 C 26.84 -, BVerwGE 78, 101 ff., 105 und insb. 106 1. Abs.

[152] Urteil vom 25.1.1994 - 4 RA 16/92 -, DVBl. 1994, 1246 f., 1247. Kritisch dazu: BSG, Urteil vom 24.1.1995 - 8 RKn 11/93 - BSGE 75, 291 ff., 294 f. m.w.N.

duzierung[153]. Dabei wollen sie das "Dürfen" in § 45 Abs. 1 SGB X als bloße Handlungsermächtigung verstanden wissen. Ferner soll der Tatbestand des § 45 Abs. 2 SGB X der Ermessensbetätigung alle abwägungsrelevanten Punkte entziehen, so daß ein Ermessensspielraum ausgeschlossen sei.[154]

Diese Rechtsprechung soll sich allerdings nach Ansicht des 11. Senates auf das Versorgungsrecht beschränken[155]. Nebenbei kritisiert der Senat sehr deutlich die Annahme einer Ermessensreduzierung bzw. -intendierung. Wortlaut und Entstehungsgeschichte des § 45 SGB X gäben keinen Anhaltspunkt für eine derartige Einschränkung des Ermessensspielraums.[156]

In diesem Sinne vertreten der 7., der 8. und der 11. Senat des Bundessozialgerichts die Auffassung, die Rücknahme eines Verwaltungsakts nach § 45 Abs. 1 SGB X erfordere über das Fehlen des Vertrauensschutzes nach Abs. 2 hinaus die Ausübung pflichtgemäßen Ermessens[157].

Die - soweit ersichtlich - letzte Entscheidung zu diesem Komplex traf der 9. Senat[158]. Er hebt im Anschluß an die Entscheidung des 9a-Senats aus dem Jahre 1986[159] hervor, daß Ausnahmen denkbar seien, die dann notwendigerweise eine Ermessensentscheidung nach sich zögen. Blieben de facto keine abwägungsrelevanten Gesichtspunkte mehr übrig, so sei das Ermessen auf Null reduziert. Nur eine einzige Entscheidung könne in diesem Falle richtig sein.

Insgesamt zeigt sich die Rechtsprechung des Bundessozialgerichts uneinheitlich. Zudem arbeitet sie die Rechtsfigur des intendierten Ermessens nicht in gleicher Wiese wie die verwaltungsgerichtliche Rechtsprechung heraus, sondern löst die Fälle über eine Ermessensreduzierung im Regelfall.

---

153 BSG, Urteil vom 25.6.1986 - 9a Rvg 2 /84 -, DVBl. 1987, 245 ff., 245 re. Sp.; Urteil vom 26.9.1990 - 9b/7 RAr 30/89 - BSGE 67, 232 ff., 234.

154 So insb. BSG, Urteil vom 25.6.1986 - 9a Rvg 2 /84 -, DVBl. 1987, 245 ff., 245 re. Sp.

155 BSG, Urteil vom 4.2.1988 - 11 RAr 26/87 - BSGE 63, 37 ff., 39.

156 BSG, a.a.O.

157 Urteil vom 14.11.1985 - 7 RAr 123/84 -, BSGE 59, 157 ff., 169 ff.; Urteil vom 24.1.1995 - 8 RKn 11/93 -, BSGE 75, 291 ff., 294 f. m.w.N.; Urteil vom 4.2.1988 - 11 RAr 26/87 -, BSGE 63, 37 ff., 39.

158 BSG, Urteil vom 5.11.1997 - 9 RV 20/96 -, BSGE 81, 156 ff., 159.

159 BSG, Urteil vom 25.6.1986 - 9a Rvg 2 /84 -, DVBl. 1987, 245 ff., 245 re. Sp.

Die sozialrechtliche Literatur begegnet der Rechtsprechung, die ein intendiertes Ermessen bzw. eine diesem ähnliche Ermessensreduzierung annimmt, überwiegend skeptisch[160].

Das meistgenannte Argument gegen eine Ermessenseinschränkung ist die bewußte Entscheidung des Gesetzgebers für ein offenes, pflichtgemäß auszuübendes Ermessen[161]. Überdies müßten alle Billigkeitsaspekte bei der Ermessensentscheidung berücksichtigt werden, nicht nur bei der Prüfung der Voraussetzungen des § 45 Abs. 2 bis 4 SGB X[162]. Gerade unterschiedliche Grade des Verschuldens sollen ein Kriterium sein[163].

Dagegen erblickt eine Stimme in der Literatur[164] in § 45 Abs. 2 Satz 2 i.V.m. Abs. 1 SGB X eine sog. Koppelungsvorschrift mit der Folge, daß die Abwägung nach § 45 Abs. 2 Satz 2 SGB X zum "wegweisenden Indiz" für die Ermessensausübung wird, mithin die Funktion einer Ermessensrichtlinie einnimmt und Inhalt sowie Grenzen des Ermessens bestimmt. Daraus resultiere eine Ermessensreduktion. Wegen der strukturellen Unterschiede zwischen den unter § 45 Abs. 2 Satz 3 SGB X fallenden Sachverhalten und den übrigen findet die zu einer Ermessenseinschränkung neigende Rechtsprechung aber auch Beifall[165].

VII. § 102b Abs. 2 Nr. 8 GüKG a.F.

§ 102 b Abs. 2 Nr. 8 GüKG a.F.[166] ermöglichte den Widerruf einer Güternahverkehrserlaubnis (§§ 80 f. GüKG a.F.), wenn der Unternehmer die

---

[160] Wie uneinheitlich sich das Meinungsbild in Rechtsprechung und Literatur darstellt, zeigen die Ausführungen *Wiesners* in: Schroeder-Printzen, SGB X, § 45 Rn. 4 f. m.w.N.

[161] *Grüner/Dalichau*, SGB X Bd. II, § 45 unter 7 (S. 42); *Kuklok*, SozVers. 1997, 63 ff., 66 re. Sp. oben.

[162] *Hauck* in: ders., SGB X, K § 45 Rn. 16a; i.d.S. auch *Pickel*, SGB X, § 45 SGB X Rn. 21.

[163] *Kuklok*, SozVers. 1997, 63 ff., 66 re. Sp. a.E.

[164] *Haus*, SGb 1987, 190 ff., 191 unter III.

[165] *Scholz*, SGB X, § 45 Rn. 6.

[166] § 102b GüKG wurde eingeführt durch das 3. Gesetz zur Änderung des GüKG vom 9.3.1983 (BGBl. I S. 249). Durch Art. 1 des Gesetzes zur Reform des Güterkraftverkehrs vom 22.6.1998 (BGBl. I S. 1485) wurde das GüKG neu erlassen. Die Widerrufsgründe des § 102b Abs. 2 a.F. wurden auf die in § 3 Abs. 5 n.F. enthaltene Regelung zurückgeführt. Wie aus § 3 Abs. 5 Satz 2 n.F. folgt, blieb der Aufhebungsgrund des § 102b Abs. 2 Nr. 8 a.F. erhalten. Er ist nunmehr der Zugangsbedingung des § 3 Abs. 2 Satz 1 Nr. 1 (i.V.m. Abs. 3 Nr. 1) zuzuordnen, der Zuverlässigkeit.

ihm obliegenden steuerrechtlichen Verpflichtungen wiederholt nicht erfüllte. Die Ausgestaltung als Kann-Vorschrift sprach an sich für eine offene Ermessensentscheidung.

In seinem Beschluß vom 27.6.1990 nimmt das Bundesverwaltungsgericht[167] hingegen ein durch die gesetzliche Intention eingeschränktes Ermessen an. Es stellt (ohne Begründung) fest, daß § 102b Abs. 2 Nr. 8 GüKG a.F. bei wiederholter Nichterfüllung steuerrechtlicher Verpflichtungen den Widerruf der Erlaubnis als Regelfall ansehe.

Die amtliche Begründung zu § 102b GüKG a.F.[168] geht von einer uneingeschränkten Ermessensermächtigung aus. Ganz im Sinne der Rechtsprechung heißt es aber in der amtlichen Begründung zu § 3 Abs. 5 Satz 1 GüKG n.F.[169]:

> "Entfällt eine der Berufszugangsvoraussetzungen, ist die Erlaubnisbehörde **grundsätzlich gezwungen**, die Erlaubnis **aufzuheben**, da die Erlaubnis nach den Vorgaben der Berufszugangsrichtlinie 96/26/EG vom 29. April 1996 und ihrer Umsetzung in § 3 Abs. 2 und 3 nur Bestand haben kann, solange alle drei subjektiven Berufszugangsvoraussetzungen vorliegen. Insoweit, insbesondere im Hinblick auf die persönliche Zuverlässigkeit des Unternehmers, besteht für die Erlaubnisbehörde allerdings ein Beurteilungsspielraum. **Sonstige besondere Umstände des Einzelfalles**, z.B. die Kreditwürdigkeit und den Goodwill eines Unternehmens und damit seine Sanierungschancen, **hat die Erlaubnisbehörde** zudem **im Rahmen ihrer pflichtgemäßen Ermessensausübung zu berücksichtigen**."

Diese Begründung umschreibt nichts anderes als ein intendiertes Ermessen.

Die Literatur ist geteilter Ansicht[170], ausführliche Begründungen für den jeweiligen Standpunkt werden jedoch nicht geliefert.

Demzufolge hat sich die Rechtslage insoweit nicht geändert (vgl. BT-Drucks. 13/9314 S. 17 (zu § 3 Abs. 5)).

167 - 7 B 93.90 -, Buchholz 442.03 § 102b GüKG Nr. 3 S. 4 ff., 5.

168 BT-Drucks. 9/1909 S. 15 f. (zu Art. 1 Nr. 45).

169 BT-Drucks. 13/9314 S. 17 (zu § 3 Abs. 5).

170 Für intendiertes Ermessen: *Raaf* in: Hein/Eichhoff/Pukall/Krien, GüKVerkR., N § 3 unter 6 (S. 10 f.).
Dagegen: *Lammich/Pöttinger*, GütertransportR., GüKG § 3 Rn. 26; *Meier* in: Schmidt, Kompendium, § 11 Rn. 53 f. (S. 311 f.); *Steiner* in: Schmidt, Öff. WirtR. BT 2, § 10 Rn. 52 (S. 177).

F. Die Entlassung eines Beamten auf Probe

Nach § 31 Abs. 1 Satz 1 BBG (entspricht § 23 Abs. 3 BRRG) - respektive nach den entsprechenden Vorschriften der Beamtengesetze der Länder - kann ein Beamter auf Probe u.a. dann entlassen werden, wenn er ein Verhalten zeigt, das bei einem Beamten auf Lebenszeit eine Disziplinarmaßnahme zur Folge hätte, die nur im förmlichen Disziplinarverfahren verhängt werden kann (Nr. 1), oder mangelnde Bewährung (Nr. 2) vorliegt.

Nach ständiger Rechtsprechung des Bundesverwaltungsgerichts[171] stellt die Entscheidung über die Entlassung eines Probebeamten wegen eines Dienstvergehens gemäß Nr. 1 zwar eine Ermessensentscheidung dar, in aller Regel liege aber in dem Ausspruch der Entlassung, der einzig an die Erfüllung der tatbestandlichen Voraussetzung des Dienstvergehens anknüpft, kein fehlerhafter Ermessensgebrauch. Einer ausdrücklichen Darlegung der Entscheidungsgründe bedürfe es daher nicht. Diese Vorgehensweise entspricht der beim intendierten Ermessen.

Das Bundesverwaltungsgericht übertrug diese Rechtsprechung auch auf den Entlassungstatbestand der mangelnden Bewährung (Nr. 2)[172].

Die Literatur folgt dieser Auffassung - soweit ersichtlich - einheitlich[173]. Vereinzelt wird wegen der eingeschränkten Begründungspflicht eine Anknüpfung an § 39 Abs. 2 Nr. 2 VwVfG gesucht[174].

---

[171] Urteil vom 16.5.1968 - II C 71.65 -, ZBR 1968, 346 ff., 347 re. Sp.; Beschluß vom 22.10.1974 - VI B 55.74 -, ZBR 1976, 52; Urteil vom 22.6.1982 - 2 C 44.80 -, BVerwGE 66, 19 ff., 25; Urteil vom 28.4.1983 - 2 C 89.81 -, DVBl. 1983, 1105 ff., 1107 re. Sp.; Urteil vom 12.10.1989 - 2 C 22.87 -, BVerwGE 82, 356 ff., 363.

[172] Urteil vom 28.4.1983 - 2 C 89.81 -, DVBl. 1983, 1105 ff., 1107 re. Sp.; Urteil vom 29.5.1990 - 2 C 35.88 -, BVerwGE 85, 177 ff., 184.
Darüber hinausgehend hielt das BVerwG in seinem Urteil vom 3.12.1998 - 2 C 26.97 -, DVBl. 1999, 923 ff., 925, die Entscheidung über die Entlassung eines Probebeamten unter Berufung auf die zuvor angeführte Rechtsprechung gar für eine gebundene Entscheidung. Eingedenk der in Bezug genommenen Judikate dürfte dies auf einem Mißverständnis beruhen.

[173] Z.B.: *Battis*, BBG, § 31 Rn. 3 und 5; *Günther*, ZBR 1985, 321 ff., 321, 327 re. Sp. unten und 331 f.; *Lemhöfer* in: Plog/Wiedow/Beck/Lemhöfer, BBG, § 31 Rn. 3a, 6 und 12; *Peine/Heinlein*, BeamtenR., S. 115 f.; *Schnellenbach*, BeamtenR., Rn. 162 und Fn. 47 f. (S. 100) sowie Rn. 176 (S. 111).

[174] *Schnellenbach*, BeamtenR., Fn. 48 (S. 100).

G. Sonstige Fälle

I. Unterschutzstellung eines Kulturdenkmals

Das hamburgische Denkmalschutzgesetz (DSchG) in der Fassung vom 3.12.1973[175] unterschied zwischen Gegenständen, die einerseits dem Denkmalschutz und andererseits der Denkmalpflege unterfielen. Zur Unterschutzstellung war - von der Möglichkeit des Erlasses einer entsprechenden Rechtsverordnung abgesehen - gemäß § 7 Abs. 1 DSchG eine konstitutiv wirkende Verfügung erforderlich. Im Falle der Anordnung der sofortigen Vollziehung oder der Unanfechtbarkeit dieser Verfügung erfolgte die Eintragung in die Denkmalliste (§ 6 Abs. 1 Satz 2 DSchG). Alle nicht unter Schutz gestellten und daher nicht eingetragenen Kulturdenkmäler (der Oberbegriff, den das Gesetz verwendet) unterfielen lediglich Maßnahmen der Denkmalpflege, die im Einvernehmen mit dem Verfügungsberechtigten durchgeführt wurden (§ 3 Sätze 1 und 2 DSchG).

Aus diesem Nebeneinander von Denkmalschutz und Denkmalpflege leitete das Oberverwaltungsgericht Hamburg in einem Urteil vom 1.2. 1988[176] ab, daß die Denkmalschutzbehörde nach pflichtgemäßem Ermessen darüber zu befinden habe, ob ein schutzwürdiger Gegenstand unter Denkmalschutz gestellt oder der Denkmalpflege zugeordnet werde. Allerdings ergebe sich aus der Umschreibung der Schutzobjekte in § 2 Abs. 1 DSchG und den Regelungsmöglichkeiten zur Unterschutzstellung ein Vorrang des Denkmalschutzes. In § 2 Abs. 1 Nrn. 1 - 4 DSchG habe der Gesetzgeber die dort bezeichneten Gegenstände als „denkmalschutzwürdig“ hervorgehoben. Daraus folge, daß diese Gegenstände grundsätzlich unter Schutz zu stellen seien. Die Entscheidung verlange keine Abwägung, das Gesetz räume lediglich ein Verfahrensermessen ein, das allein vom Ziel einer wirksamen Erfüllung der in § 1 DSchG gestellten Aufgaben her bestimmt werde und im Sinne eines grundsätzlichen Vorrangs des Denkmalschutzes auszuüben sei.

---

[175] Hmbg. GVBl. 1973, 466 ff.

[176] - Bf. II 69/85 -, NVwZ-RR 1989, 117 ff., 118 f.

II. § 4 Abs. 1 Satz 1 ZDG

Gemäß § 4 Abs. 1 Satz 1 ZDG kann auf Antrag unter den kumulativen Voraussetzungen der Nrn. 1 - 4 eine Beschäftigungsstelle für Zivildienstleistende als solche anerkannt werden.

Das Bundesverwaltungsgericht[177] sieht das so eingeräumte Ermessen als intendiert an:

> "Da sämtliche Fragen der Eignung der vorgesehenen Beschäftigung bereits durch die Rechtsvoraussetzungen der Anerkennung absorbiert werden, kann es bei der Ermessensausübung legitim einzig um Fragen des Unterbringungsbedarfs gehen. Dabei schlägt eine Bindung durch, die sich aus dem... Zusammenhang zwischen der Anerkennung und dem 'Wesen des Zivildienstes' (§ 4 Abs. 1 Satz 1 Nr. 2 ZDG) ergibt. Wenngleich sich... dem Wesen des Zivildienstes auch z.B. reine Verwaltungstätigkeiten nicht entziehen, liegt doch auf der Hand, daß dem Sinn des Zivildienstes andere Tätigkeiten - etwa die unmittelbaren Pflege- und Betreuungsdienste - deutlich näherstehen. Das führt zu einer (unter diesem Blickwinkel) qualitativen Stufung. Der erkennende Senat sieht die Rechtfertigung für die in § 4 Abs. 1 Satz 1 ZDG enthaltene Ermessensermächtigung - einem Ventil vergleichbar - darin, daß die wünschenswerte Beschäftigung der Zivildienstpflichtigen mit Tätigkeiten, die dem Sinn des Zivildienstes möglichst nahestehen, in Konflikt geraten kann mit dem Gebot, möglichst alle Zivildienstpflichtigen im Zivildienst auch verwenden zu können. Die Beklagte darf deshalb im Wege der Ermessensausübung Beschäftigungen, die (und je mehr sie) sozusagen 'am Rande' des Wesens des Zivildienstes liegen, dann und nur dann anerkennen, wenn sich dies aus dem Unterbringungsgebot, d.h. aus der Bedarfslage, rechtfertigt. Freilich wird sie andererseits, wenn und solange ein Bedarf besteht, schon um der Wahrung des Gleichheitssatzes willen eine Anerkennung ermessensfehlerfrei nur versagen können, wenn sich dies auf Gründe stützen läßt, die sich aus Besonderheiten der Bedarfslage oder ähnlichem ergeben."

Die Intention soll also in zwei Richtungen wirken: Bei entsprechendem Bedarf ist grundsätzlich jede den Voraussetzungen genügende Beschäftigungsstelle anzuerkennen; bei einer ausreichenden Zahl an Stellen sollen nur diejenigen anerkannt werden, die dem Wesen des Zivildienstes am ehesten entsprechen.

Die Literatur begegnet dieser Auffassung mit Skepsis. § 4 Abs. 1 Satz 1 ZDG liefere keinen Anhaltspunkt für eine Ermessenslenkung[178].

---

[177] Urteil vom 29.4.1988 - 8 C 69.86 -, BVerwGE 79, 274 ff., 281 ff.

III. Überleitung von Unterhaltsansprüchen nach §§ 90, 91 BSHG

Nach §§ 90, 91 BSHG kann der Sozialhilfeträger bestehende (zivilrechtliche) Unterhaltsansprüche durch Verwaltungsakt auf sich überleiten. Der Verwaltungsakt zur Anspruchsüberleitung steht im Ermessen der zuständigen Behörde.

Nach einem Urteil des Verwaltungsgerichtshofes Baden-Württemberg[179] lassen das Gebot sparsamer Bewirtschaftung öffentlicher Mittel und der grundsätzliche Nachrang der Sozialhilfe (§ 2 BSHG) die Überleitung als Regelfall erscheinen. Im Interesse des Drittschuldners sei abzuwägen, ob bei ihm ausnahmsweise eine Situation vorliege, die ein Absehen von der Überleitung rechtfertigen könnte, etwa im Hinblick auf § 7 BSHG.

Der Sache nach handelt es sich bei dieser Vorgehensweise um die Anwendung der Grundsätze des intendierten Ermessens.

Dieser Argumentation schließt sich die sozialhilferechtliche Literatur überwiegend an[180]; der gesetzlich festgelegte Nachrang der Sozialhilfe gebiete im Regelfall die Überleitung.

IV. § 31a Abs. 1 Satz 1 StVZO

Nach § 31a Abs. 1 Satz 1 StVZO kann die zuständige Behörde einem Fahrzeughalter die Führung eines Fahrtenbuches auferlegen, wenn die Feststellung des Fahrzeugführers nach einem Verstoß gegen Verkehrsvorschriften nicht möglich war.

Der Hessische Verwaltungsgerichtshof[181] gelangt zu der Auffassung, daß es sich hier um ein intendiertes Ermessen handelt. Bei schwerwiegenden und zugleich massenhaft vorkommenden Zuwiderhandlungen gegen die im Interesse der Verkehrssicherheit erlassenen Vorschriften sei die Richtung der behördlichen Ermessensbetätigung durch § 31a Satz 1 StVZO selbst vorgezeichnet. Sinn und Zweck der Vorschrift sei die Ermöglichung der Feststel-

---

178 *Brecht*, KDVG/ZDG, § 4 ZDG Rn. 10. Von einer Entscheidung nach pflichtgemäßem Ermessen ausgehend: *Schieckel/Krech/Schiwy*, ZDG, § 4 Rn. 1.

179 Urteil vom 6.9.1990 - 6 S 725/90 -, NJW 1991, 2922 f., 2922 re. Sp.

180 Z.B.: *Schaefer* in: Fichtner, BSHG, § 90 Rn. 24; *W. und H. Schellhorn* in: Schellhorn/Jirasek/Seipp, BSHG, § 90 Rn. 16.
Kritisch allerdings *Decker* in: Oestreicher/Schelter/Kunz/Decker, BSHG, § 90 Rn. 91 f. und 98.

181 Urteil vom 25.6.1991 - 2 UE 2271/90 -, VRS 83 (1992), 236 ff. (Nr. 88), 238.

lung eines Fahrzeugführers zur Abwehr von Gefahren für die öffentliche Sicherheit und Ordnung in Ergänzung der Kennzeichnungspflicht nach §§ 18 und 23 StVZO.

V. Bemessung von Geldleistungen nach § 25 Abs. 1 und Abs. 3 WoBindG

Nach § 25 Abs. 1 Satz 1 WoBindG kann die zuständige Behörde den über eine Wohnung im Anwendungsbereich des WoBindG Verfügungsberechtigten bei diversen Verstößen gegen das WoBindG zur Leistung eines Schadensausgleiches heranziehen. Die Bemessung richtet sich dabei gemäß § 25 Abs. 1 Satz 2 WoBindG nach dem Wohnwert der Wohnung und der Schwere des Verstoßes.

Aus der Regelung des § 25 Abs. 3 Satz 1 WoBindG, wonach ein Schadensausgleich nicht eingefordert werden soll, falls die Geltendmachung unter Berücksichtigung der Umstände des Einzelfalles unbillig sein würde, zieht das Bundesverwaltungsgericht[182] den Schluß, daß auch die Bemessungsentscheidung die Umstände des Einzelfalles im Hinblick auf die Billigkeit der Entscheidung berücksichtigen muß. Im Regelfall allerdings seien mit der schadensadäquaten Bemessung alle Anforderungen an eine der Ermächtigung entsprechende Ermessensentscheidung erfüllt. Nur ausnahmsweise, wenn Reduzierungsgründe tatsächlich gegeben sind, brauche sich die Ermessensausübung auf Fragen der Billigkeit zu erstrecken.

Demzufolge sieht das Bundesverwaltungsgericht eine Ermessensbetätigung im eigentlichen Sinne nur veranlaßt, wenn besondere (atypische) Umstände des Einzelfalles die Unbilligkeit der Bemessung nahelegen. Dies entspricht der Vorgehensweise beim intendierten Ermessen[183].

VI. § 129 Abs. 1 Satz 3 BauGB

§ 129 Abs. 1 Satz 3 BauGB verpflichtet die Gemeinden, die nach § 123 Abs. 1 BauGB Träger der Erschließungslast sind, mindestens 10 % des beitragsfähigen Erschließungsaufwands (§ 129 Abs. 1 Satz 1 BauGB) zu über-

---

182 Urteil vom 26.6.1987 - 8 C 6/85 -, NJW-RR 1987, 1486 ff., 1488.

183 Das Urteil beruft sich dabei ausdrücklich auf den Beschluß des BVerwG vom 28.8.1980 - 4 B 67.80 -, Buchholz 406.11 § 35 BBauG Nr. 168, S. 126 ff., 128, ohne den Begriff des intendierten Ermessens zu verwenden.

nehmen. Über eine weitergehende Übernahme haben die Gemeinden nach ihrem Ermessen zu befinden.

Dieses Ermessen erfährt nach Ansicht des Bundesverwaltungsgerichts[184] eine Einschränkung, zum einen durch die Finanzlage der Gemeinde als tatsächlichem Umstand, zum anderen durch die haushaltsrechtlichen Grundsätze der Wirtschaftlichkeit und Sparsamkeit als rechtlichen Geboten.

Diese Ansicht geht auf eine Literaturmeinung zurück[185]. Nur so könne der grundsätzlichen Beitragserhebungspflicht nach § 127 Abs. 1 BauGB entsprochen werden[186]. Auch stehe der bodenpolitische Zweck der Erschließungsbeiträge einer zu weitgehenden Erhöhung des Eigenanteils entgegen, wonach das Halten von erschlossenen Grundstücken verteuert und damit der Eigentümer veranlaßt werden soll, sein Grundstück entweder zu bebauen oder an einen Bauwilligen zu veräußern[187].

---

[184] Beschluß vom 27.1.1989 - 7 B 12.89 -, DVBl. 1989, 929 f., 930.

[185] *Driehaus* in: Schlichter/Stich, BauGB, § 129 Rn. 28; *ders.*, Erschl.-/Ausbaubeiträge, § 10 Rn. 14 f. (S. 178 f.) und § 16 Rn. 3 (S. 379); *Vogel* in: Brügelmann, BauGB, § 129 Rn. 25. Zurückhaltend: *Ernst* in: Ernst/Zinkahn/Bielenberg/Krautzberger, BauGB, § 129 Rn. 19 ff.

[186] *Driehaus*, Erschl.-/Ausbaubeiträge, § 10 Rn. 14 f. (S. 178 f.).

[187] *Löhr* in: Battis/Krautzberger/Löhr, BauGB, § 129 Rn. 30, der allerdings einer gerichtlichen Überprüfung der Ermessensentscheidung die Garantie der kommunalen Selbstverwaltung entgegensetzt und somit nicht ganz auf der Linie des BVerwG bleibt.

KAPITEL 3: DOGMATISCHE HERLEITUNG UND EINORDNUNG

A. Die Konzeption des intendierten Verwaltungsermessens

Der methodische Ansatz der Rechtsprechung ist denkbar simpel: Im Wege der Auslegung wird ermittelt, ob dem Gesetz der Vorrang einer bestimmten Entscheidung für den Regelfall zu entnehmen ist, der dann eine Abwägung von Für und Wider entbehrlich macht und das Ermessen in Richtung auf die Regelfallentscheidung lenkt. Die Begründungen der einschlägigen Judikate beschreiben eine Vorgehensweise, die auf den ersten Blick schlüssig und zwingend erscheint. Die nachfolgenden Überlegungen werden zeigen, daß sich der von der Rechtsprechung gewählte Weg als ein Akt zulässiger und sinnvoller Rechtsfortbildung[188] erweist.

Es gilt zunächst, den Ausgangspunkt der Rechtsprechung nachzuzeichnen und die Bedeutung der Auslegung für die Anwendung einer jeden Ermessensnorm herauszuarbeiten. Daran anschließend sind die Funktionen des intendierten Verwaltungsermessens zu ermitteln, verbunden mit der Frage, ob für die Rechtsfigur überhaupt ein Bedürfnis besteht. Darüber hinaus ist zu untersuchen, ob eine Vorprägung oder Lenkung eingedenk des Wortlautes der betroffenen Kann-Vorschriften in dogmatisch und methodisch einwandfreier Weise hergeleitet werden kann. Schließlich stellt sich die Frage, auf welcher Ebene der Normanwendung ein durch Auslegung ermitteltes Regel-Ausnahme-Verhältnis Berücksichtigung finden soll, auf der Tatbestandsseite oder im Zuge der Ermessensbetätigung auf der Rechtsfolgenseite.

I. Die Rechtfertigung des intendierten Verwaltungsermessens

1. Das sogenannte freie bzw. offene Ermessen

Eine ermessenslenkende Intention schränkt das mittels einer Kann-Vorschrift dem Wortlaut nach eingeräumte freie oder offene Ermessen ein. Zur Verdeutlichung der intentionsgemäß eintretenden Ermesseneinschrän-

[188] *Gerhardt* in: Handlungsspielräume, S. 57 ff., 62 f., hingegen hält das intendierte Ermessen für "nicht rechtsdogmatisch faßbar"; es beruhe allein auf rechtspraktischen Erwägungen. In diesem Sinne wohl auch *Beuermann*, Intendiertes Ermessen, S. 170.

kung bedarf es einer kurzen Standortbestimmung. Ein derart offenes Ermessen erweist sich nicht als ungebunden, sondern unterliegt den gesetzlichen Bindungen, die § 40 VwVfG formuliert; daher die Umschreibung als pflichtgemäßes Ermessen. Ausgehend von der allgemeinen Ermessensdogmatik ergibt sich für das freie Ermessens folgendes:

Abhängig von bestimmten tatbestandlichen Voraussetzungen ist der Verwaltung auf der Rechtsfolgenseite ein Entscheidungsspielraum eröffnet, den sie pflichtgemäß auszufüllen hat[189]. Wesentliche Merkmale des Ermessens sind dabei - unabhängig von der Konzeption im einzelnen - der Freiraum der Verwaltung zur eigen- und letztverantwortlichen Entscheidung, der nur bedingter gerichtlicher Kontrolle unterliegt (§ 114 Satz 1 VwGO), die normative Ermächtigung zur Ausübung dieser Befugnis, der Bezug auf einen Einzelfall und der Charakter als Abwägungsentscheidung, die private und öffentliche Interessen umfassend berücksichtigt. Auf einen kurzen Nenner gebracht läßt sich *Ermessen als normativ begründete Kompetenz zur Entscheidung eines Einzelfalls unter Berücksichtigung aller betroffenen Interessen bei nur beschränkter gerichtlicher Kontrollbefugnis* bezeichnen.[190] Das freie Ermessen unterliegt lediglich den allgemeinen Grenzen des § 40 VwVfG. Demnach muß das Ermessen dem Zweck der Ermächtigung entsprechend und innerhalb der gesetzlichen Grenzen ausgeübt werden.

Nun besteht allerdings ein Streit, der für das intendierte Ermessens vermeintliche Relevanz erlangt[191]: Ermessen entsprechend dem Zweck der Ermächtigung auszuüben (§ 40 VwVfG), mag zweierlei bedeuten. Zum einen kann hinter dieser Schranke die Absicht stehen, lediglich dem Gesetzeszweck zuwider laufende Enscheidungen auszuschließen. Die herrschende Ermessensfehlerlehre folgt dieser Auslegung und sondert zweckwidrige - *nicht* unzweckmäßige - Entscheidungen unter dem Etikett des Ermessens-

---

[189] Diese Zuordnung des Ermessens zur Rechtsfolgenseite entspricht der ganz herrschenden Meinung. Zu alternativen Konzeptionen siehe *Brinktrine*, Verwaltungsermessen, S. 58 ff., mit umfangreichen Nachweisen.
Auf diese Ansätze einzugehen, würde den Rahmen dieser Arbeit sprengen. Die Rechtsfigur des intendierten Ermessens wurde auf Grundlage der als herrschend zu bezeichnenden Lehre vom Rechtsfolgeermessen entwickelt, mit dieser ist es konzeptionell verknüpft (so zutr. *Masloff*, UBWV 1998, 26 ff., 30 re. Sp. oben unter III). Von dieser Prämisse geht daher auch die nachfolgende Untersuchung aus.

[190] *Brinktrine*, Verwaltungsermessen, S. 75. Zusammenfassend zum Begriff des Ermessens (nach herrschender Ansicht) *Gerhardt* in: Handlungsspielräume, S. 57 ff., 59 ff., und *Pache*, Abwägung, S. 21 ff.

[191] Vgl. *Volkmann*, DÖV 1996, 282 ff., 284 re. Sp. unter III und 287 re. Sp. unter 5.

fehlgebrauchs oder Ermessensmißbrauchs als rechtswidrig aus[192]. Zweckwidrig bedeutet dabei, daß die Entscheidung nicht den Zweck verfolgt, der hinter der gesetzlichen Ermächtigung steht, sondern einen anderen, sachfremden Zweck. Eine nur unzweckmäßige Maßnahme hingegen erreicht zwar den gesetzlich vorgegebenen Zweck, aber nicht auf optimale, effektivste Art und Weise.

Einige **Beispiele** mögen den Unterschied zwischen bloß unzweckmäßigen und zweckwidrigen Erwägungen bzw. Entscheidungen veranschaulichen:

In einer Kleinstadt wurde es zur Mode, Hof- und Garagentore in grellen Farben anzumalen. Die abstrakten Motive bildeten farbige Quadrate und Rechtecke, angeordnet in einem unregelmäßigen, aber rechtwinkligen schwarzen Gitter. Die bevorzugten Farben waren Magenta, Mintgrün, Orange, Türkis, Violett und Zitronengelb.[193] In allen Stadtteilen gab es derartig gestaltete Tore, die den Passanten gut sichtbar entlang der Straßen präsentiert wurden. Die zuständige Bauaufsichtsbehörde erblickt in den bemalten Toren einen Verstoß gegen das bauordnungsrechtliche Verunstaltungsverbot (z.B. § 5 LBauO RP). Im Hinblick auf ein Einschreiten (z.B. gemäß § 59 Abs. 1 Satz 1 Hs. 2 LBauO RP) stellt sie folgende Ermessenserwägungen an:

a) Bei Mitgliedern einer bestimmten Partei ist das Anmalen der Tore besonders beliebt. Da diese Partei im Gemeinderat und im Kreistag der Opposition angehört, muß zur Disziplinierung der Minderheit und um die herrschenden politischen Verhältnisse klarzustellen gegen eben diese Parteimitglieder eingeschritten werden.

Das bauordnungsrechtliche Verunstaltungsverbot soll bauliche Anlagen und ihre Umgebung vor ästhetischen Störungen schützen. Ein gebildeter Durchschnittsmensch muß in seinem ästhetischen Empfinden verletzt werden, weil die Gestaltung nicht nur unschön, sondern häßlich ist. Es bezweckt aber nicht die Disziplinierung der Angehörigen einer bestimmten Partei. Diese Erwägung ist sachfremd, sie entspricht nicht dem Zweck des Verbotes und erweist sich daher als **zweckwidrig.**

b) Sowohl im historischen Stadtkern als auch in einem Viertel mit Villenbebauung erscheint ein Einschreiten aufgrund der nachhaltigen Beeinträchtigung des Orts- und Straßenbildes, aber auch der ursprünglichen Gestaltung

---

[192] *Brinktrine*, Verwaltungsermessen, S. 55 und Nwse. in dortiger Fn. 252 f.

[193] Diese Gestaltung mag an diverse Werke des niederländischen Malers *Piet Mondrian* (7.3.1872 - 1.2.1944) erinnern, der sich allerdings auf die Grundfarben Rot, Blau und Gelb sowie Weiß und Schwarz beschränkte.

der historischen Bebauung vorrangig. Die Neubaugebiete werden zurückgestellt.

In diesem Fall will die Behörde hingegen besonders augenfällige und schwerwiegende Verunstaltungen vorrangig beseitigen. Dieses Vorgehen entspricht nicht nur dem Zweck z.B. des § 5 LBauO RP und ist daher **zweckgemäß**, sondern stellt sich auch als **zweckmäßig** dar, weil ausgerichtet am Verbotszweck Prioritäten gesetzt werden.

c) Aus Kapazitätsgründen ist es der Bauaufsichtsbehörde nicht möglich, flächendeckend vorzugehen. Neben einem Appell in der Lokalpresse ergehen nur gegen einige ausgesuchte Grundstückseigentümer, deren Gestaltungen besonders störend sind, Beseitigungsverfügungen.

Hier versucht die Behörde ebenfalls, den Verunstaltungen entsprechend dem Gesetzeszweck Einhalt zu gebieten. Es ist **nicht zweckwidrig**, zunächst *nicht* flächendeckend vorzugehen. Aus Opportunitätsgründen - hier wegen mangelnder Personalmittel - kann die Behörde vereinzelt einschreiten und darf abwarten, ob daraus eine abschreckende Wirkung auf andere Eigentümer resultiert. Da zudem besonders störende Gestaltungen herausgegriffen werden, ist das Vorgehen auch als **zweckmäßig** zu bezeichnen. Die Behörde sucht einen Kompromiß aus Abschreckung und Störungsbeseitigung, da ein flächendeckendes Vorgehen zumindest im vorhinein mit unverhältnismäßigem und nicht zu bewältigendem Aufwand verbunden wäre.

d) Da die Gemeinde ohnehin eine Gestaltungssatzung (z.B. nach § 88 Abs. 1 Nr. 1 und/oder 2 LBauO RP) für die einzelnen Ortsteile vorbereitet, wartet die Behörde zunächst ab, um konkrete Vorgaben für die Gestaltung machen zu können.

Ein Nichteinschreiten ist für sich genommen **zweckwidrig**, da es dem Zweck der gesetzlichen Verbotsnorm zuwiderläuft. Die Behörde kann aber zuwarten, wenn es ihr opportun erscheint. Das ist - wie hier - auch dann der Fall, wenn eine umfassende Lösung des entstandenen Konflikts in absehbarer Zeit möglich ist. Anhand der Bauvorschrift kann die Baufaufsichtsbehörde gezielt die zulässige Gestaltung vorgeben. Angesichts der Vermeidung von Widersprüchen zwischen dem Vorgehen der Baufaufsicht und den Regelungen in der Gestaltungssatzung erweist sich das Vorgehen als **zweckmäßig**.

e) In einem Rundumschlag ergehen gegen alle Eigentümer, die ihre Tore bemalt haben, Beseitigungsverfügungen. Die Bauaufsichtsbehörde ist aber gar nicht in der Lage, die zur Beseitigung gesetzten Fristen zu überwachen. Entsprechend verzögert sich die Durchsetzung der Verfügungen. Mangels entsprechender Prioritäten bestehen schwererwiegende Störungen länger als weniger schwerwiegende.

Das flächendeckende Einschreiten dient dem Zweck, jedwede Verunstaltung zu beseitigen. Es ist folglich **zweckgemäß**. Die Probleme verlagern sich auf die Ebene der Vollstreckung. Ohne ein Konzept werden zwar am Ende alle Verunstaltungen beseitigt sein, die Reihenfolge aber ist unabhängig von der Störungsintensität. Diese Umstände verhindern ein effektives Vorgehen und führen zur **Unzweckmäßigkeit** der Maßnahmen, nicht aber zu ihrer Rechtswidrigkeit.

f) Die Behörde geht in alphabetischer Reihenfolge gegen die Eigentümer der betroffenen Anwesen vor. Das führt dazu, daß der historische Ortskern sehr lange verunstaltet bleibt, weil hier beinahe alle Grundstücke den Familien V, W und Z gehören.

Auch in diesem Fall treffen die zu g angestellten Überlegungen zu. Die Maßnahmen sind **nicht zweckwidrig**, aber **unzweckmäßig**, weil der gesetzliche Zweck besser erreicht würde, wenn etwa differenziert nach der Störungsschwere eingeschritten würde.

g) Die Bauaufsichtsbehörde begreift sich auch als Geschmackswächterin. Das gesetzliche Verunstaltungsverbot beinhalte gleichzeitig das Gebot der "ortsbildoptimierten Gestaltung". Sie macht daher in den Verfügungen bestimmte, enge Gestaltungsvorgaben, die andere ebenfalls nicht verunstaltende Möglichkeiten ausschließen.

Der Zweck des bauordnungsrechtlichen Verunstaltungsverbotes besteht nicht darin, bestimmte Gestaltungsvarianten vorzugeben, sondern darin, häßliche und mithin störende Gestaltungen zu verhindern. Diesem **Zweck zuwider** und daher rechtswidrig handelt die Behörde hier, indem sie die konkrete Gestaltung diktiert. Zulässig wäre es aber, den Gestaltungsrahmen mitzuteilen, innerhalb dessen die Behörde eine Gestaltung als nicht störend ansieht.

Die Beispiele zeigen, daß zweckwidrigen und daher rechtswidrigen Erwägungen und Maßnahmen solche gegenüberstehen, die nur unzweckmäßig sind, weil sie nicht zur optimalen und effektiven Zweckerreichung führen, sich aber noch im Rahmen des Rechtmäßigen bewegen.

Nach anderer Ansicht verlangt § 40 VwVfG eine Ausrichtung am Gesetzeszweck, so daß nur die dem Zweck am weitestgehend gerecht werdende

Entscheidung rechtmäßig sein kann[194]. § 40 VwVfG beinhaltet nach dieser Auffassung ein Optimierungsgebot (nicht im technischen planungsrechtlichen Sinne), das suboptimale Entscheidungen ausschließt. Mit dieser Sichtweise geht zwangsläufig die volle gerichtliche Überprüfbarkeit der Ermessensentscheidung einher, wenn man nicht aufgrund der Formulierung in § 114 Satz 1 VwGO („in einer dem Zweck der Ermächtigung *nicht entsprechenden* Weise Gebrauch gemacht")[195] eine umfassende Prüfungsbefugnis verneint[196].

Die letztgenannte Auffassung vermag nicht zu überzeugen. Die Auferlegung einer Pflicht, die keiner korrespondierenden Kontrolle unterliegt, mag zwar nicht ausgeschlossen sein, wirft aber die Frage auf, welchen Nutzen ihre Festschreibung dann überhaupt besitzt. Ferner lohnt ein Blick auf § 68 Abs. 1 Satz 1 VwGO. Diese Vorschrift betrifft das Vorverfahren als Verwaltungsverfahren und weist der Widerspruchsbehörde (grundsätzlich) die volle Entscheidungskompetenz der Ausgangsbehörde zu[197]. Wenn § 68 Abs. 1 Satz 1 VwGO die Kategorien der Recht- und Zweckmäßigkeit bewußt trennt, so spricht einiges dafür, daß der Gesetzgeber in der bloß unzweckmäßigen - suboptimalen - gerade keine rechtswidrige Entscheidung erblickt. Überdies entfiele der charakteristische Handlungsspielraum der Behörde, den der Gesetzgeber grundsätzlich gewähren wollte[198]. Das wiederum würde dem Opportunitätsprinzip entgegenlaufen[199]. Die Verpflichtung zu einem

---

[194] *Ehlers* in: Erichsen, Allg. VerwR., § 1 Rn. 48 (S. 26 f.); andeutungsweise *Kopp/Schenke*, VwGO, § 114 Rn. 1a; auch *Volkmann*, DÖV 1996, 282 ff., 287 re. Sp. unter 5.

[195] Vgl. die positive Formulierung in § 40 VwVfG: "Ermessen *entsprechend dem Zweck der Ermächtigung auszuüben*".

[196] *Ehlers* in: Erichsen, Allg. VerwR., § 1 Rn. 48 (S. 26 f.); *Kopp/Schenke*, VwGO, § 114 Rn. 1a.
Ähnlich *Brühl*, Entscheiden im VwVf., S. 72, der den „höchsten Grad der Zweckerreichung" als verbindliches Ziel jeder Ermessensbetätigung ansieht, ohne aber damit die Frage der Rechtmäßigkeit bzw. Rechtswidrigkeit zu verknüpfen.

[197] *Kopp/Schenke*, VwGO, § 68 Rn. 9.

[198] BT-Drucks. 7/910 S. 61 (zu § 36): „Ermessen..., durch das sie [die Verwaltung] in die Lage versetzt wird, zwischen mehreren vom Gesetzgeber als rechtmäßig angesehenen Entscheidungen *wählen* zu können."

[199] Vgl. *Achterberg*, Allg. VerwR., § 18 Rn. 52 (S. 345); *Bullinger*, JZ 1984, 1001 ff., 1009 re. Sp. unter D 4; *Erichsen* in: ders., Allg. VerwR., § 10 Rn. 14 und 15 (S. 206 f.); *Maurer*, Allg. VerwR., § 7 Rn. 13, 18, 22 (S. 127, 129 f., 130 f.); *Peine*, Allg. VerwR., Rn. 65 (S. 45 f.) und Rn. 69 (S. 48); *Sachs* in: Stelkens/Bonk/Sachs, VwVfG, § 40 Rn. 13 ff.; *Seewald*, Jura 1980, 175 ff., 177; *Wolff/Bachof/Stober*, VerwR. I, § 31 Rn. 31 S. 454 f.

zweckmäßigen und effizienten, am Gemeinwohl orientierten Gesetzesvollzug besteht lediglich intern im Verhältnis der Behörde zu ihrem Rechtsträger, nicht jedoch im hier relevanten Außenverhältnis zum Adressaten, auf das § 40 VwVfG abstellt. Die allein im öffentlichen Interesse liegenden Belange fließen in die Entscheidungsfindung ein, tangieren aber nicht Rechte im Außenverhältnis[200]. § 40 VwVfG ordnet nach alledem nicht den Vorrang des Zwecks der Ermessensnorm im Sinne eines Optimierungsgebots an. Das Ausmaß der Zweckverwirklichung ist als Zweckmäßigkeitskriterium nicht relevant für die Frage der Rechtmäßigkeit der Ermessensentscheidung[201]. Lediglich die Verfehlung des Ermächtigungszwecks führt zu einer ermessensfehlerhaften und mithin rechtswidrigen Entscheidung[202]. Folglich kann die Zweckverfolgung nicht oberste Direktive der Ermessensausübung sein und die Behörde weitestgehend binden.

Folgt man trotzdem der Minderheitsauffassung, soll sich eine ermessenslenkende Intention, ein Regel-Ausnahme-Verhältnis, nicht mehr zuverlässig ermitteln lassen; es bedürfe vielmehr ausdrücklicher gesetzlicher Hinweise[203]. Diese Schlußfolgerung erweist sich als voreilig. Das Gebot der Zweckoptimierung besagt nichts anderes, als daß dem nach Abwägung der betroffenen Belange, die keinesfalls entbehrlich wird, vorrangigen Interesse weitestgehend zu entsprechen ist. Die Behörde soll gehalten sein, diejenige Entscheidung zu treffen, die den Gesetzeszweck trotz entgegenstehender Interessen optimal verwirklicht. Damit ist aber nicht ausgeschlossen, daß ein Interesse bereits vor der eigentlichen Abwägung als überragend wichtig hervortritt und mithin die Entscheidung lenkt. Die Zweckausrichtung der Entscheidung ändert an der Notwendigkeit der Zweckermittlung nichts und somit auch nichts an der Möglichkeit eines a-priori-Vorrangs bestimmter Belange.

Im Ergebnis entsprechen sich die Anforderungen, die § 40 VwVfG an die Ermessensbetätigung stellt, und die gerichtliche Kontrollbefugnis nach § 114 Satz 1 VwGO[204]. Grenze jeder Ermessensentscheidung ist somit die

---

[200] Deutlich *Brühl*, JuS 1995, 249 ff., 254 re. Sp. unter V: „außerrechtliche Kriterien", „stark verwaltungspolitisch geprägt", „erheblich differenzierend". Ferner *Henneke*, in: Knack, VwVfG, § 40 Rn. 39; *Liebetanz* in: Obermayer, VwVfG, § 40 Rn. 28.

[201] *Liebetanz* in: Obermayer, VwVfG, § 40 Rn. 28; *Sachs* in: Stelkens/Bonk/Sachs, VwVfG, § 40 Rn. 15 und 62.

[202] *Liebetanz* in: Obermayer, VwVfG, § 40 Rn. 28; *Rennert* in: Eyermann/Fröhler, VwGO, § 114 Rn. 20; *Sachs* in: Stelkens/Bonk/Sachs, VwVfG, § 40 Rn. 62.

[203] *Volkmann*, DÖV 1996, 282 ff., 284 re. Sp. unter III und 287 re. Sp. unter 5.

[204] *von Mutius*, Jura 1987, 92 ff., 98 re Sp.

Zweckwidrigkeit, nicht die bloße Unzweckmäßigkeit[205]. Der Meinungsstreit über das Ausmaß der Zweckbindung nach § 40 VwVfG beeinflusst die Anwendung der Figur des intendierten Ermessens nicht.

2. Die Notwendigkeit der Auslegung einer Ermessensvorschrift

Auch wenn § 40 VwVfG somit nur die zweckwidrige Entscheidung ausschließt, erlangt der jeweilige gesetzliche Zweck, der hinter den Ermessensvorschriften steht, für die Abwägung erhebliche Bedeutung[206]. In ihm manifestieren sich bestimmte öffentliche, aber auch private Interessen, die in die Abwägung einzustellen sind, wenn auch nicht als einzig abwägungsrelevante Aspekte. Somit kommt die Verwaltung nicht umhin, den Zweck der Ermessensvorschrift - auch im Gefüge des gesetzlichen Gesamtzwecks und in Zusammenschau mit anderen im Kontext stehenden gesetzlichen Vorschriften - umfassend zu ermitteln, ehe eine Abwägung erfolgen und anschließend eine Entscheidung ergehen kann[207]. Im Wege der Auslegung muß ebenso das Gewicht der abwägungsrelevanten Interessen ermittelt werden, um sie anschließend in die Abwägung entsprechend ihrer Bedeutung einstellen zu können[208]. Diese aus dem Gesetz resultierenden Ermessensdirektiven sind unterschiedlich stark und deutlich ausgeprägt[209]. Die umfassende Auslegung steht folglich am Anfang jeder Entscheidungsfindung im Ermessensbereich.

Das gewonnene Ergebnis kann unabhängig vom Einzelfall extrem zugunsten eines Belangs bzw. einer Entscheidung ausfallen, wenn nämlich das Gesetz ein Interesse als überragend wichtig bewertet oder mehrere Interessen nur einseitig zu Buche stehen. Dann kann und darf nur eine einzige Entscheidung ergehen, da ausschließlich diese dem Gesetzeszweck entspricht. Konsequenz daraus ist, daß im Ergebnis keine Ermessensentscheidung im

---

205 *Brühl*, JuS 1995, 249 ff., 251 li. Sp. unter IV 1; *von Mutius*, Jura 1987, 92 ff., 98 unter 3 a.

206 Demgemäß erblickt *Beuermann*, Intendiertes Ermessen, S. 93, die Zweckermittlung gemäß § 40 VwVfG zwar als Anknüpfungspunkt für intendiertes Ermessen, nicht aber als dessen Ausgangspunkt (obwohl auf S. 106 f. die grundlegende Bedeutung des Ermessenszwecks angesprochen wird). Die von *Beuermann* vorgenommene "Systematisierung" (S. 94) erscheint daher zweifelhaft.

207 *Brinktrine*, Verwaltungsermessen, S. 95; *Brühl*, Entscheiden im VwVf., S. 69; *ders.*, JuS 1995, 249 ff., 252 unter 5; *Gerhardt* in: Schoch/Schmidt-Aßmann/Pietzner, VwGO, Band II, § 114 Rn. 19; *Kopp/Ramsauer*, VwVfG, § 40 Rn. 40 ff.; *Liebetanz* in: Obermayer, VwVfG, § 40 Rn. 29; *Sachs* in: Stelkens/Bonk/Sachs, VwVfG, § 40 Rn. 63; *Seewald*, Jura 1980, 175 ff., 178 unter 2 a bb.

208 *Brühl*, Entscheiden im VwVf., S. 70 f.; *ders.*, JuS 1995, 249 ff., 252 unter 5.

209 *Ossenbühl* in: Erichsen, Allg. VerwR., § 10 Rn. 13 (S. 206).

Sinne einer Auswahl unter mehreren zulässigen Alternativen mehr vorliegt, sondern eine gebundene Entscheidung. Allerdings wird dieser Extremfall nur sehr selten eintreten. In aller Regel wird Ermessen vom Gesetzgeber bewußt eröffnet; eine Konstellation, in welcher die Anordnung der Ermessensrechtsfolge vom Telos des Gesetzes in der dargestellten Art und Weise verdrängt, überlagert oder gar negiert wird, muß demnach auf eine (unbeabsichtigte) Fehlleistung des Gesetzgebers zurückgeführt werden[210].

Diesem Extrem vorgelagert sind Fälle, in denen der Ermessensvorschrift selbst, dem Regelungszusammenhang mit anderen Vorschriften oder allgemeinen Rechtsgrundsätzen oder -gedanken eine Präferenz für eine bestimmte Entscheidung zu entnehmen ist, bei denen es aber nicht möglich erscheint, a priori *sämtliche* relevanten Interessen zu berücksichtigen, weil sie sich erst aus den konkreten Umständen des Einzelfalls ergeben. Wenn nun diese Interessen nicht regelmäßig und typischerweise betroffen werden und daher in der gesetzlichen Regelung nicht erfaßt werden können - sei es auf Tatbestandsseite, sei es als ausdrücklich genannte Abwägungskriterien -, muß Ermessen eröffnet sein, um dem Gebot der Einzelfallgerechtigkeit und dem Grundsatz der Verhältnismäßigkeit zu genügen.

Es stellt sich dann allerdings die Frage, ob die vom Gesetz grundsätzlich präferierte Entscheidung nicht unter erleichterten Voraussetzungen ergehen kann und sollte, um dem festgeschriebenen Regel-Ausnahme-Verhältnis gerecht zu werden.

3. Die Funktion des intendierten Ermessens

Genau dieses Ziel verfolgt das intendierte Ermessen. Es entbindet die handelnde Behörde von der umständlichen Abwägung und dem damit verbundenen Begründungsaufwand. Es erleichtert die zügige Entscheidungsfindung, indem der Verwaltungsaufwand im Entscheidungsprozeß reduziert wird[211]. Freilich darf nicht übersehen werden: Das intendierte Verwaltungsermessen wurde in der Rechtsprechung gewiß nicht nur aus diesen Gründen kreiert. Wie ein Großteil der Entscheidungen zeigt, galt es vielmehr, Verwaltungsentscheidungen, die weitestgehend einer Begründung der Ermessensgesichtpunkte gemäß § 39 Abs. 1 Satz 3 VwVfG entbehrten, aufgrund

---

210 Näher zu der Umdeutung in eine zwingende Vorschrift unten, B IV.

211 *Beckmann*, VR 1999, 357 ff., 359 li. Sp.; *Gerhardt* in: Handlungsspielräume, S. 57 ff., 63; *Henneke* in: Knack, VwVfG, § 40 Rn. 35; *Masloff*, UBWV 1998, 26 ff., 33 li. Sp.; *Schwab*, Begründungspflicht, S. 57 f. und 60; *Wolff/Bachof/Stober*, VerwR. I, § 31 Rn. 34a (S. 457 f.).

ihrer (nach Ansicht des Gerichts) evidenten materiellen Richtigkeit vor dem Verdikt des Ermessensnichtgebrauchs und somit vor der Aufhebung zu retten[212]. Dieses Motiv macht das Dilemma deutlich, dem die neue Rechtsfigur abzuhelfen verspricht. Die Auslegung des Gesetzes offenbart die Richtigkeit einer Entscheidung, die auf einer als typisch, als regelhaft zu bezeichnenden Sachlage beruht. Und trotzdem verlangt das Gesetz, nimmt man den Wortlaut der Kann-Vorschrift ernst, eine umfassende Abwägung nebst ausführlicher Begründung. Auch im „Zeitalter des Textbausteins"[213] erweist sich eine klare Entscheidungsvorgabe (die intern Verwaltungsvorschriften und allgemeine Dienstausübungsanweisungen liefern) als vorzugswürdig, nicht zuletzt im Hinblick auf eine dem Gleichheitsgrundsatz entsprechende, einheitliche Anwendung der jeweiligen Ermessensvorschrift. Der Eintritt in eine Abwägung, deren Ergebnis im vorhinein feststeht, und eine entsprechende Begründung erhöhen den Verwaltungsaufwand; in der Sache ändert sich nichts. Die Entscheidung erlangt dadurch aus Sicht des Bürgers keine größere Überzeugungskraft. Selbst wenn die Verwaltung eine Abwägung vornimmt, dann aber zur Begründung ihrer Entscheidung das überragende Gewicht des gesetzlich bevorzugten Belangs gegenüber Interessen im Einzelfall hervorhebt, setzt sie sich im gleichen Maße dem Vorwurf der nicht pflichtgemäßen Ermessensausübung aus wie bei einer Berufung auf einen gesetzlich intendierten Regelfall; ein Ermessensfehlgebrauch aufgrund unzutreffender Gewichtung der Belange erscheint naheliegend.

Im Ergebnis kann die Behörde nicht abwägen, was konkret nicht zur Abwägung steht. Warum aber soll sie diesen Befund nicht zum Ausdruck bringen? Der Klarheit der Entscheidung dient die Berufung auf eine Intention allemal, mehr jedenfalls als eine aufgeblähte, letztlich nur vorgeschobene Begründung einer an sich entbehrlichen pro-forma-Abwägung.[214] Mithin ist das Bedürfnis nach der Rechtsfigur des intendierten Ermessens als einem Instrument zur Vermeidung unnötigen Verwaltungsaufwandes und zur Effektivierung der Entscheidungfindung nicht von der Hand zu weisen.

[212] Darauf weist *Schwabe*, DVBl. 1998, 147 f., 147, zutreffend hin.
[213] *Volkmann*, DÖV 1996, 282 ff., 288 re. Sp. vor IV.
[214] *Schwab*, Begründungspflicht, S. 55 f.

II. Die dogmatische Realisierung des intendierten Verwaltungsermessens

Aus der gesetzlichen Festlegung eines Regel-Ausnahme-Verhältnisses erwächst die Notwendigkeit, es bei einer anschließenden Verwaltungsentscheidung zu berücksichtigen und zu verwirklichen. Nach der Rechtsprechung ist beim intendierten Ermessen in einem vorgeschalteten Entscheidungsabschnitt darüber zu befinden, ob überhaupt eine Abwägung erforderlich ist, weil atypische Umstände vorliegen, die in der vom Gesetzgeber antezipierten Interessenabwägung keine Berücksichtigung fanden. Es bieten sich neben dieser Vorgehensweise aber auch andere Wege an, die gesetzliche Intention zu berücksichtigen. Zum einen kann bei der Ermessensausübung, dem Abwägungsvorgang, die gesetzliche Wertung herangezogen werden, um die abwägungsrelevanten Belange entsprechend zu gewichten. Dieser Weg kommt gänzlich ohne das intendierte Ermessen aus. Zum anderen verfolgt *Borowski*[215] einen Mittelweg, indem er das intendierte Ermessen zwar als Rechtsfigur herausarbeitet, es aber auf der Rechtsfolgenseite im Rahmen der Abwägung ansiedelt.

1. Berücksichtigung der gesetzlichen Intention bei der Ermessensausübung

a) Die Entscheidungsfindung ohne die Figur des intendierten Ermessens

Ausgehend von der überkommenen Ermessenslehre sind bei einer pflichtgemäßen Ermessensausübung alle öffentlichen und privaten Belange in angemessener Gewichtung in die Abwägung als Herzstück der Ermessensbetätigung einzustellen, um daran anschließend zu ermitteln, ob das Für oder das Wider überwiegt. Dabei hat die Behörde nach § 40 VwVfG (und den entsprechenden landesrechtlichen Vorschriften) das Ermessen entsprechend dem Zweck der Ermessensermächtigung auszuüben. Allerdings verlangt § 40 VwVfG nicht die optimale Verwirklichung dieses Zweckes[216]. Ergibt die Auslegung der Ermessensvorschrift oder ihres Kontextes, daß ein bestimmter Belang mit überragendem Gewicht in die Abwägung einzustellen ist, so wird denklogisch nur selten eine Entscheidung ermessensfehlerfrei ergehen können, die nicht diesem Belang entspricht. Gleich- oder höherge-

[215] DVBl. 2000, 149 ff.

[216] Siehe oben, I 1.

wichtige gegenläufige Interessen können sich in einem solchen Fall allenfalls aufgrund der Umstände des Einzelfalles ergeben. Sie sind dann mit dem gesetzlich privilegierten Interesse abzuwägen. Das Ergebnis dieses Vorgangs ist offen.

Im materiellen Ergebnis bestehen somit keine Unterschiede zu einem Vorgehen nach den Grundsätzen des intendierten Ermessens. Allerdings erleichtert sich - zumindest nach theoretischer Betrachtung - die Entscheidungsfindung nicht. Die herkömmliche Vorgehensweise ist nämlich nicht darauf angelegt, im Vorfeld der Abwägung ein gesetzlich präferiertes Ergebnis zu ermitteln. Vielmehr wird erst nach der Entscheidungsphase, in welcher alle möglicherweise entscheidungsrelevanten Belange zusammengetragen werden, überhaupt die Frage aufgeworfen, ob ein Belang schwerer wiegt als die anderen. Die Verwaltung muß das Abwägungsprogramm mit allen idealiter zu absolvierenden Schritten durchlaufen, um letztlich zu einem an sich feststehenden Ergebnis zu gelangen. Dieses Vorgehen birgt die Gefahr einer unsystematischen und ungeordneten Abwägung, die gesetzliche Wertungsvorgaben unzulässigerweise relativiert. In jedem einzelnen Falle muß die im Gesetz angelegte Gewichtung nachvollzogen und für den betroffenen Bürger dargelegt werden. Folgerichtig ist eine derartige Entscheidung mit ausführlicher Begründung abzusetzen, die den Entscheidungsprozeß offenlegt - wenn auch im Hinblick auf das eindeutige Ergebnis nur pro forma[217]. Eine solche Begründung vermittelt dem Bürger den unzutreffenden Eindruck, es habe eine ergebnisoffene Abwägung stattgefunden. Diese Fehlvorstellung mag den Adressaten zur Wahrnehmung von Rechtsbehelfen veranlassen, weil er - im Unklaren über die eindeutige gesetzliche Wertung - glaubt, die Abwägung hätte auch anders ausfallen können. Der Entscheidungsvorgang erfährt somit keine Abkürzung, der Verwaltungsaufwand - insbesodere im Hinblick auf die Entscheidungsbegründung - wird nicht reduziert. Die für die Entscheidung ausschlaggebenden Gesichtspunkte werden unter Umständen sogar verschleiert. Die Anwendung allgemeiner Ermessensgrundsätze auf Fälle, in denen das Gesetz eine bestimmte Entscheidung bevorzugt, erfüllt somit die mit dem intendierten Ermessen verfolgten Zwecke nicht.

b) Intendiertes Ermessen als Kriterium der Abwägung

In Abweichung von der Lösung der Rechtsprechung entwirft *Borowski*[218] eine Konzeption des intendierten Ermessens, die auf der Rechtsfolgenseite

[217] Siehe oben, I 3.
[218] DVBl. 2000, 149 ff.

bei der Abwägung ansetzt. Es zeigt sich jedoch, daß nur eine scheinbare Divergenz der Ansichten vorliegt.

Obwohl er die Abwägung als wesensimmanentes Merkmal jeder Ermessensentscheidung ansieht, versucht *Borowski*, die hinter der Figur des intendierten Ermessens stehenden Überlegungen innerhalb einer einheitlichen Abwägung zur Geltung zu bringen[219]. Diese Konzeption stützt sich auf die - vermeintlich - abweichende Rechtsprechung des 3. Senats des Bundesverwaltungsgerichts[220]. Dieser formuliert wie folgt[221]:

> "Ist eine ermessenseinräumende Vorschrift dahin auszulegen, daß sie für den Regelfall von einer Ermessensausübung in einem bestimmten Sinne ausgeht, so müssen besondere Gründe vorliegen, um eine gegenteilige Entscheidung zu rechtfertigen. Liegt ein vom Regelfall abweichender Sachverhalt nicht vor, versteht sich das Ergebnis der Abwägung von selbst. Versteht sich aber das Ergebnis von selbst, so bedarf es insoweit nach § 39 Abs. 1 Satz 3 VwVfG auch keiner das Selbstverständliche darlegenden Begründung."

Borowski baut seine Argumentation darauf auf, daß ein abwägungsfreies Kriterium nicht ersichtlich sei, um festzustellen, ob ein typischer oder atypischer Fall vorliege. Demnach sei eine Abwägung - wie es der 3. Senat angeblich verlange - stets erforderlich, die selbstverständlich im Rahmen der Ermessensausübung stattzufinden habe[222]. Ein Regelfall im Sinne der Rechtsprechung liege dann vor, wenn sich das Ergebnis der Abwägung von selbst verstehe, was einem sicheren Fall im Sinne hoher Gewißheit hinsichtlich des Abwägungsergebnisses entspreche[223]. Diese Fälle seien diejenigen, in denen ein abwägungsrelevantes Prinzip alle anderen derart klar überwiege, daß ohne intensive Erörterung und Begründung die entsprechende Rechtsfolge zu wählen sei, weil die Gewichtung der abzuwägenden Rechte und Güter objektiv zu einem bestimmten Ergebnis zwinge[224]. Kurz: Das Maß der Gewiß-

---

Ihm folgen nunmehr *P. Stelkens/U. Stelkens* in: Stelkens/Bonk/Sachs, VwVfG, § 39 Rn. 35.

[219] *Borowski*, DVBl. 2000, 149 ff., 151 ff.

[220] *Borowski*, a.a.O. S. 150 f. unter 2 und S. 153 ff.; *P. Stelkens/U. Stelkens* in: Stelkens/Bonk/Sachs, VwVfG, § 39 Rn. 35.

[221] Urteil vom 23.5.1996 - 3 C 13.94 -, Buchholz 451.513 Sonst. Marktordnungsrecht Nr. 1 S. 1 ff., 13 und Urteil vom 16.6.1997 - 3 C 22.96 -, BVerwGE 105, 55 ff., 57.

[222] *Borowski*, a.a.O. S. 150 f. unter I 2 und S. 153 f. unter b.
P. Stelkens/U. Stelkens in: Stelkens/Bonk/Sachs, VwVfG, § 39 Rn. 35, halten einzig diesen Ansatz für dogmatisch vertretbar.

[223] *Borowski*, a.a.O. S. 153 re. Sp. unter b.

[224] *Ders.*, a.a.O. S. 151 re. Sp. oben.

heit hänge von der objektiv festgestellten Gewichtung ab[225]. Einer der Belange, die bei der Abwägung eine Rolle spielten, genieße einen prima-facie-Vorrang, der ein normatives Regel-Ausnahme-Verhältnis begründe. Der prima-facie-Vorrang könne sich aus dem Wortlaut sowie aus der systematischen, der subjektiv- und objektiv-teleologischen Auslegung ergeben.[226] Lägen keine besonderen Umstände vor, trete die intendierte Rechtsfolge ein[227]. Derartige Umstände seien Tatsachen, deren Vorliegen dazu führe, daß das mit prima-facie-Vorrang ausgestattete Prinzip ausnahmsweise außergewöhnlich geringes oder die kollidierenden Prinzipien außergewöhnlich hohes Gewicht aufwiesen[228]. Es bedürfe dann keiner umfangreichen und schwierigen Abwägungsprozedur, das Ergebnis sei leicht und sicher erkennbar[229].

c) Kritik an der Einbeziehung des intendierten Ermessens in die Abwägung

Die Antwort auf die Frage, warum die "umfangreiche und schwierige Abwägungsprozedur" obsolet werden soll, kann freilich nur lauten: Weil die Entscheidung als solche, die konkrete Rechtsfolge, nicht nur das Ergebnis der Abwägung, im Regelfall a priori feststeht. In diesem Sinne führte bereits der 8. Senat des Bundesverwaltungsgerichts in der von *Borowski* zum Vergleich zitierten Entscheidung aus[230]:

> "Dabei [bei Umständen des Einzelfalles, die den Begründungsaufwand bestimmen] kann vor allem eine Rolle spielen, ob es sich um eine Ermessensbetätigung handelt, deren Richtung vom Gesetz vorgezeichnet ist (sog. intendiertes Ermessen), bei der also ein bestimmtes Ergebnis dem Gesetz näher steht, sozusagen im Grundsatz gewollt ist und davon nur ausnahmsweise abgesehen werden darf. Bei einer solchen Konstellation gilt nämlich, daß es für die eine Ausnahme ablehnende Ermessensentscheidung keiner Abwägung des 'Für und Wider' bedarf; damit entfällt zugleich auch eine entsprechende Begründungspflicht..."

Borowskis Argumentation ist demnach unschlüssig. Einerseits eine Abwägung für unentbehrlich, dann aber, im Falle eines Regel-Ausnahme-

---

[225] *Ders.*, a.a.O. S. 156 li. Sp. oben.
[226] *Ders.*, a.a.O. S. 154 li. Sp.
[227] *Ders.*, a.a.O. S. 154 re. Sp.
[228] *Ders.*, a.a.O. S. 154 f.
[229] *Ders.*, a.a.O. S. 155 f. unter 4.
P. Stelkens/U. Stelkens in: Stelkens/Bonk/Sachs, VwVfG, § 39 Rn. 35, erachten eine Abwägungsentscheidung für notwendig, die sich aber nur bei besonderen Umständen abweichend von der regelmäßig gebotenen und sinnvollen Ermessensausübung darstellen soll.
[230] Urteil vom 5.7.1985 – 8 C 22.83 – BVerwGE 72, 1 ff., 6.

Verhältnisses, die Abwägungsprozedur für entbehrlich zu halten, unterscheidet sich in nichts von der Auffassung, auf eine Abwägung im Regelfall ganz zu verzichten[231]. Denn es ist nicht ersichtlich, worin die Abwägung noch bestehen soll, wenn die "Abwägungsprozedur" entfällt. Will man konsequent an der Abwägung festhalten, so muß diese nach den allgemeinen Grundsätzen (siehe oben unter a) durchgeführt werden, nämlich unter Einhaltung der aufeinander folgenden Entscheidungsschritte.

Schon aus diesem Grunde erweist sich die Feststellung, die Senate des Bundesverwaltungsgerichts hätten zwei unterschiedliche Konzeptionen intendierten Ermessens entwickelt, als Trugschluß. Aber auch die aufmerksame Lektüre des Urteils vom 16.6.1998 offenbart diesen Irrtum. So heißt es im Anschluß an die oben zitierten Ausführungen[232]:

> "Im Falle des Klägers lagen jedenfalls im Zeitpunkt des Widerrufs der Bewilligung die Voraussetzungen vor, die eine solche Verwaltungsentscheidung **ohne weitere Abwägung des Für und Wider** ermöglichten."

Darüber hinaus belegt der 3. Senat seine Ansicht mit den vorangegangenen Entscheidungen anderer Senate, die, wenn man *Borowski* folgt, eine wesentlich andere Auffassung vertreten.

Die Konzeptionen der Senate des Bundesverwaltungsgerichts erweisen sich somit als kongruent, es bestehen lediglich Unterschiede in der Formulierung. Somit entbehren die von *Borowski* herausgearbeiteten Modelle der gestuften (sogenannte alte Formel) und einheitlichen Anwendung (sogenannte neue Formel) einer Grundlage.

Die Verortung des intendierten Ermessens innerhalb der Abwägung ist allerdings unabhängig von dieser unzutreffenden Herleitung zu betrachten.

Einwände grundsätzlicher Natur bestehen gegen die Berücksichtigung einer gesetzlichen Intention, eines normativen Regel-Ausnahme-Verhältnisses, innerhalb der Ermessensabwägung nicht. Das intendierte Ermessen wäre aber nur dann als Rechtsfigur obsolet, wenn auf diese Weise die dem intendierten Ermessen zugedachten Funktionen der Aufwandsreduzierung, Effektivierung und Klarstellung gleichsam erfüllt würden.

Eine Analyse der Entscheidungsschritte bis hin zur Abwägung wird zeigen, daß einige Auslegungscharakter haben und daher aus dem Gesamtvorgang herausgelöst werden können. Folglich existiert ein notwendig einheitli-

---

[231] Auch die Erläuterungen von *P. Stelkens* und *U. Stelkens* (Fn. 229) erweisen sich als widersprüchlich. Auch sie verlangen eine Abwägungsentscheidung ohne Abwägung.

[232] – 3 C 22.96 –, BVerwGE 105, 55 ff., 58 f.

cher Abwägungsvorgang nicht. Erst die konsequente Trennung dieser Schritte, die mit der Figur des intendierten Ermessens vollzogen wird, führt aber zu der angestrebten Vereinfachung und Klarheit.

aa) Der Abwägungsvorgang bei der Ermessensausübung

Die zur Entscheidungsfindung bei einem Ermessensspielraum angezeigte Abwägung der betroffenen öffentlichen und privaten Interessen stellt sich als systematischer Prozeß dar, der sich aus diversen Einzelschritten zusammensetzt[233]. Die Abwägung im engeren Sinne als anhand des Lebenssachverhaltes konkret vorzunehmende Gegenüberstellung der relevanten Interessen und deren Erwägung im Lichte des Wertgefüges der Ermessensnorm und der Rechtsordnung insgesamt bildet dabei das Kernstück. Ihr vorgeschaltet ist die Ermittlung und abstrakte Gewichtung der Interessen, die hinter den nach der Rechtsnorm in Betracht kommenden Handlungsalternativen stehen, ohne sie zunächst in Relation zueinander zu setzen[234]. Diese abstrakte Gewichtung erfolgt losgelöst vom Einzelfall. Es handelt sich um reine Gesetzesauslegung, die sich in jeder Hinsicht als antezipierbar erweist - etwa durch ermessenslenkende Verwaltungsvorschriften. Daran anschließend sind die konkret durch den Lebenssachverhalt eingebrachten Interessen anhand einer abstrakten Werteskala zu gewichten.[235] Die Gewichtung der Belange in Beziehung zueinander bleibt der Abwägung im engeren Sinne vorbehalten, die zuvor genannten Schritte bereiten sie lediglich vor[236]. Sie sind somit nicht unlösbar mit der Abwägung im engeren Sinne verknüpft[237]. Zudem lassen sich oftmals aus dem Zweck der gesetzlichen Regelung die typischerweise entgegenstehenden konkreten Interessen ermitteln und vorab abstrakt gewichten. Gerade ermessenslenkende Verwaltungsvorschriften vollziehen im

---

233 Zu diesen Schritten i.e. *Brühl*, JuS 1995, 249 ff., 251 ff.; *Gerhardt* in: Handlungsspielräume, S. 57 ff., 59; *Keppeler*, Versagungsermessen, S. 20 ff.; *König*, VerwR., S. 63 ff.; *Loeser*, VerwR. I, § 8 Rn. 127 (S. 511 f.); *Pache*, Abwägung, S. 484 m.w.N.

234 Diesen Entscheidungsschritt identifiziert auch *Borowski*, DVBl. 2000, 149 ff., 155 f. unter 4 und 159 li. Sp. unter 2.

235 *Loeser*, VerwR. I, § 8 Rn. 127 (S. 511 f.).

236 *König*, VerwR., S. 63.

237 Eine Überschneidung von Gewichtung und Abwägung nimmt *Keppeler*, Versagungsermessen, S. 22 f. (m.w.N.), an. Er unterscheidet nicht trennscharf zwischen einer abstrakten Gewichtung und der daran anschließenden Abwägung, welche die Belange in Relation zueinander setzt. Dazu ausführlich *Loeser*, VerwR. I, § 8 Rn. 127 (S. 511 f.) m.w.N.

Innenbereich der Verwaltung diese Schritte unabhängig von einer konkreten Entscheidung.

Der stufenweise Vorgang der Ermessensausübung soll anhand eines **Beispiels** veranschaulicht werden:

§ 45 Abs. 1 AuslG stellt die Ausweisung eines Ausländers ins Ermessen der zuständigen Behörde, wenn sein Aufenthalt die öffentliche Sicherheit und Ordnung oder sonstige erhebliche Interessen der Bundesrepublik Deutschland beeinträchtigt. In § 46 Nrn. 1 - 7 AuslG werden diese öffentlichen Interessen durch Regelbeispiele konkretisiert. Demgegenüber führt § 45 Abs. 2 AuslG - allerdings nicht abschließend - private Belange an, die bei Ausübung des Ermessens jedenfalls zu berücksichtigen sind. Das Abwägungsprogramm gibt das Gesetz somit weitgehend vor.

Bei der Entscheidung über eine Ausweisung sind zunächst die tatsächlich betroffenen öffentlichen und privaten Interessen zu ermitteln, die nach den Vorgaben der §§ 45, 46 AuslG in die Abwägung einzustellen sind. Hiernach bedarf es einer abstrakten Gewichtung der einzelnen Interessen. Die in § 46 AuslG erfaßten Umstände gebieten zwar allesamt eine Ermessensentscheidung über die Ausweisung, die einzelnen Regelbeispiele erfassen aber unterschiedlich gewichtige Interessen. So steht hinter der Ausweisung wegen Beteiligung an Gewalttätigkeiten bei Verfolgung politischer Ziele (§ 46 Nr. 1 Fall 3 AuslG) ein dringlicheres öffentliches Interesse als hinter der Ausweisung wegen der Inanspruchnahme von Sozialhilfeleistungen (§ 46 Nr. 6 AuslG). Einen weiteren wichtigen Anhaltspunkt für die Gewichtung der öffentlichen Belange liefert § 47 AuslG, der die obligatorische (Abs. 1) und die Regelausweisung (Abs. 2) zum Gegenstand hat. Die einzelnen Tatbestände zeigen an, ab wann der Gesetzgeber von einem (jedenfalls bzw. regelmäßig) überwiegenden öffentlichen Interesse an der Ausweisung ausgeht. Anhand dieser Schwellen können die bei der Ermessensausweisung betroffenen Belange eingeordnet, eine abstrakte Gewichtung somit vorgenommen werden.

Hat der betroffene Ausländer beispielsweise wiederholt außerhalb von Versammlungen in gewalttätiger Weise politische Ziele verfolgt (§ 45 Nr. 1 AuslG), und bleibt er mit den dafür verhängten strafrechtlichen Sanktionen nur kanpp unter der Schwelle des § 47 Abs. 2 Nr. 1 AuslG (z.B. Freiheitsstrafe zur Bewährung ausgesetzt), so bewegt sich das öffentliche Interesse von seinem Gewicht her an der Grenze zu einem Interesse, das die Regelausweisung rechtfertigen würde. Es ist daher abstrakt als sehr gewichtig in die Abwägung einzustellen.

Genauso gestaltet sich die Vorgehensweise bei den in Betracht kommenden privaten Interessen. Ist der Ausländer aus dem soeben gebildeten Beispielsfall der erwerbstätige Ernährer einer siebenköpfigen Familie, die ohne ihn auf soziale Hilfe angewiesen wäre, und halten sich die Familienangehörigen legal im Bundesgebiet auf (45 Abs. 2 Nr. 2 AuslG), kommt auch diesem Belang, insbesondere vor dem Hintergrund des Art. 6 GG, ein erhebliches Gewicht zu, das in der Abwägung zu berücksichtigen ist.

Nach dieser Einordnung aller Belange anhand einer abstrakten Werteskala tritt der Entscheidungsprozeß in die Stufe der konkreten Abwägung ein. Hier sind alle zuvor ermittelten und gewichteten Belange einander im Sinne von Für und Wider gegenüberzustellen und zueinander in Relation zu setzen. Erst in diesem Entscheidungsabschnitt kommen die Besonderheiten des Einzelfalls zum Tragen. Die abstrakte Gewichtung exemplarischer Belange hingegen kann beliebig antezipiert werden, sofern und soweit diese Interessen im vorhinein erkennbar sind. Gerade diese antezipierte Gewichtung vollziehen ermessenslenkende Verwaltungsvorschriften, die anhand der praktischen Erfahrungen typische Konstellationen erfassen und Wertungsvorgaben machen[238].

Im Beispielsfall stehen sich die Auswirkungen auf die Familie als privater Belang und die Gefährdung der öffentlichen Sicherheit durch die Straffälligkeit des Ausländers als öffentlicher Belang gegenüber. Sie sind etwa von gleich großem Gewicht. In der Regel werden sich nicht zwei Belange in dieser Weise gegenüberstehen. Tritt etwa als privater Belang nach § 45 Abs. 2 Nr. 1 AuslG hinzu, daß der Ausländer in fester Anstellung arbeitet und sich ein Eigenheim errichtet hat, sowie als sonstiger Belang, daß er sich ernsthaft von seinen politischen Zielen und deren gewaltsamer Durchsetzung distanziert hat (etwa durch Zeugenaussagen gegen straffällige Gesinnungsgenossen), so werden diese Belange zusammen mit seiner familiären Situation genügen, um das öffentliche Interesse zu überwiegen, auch wenn sie einzeln eher von geringem Gewicht sind. Folglich wird die Behörde von einer Ausweisung absehen.

bb) Tatbestandliche Elemente des Abwägungsvorgangs

Die These, jede Ermessensausübung erfordere stets eine (einheitliche) Abwägung, stellt sich somit als nur bedingt zutreffend dar. Ergibt nämlich

---

[238] § 45 Abs. 3 AuslG spiegelt diesen vorweggenommenen Entscheidungsschritt wider: Verwaltungsvorschriften eines Landes, welche den in § 45 Abs. 1 und § 46 AuslG erfaßten öffentlichen Interessen abstrakt so wenig Gewicht beimessen, daß sie nicht oder regelmäßig nicht die Ausweisung rechtfertigen, bedürfen des Einvernehmens des Bundesministeriums des Innern.

die abstrakte Gewichtung der Normzwecke und der erst im konkreten Fall hinzutretenden, aber antezipierbaren Interessen, daß einem Belang regelmäßig ein Vorrang zukommt, so reduzieren sich die Handlungsalternativen - vorbehaltlich eines unvorhersehbaren, im Einzelfall bestehenden Interesses - bereits vor der eigentlichen Abwägung. Diese Verengung des Ermessensspielraums kann dazu führen, daß im Regelfall nur noch eine Entscheidung ermessensfehlerfrei ergehen kann. Denkbar ist aber auch die Beschränkung der Abwägung auf einige wenige Interessen. Bleiben dabei lediglich öffentliche Interessen übrig (der Behörde steht beispielsweise frei, die Entscheidung nach Zweckmäßigkeitsgesichtspunkten zu treffen), so ist nach allgemeinen Grundsätzen diese Abwägung interner weil öffentlicher Belange dem Betroffenen nicht mehr offenzulegen (ggf. aber einem Dritten, der aus eigenem Recht ein Tätigwerden der Behörde beantragt hat). Eine ähnliche Schlußfolgerung zieht wohl auch *Borowski*, indem er eine "umfangreiche und schwierige Abwägungsprozedur" für entbehrlich hält[239].

Im Ergebnis bedarf es einer Abwägung im engeren Sinne nur dann, wenn einem überragend wichtigen Interesse, das hinter der Ermessensnorm steht oder dieser entnehmbar ist, im Einzelfall ein zumindest annähernd gleichgewichtiges gegenübertritt. Für diese Beurteilung kommt es auf die abstrakte Gewichtung an. Da diese vom Einzelfall losgelöste Einordnung in die Werteskala aber letztlich eine Frage der Gesetzesauslegung ist, handelt es sich bei diesen Schritten im Vorfeld der Abwägung um Rechtsfragen. Normstrukturell erweisen sich die Maßstäbe, anhand derer die Gewichtung vorzunehmen ist, als Tatbestandsergänzungen[240]. Zwar spielen Wertungen hierbei eine erhebliche Rolle, eine Abwägung im engeren Sinne findet aber nicht statt.

Hiervon ausgehend spricht nichts dagegen, die genannten abstrakten Entscheidungsschritte der eigentlichen Ermessensausübung voranzustellen, sie gewissermaßen vor die Klammer zu ziehen und sie somit gedanklich und begrifflich von der Abwägung zu trennen. Eine Verlagerung auf die Tatbestandsseite ist nicht ausgeschlossen, da das abzutrennende Entscheidungsprogramm Auslegungscharakter besitzt. Die Trennung von Tatbestand und

---

239 *Borowski*, DVBl. 2000, 149 ff., 155 re. Sp. unter 4.

240 Vgl. *Koch* in: Abwägung im Recht, S. 9 ff., 12 f.
Zwar geht *Koch* von einer anderen *Ermessens*konzeption aus; er lokalisiert Ermessen generell auf der Tatbestandsseite und begreift die Ermessensausübung als Tatbestandsergänzung (siehe *ders.*, Unbest. Rechtsbegriffe und Ermessensermächtigungen, S. 126 ff. und 172 f.). In Bezug auf die zuvor herausgarbeiteten abstrakten Entscheidungsschritte im Rahmen der Ermessensbetätigung ist *Koch* allerdings zu folgen.

Rechtsfolge wird dadurch nicht aufgegeben, denn die für das Ermessen charakteristische Abwägung im engeren Sinne verbleibt auf der Rechtsfolgenseite.

Die Figur des intendierten Ermessens beruht genau auf diesen Überlegungen. Eine Intention liegt immer dann vor, wenn aufgrund der Auslegung der Ermessensnorm oder ihres Kontextes ein Belang von überragendem Gewicht hervortritt und sich somit ein Regel-Ausnahme-Verhältnis zeigt. Für den Regelfall steht das Ergebnis der Abwägung damit fest, die Abwägung im engeren Sinne und mithin eine Ermessensausübung im eigentlichen Sinne werden entbehrlich oder scheiden gar kategorisch aus (was wiederum Frage der Auslegung ist[241]). Nur im Ausnahmefall, wenn sich nämlich ein nach den Umständen des Einzelfalles in der gesetzlichen Wertung unberücksichtigtes Interesse offenbart, bedarf es der Ermessensausübung als ergebnisoffener Abwägung. Diese Vorgehensweise entspricht derjenigen bei Soll-Vorschriften, sofern man der ganz überwiegenden Ansicht in Rechtsprechung und Literatur zu dieser Rechtsfigur folgt[242].

Nach alledem erbringt die Bewältigung einer gesetzlichen Intention in einem einheitlichen Abwägungsvorgang keine Vorteile gegenüber der vom Bundesverwaltungsgericht entwickelten Konzeption. Vielmehr gleichen sich die Auffassungen sowohl hinsichtlich des Ergebnisses als auch in der Vorgehensweise. *Borowski* sieht lediglich den Gesamtvorgang der Entscheidungsfindung als untrennbare Einheit an, indem er von einer einheitlichen Ermessensentscheidung, von einer einheitlichen Abwägung ausgeht. Der in dieser Argumentation angelegte Widerspruch ("Abwägung ohne Abwägungsprozedur") beruht auf der strikten begrifflichen Verhaftung, der *Borowski* verfällt. Wie gezeigt ist der Abwägungsvorgang ein gestufter Prozeß, der sich einer weiteren Aufspaltung nicht entzieht. Auch wenn somit lediglich eine formal-juristische Divergenz zwischen den Auffassungen besteht, erscheint die klare Trennung, welche die Rechtsprechung vollzieht, eingedenk der begrifflichen Verwirrungen in *Borowskis* Gedankenführung vorzugswürdig.

2. Intendiertes Ermessen als teleologische Korrektur einer Ermessensvorschrift

Die Rechtsprechung geht in zwei Schritten vor: Zuerst ermittelt sie, ob überhaupt ein intendiertes Ermessen vorliegt, indem sie die Ermessensvor-

[241] Siehe dazu Kap. 6: Rechtsfolgen des intendierten Verwaltungsermessens.
[242] Siehe ausführlich unten, B I 1.

schrift in Zusammenschau mit anderen Vorschriften und allgemeinen Rechtsgrundsätzen - wie zuvor beschrieben - im Hinblick darauf auslegt, ob eine Rechtsfolge a priori dem Gesetz näherstehet, also ein Regel-Ausnahme-Verhältnis besteht. Wenn ja, prüft sie, ob atypische konkrete Umstände vorliegen, die einen Ausnahmefall bilden und zu einer Ermessensausübung als Abwägung im engeren Sinne zwingen. Dieser zweite Schritt bedeutet die Einführung eines zusätzlichen Tatbestandsmerkmals, nämlich des (Nicht-)Vorliegens eines Ausnahmefalles, das voller gerichtlicher Kontrolle unterliegt[243].

Das nach dem Wortlaut einer Kann-Vorschrift eingeräumte Ermessen erfährt aufgrund der gesetzlichen Intention eine Einschränkung dergestalt, daß nach dem gesetzlichen Zweck der Ermächtigung nur in atypischen Fällen eine Ermessensentscheidung im eigentlichen Sinne zu treffen ist. Darüber hinaus legt die Intention im Regelfall eine bestimmte Rechtsfolge fest, oder der Behörde eröffnet sich die Möglichkeit, von einer aufwendigen Abwägung abzusehen. Insofern wird die Rechtsfolge modifiziert.

Die Konstruktion verläßt somit den Bereich der Auslegung[244]; die Anwendung der Grundsätze des intendierten Ermessens erweist sich als Akt der Rechtsfortbildung, nämlich einerseits als teleologische Reduktion durch das zusätzliche Tatbestandsmerkmal des Ausnahmefalls und andererseits als teleologisch begründete Korrektur der Rechtsfolge.[245]

a) Die allgemeine Zulässigkeit von Auslegung und Rechtsfortbildung (aus verfassungsrechtlicher Sicht)

Das einfache Recht erfährt seine hinreichende Konkretisierung und Ausgestaltung erst durch die Auslegung[246]. Maßgeblich ist dabei der im Gesetz zum Ausdruck kommende objektivierte Wille des Gesetzgebers[247], sein subjektiver Wille hat lediglich indizielle Bedeutung. Um diesen objektivierten Gesetzeswillen zu ermitteln, sind die überkommenen Auslegungsmethoden

---

[243] Z.B.: BVerwG, Urteil vom 24.11.1998 - 1 C 33.97 -, BVerwGE 108, 1 ff., 18 f.

[244] Zu der in der Rechtsprechung nicht immer strikten Trennung zwischen einengender Auslegung und teleologischer Reduktion/Korrektur siehe *Larenz*, Methodenlehre, S. 279 unter c.

[245] Auch *Borowski*, DVBl. 2000, 149 ff., 152 f. Fn. 37, greift die Möglichkeit der Rechtsfortbildung und insbesondere der teleologischen Reduktion sowie der Korrektur auf der Rechtsfolgenseite auf, führt diesen Gedanken aber nicht fort.

[246] *Jarass/Pieroth*, GG, Einl. Rn. 3 ff. m.w.N.

[247] BVerfG, Urteil vom 21.5.1952 - 2 BvH 2/52 -, BVerfGE 1, 299 ff., 312; BVerfG, Beschluß vom 9.11.1988 - 1 BvR 243/86 -, BVerfGE 79, 106 ff., 121.

heranzuziehen[248]. Der Wortlaut bildet dabei keine unüberbrückbare Schranke[249].

Aus dem Vorrang des Gesetzes folgt kein Verbot richterlicher Rechtsfortbildung[250]. Sie ist zulässig, sofern die jeweiligen Voraussetzungen, insbesondere eine (offene oder verdeckte) Regelungslücke vorliegen[251]. Einer sehr sorgfältigen Prüfung bedarf es allerdings dann, wenn Rechtspositionen dadurch verkürzt werden[252].

b) Die Voraussetzungen der teleologischen Reduktion

Die teleologische Reduktion einer Vorschrift setzt eine verdeckte Regelungslücke voraus. Eine solche liegt vor, wenn das Gesetz zwar eine auch auf die fraglichen Fälle anwendbare Regel enthält, diese aber ihrem Sinn und Zweck nach nicht paßt, weil die gesetzliche Wertung die Besonderheiten dieser Fälle außer acht läßt; die Lücke besteht in der fehlenden Beschränkung des Normbefehls[253]. Das Gesetz erfaßt tatbestandlich auch solche Fälle, die seinem Sinn und Zweck nicht entsprechen. Die Ausfüllung geschieht durch das Hinzufügen einer einschränkenden Voraussetzung; die nach ihrem insoweit eindeutigen Wortsinn zu weit gefaßte Regelung wird auf den Anwendungsbereich zurückgeführt, der ihr nach dem Regelungszweck und Sinnzusammenhang des Gesetzes zukommt, also reduziert[254].

In den Fällen, in denen die Rechtsprechung intendiertes Ermessen annimmt, steht am Ausgangspunkt eine Kann-Vorschrift, die ihrem Wortlaut

---

248 BVerfG, Beschluß vom 17.5.1960 - 2 BvL 11/59, 11/60 -, BVerfGE 11, 126 ff., 130; BVerfG, Beschluß vom 3.4.1990 - 1 BvR 1186/89 -, BVerfGE 82, 6 ff., 11.

249 BVerfG, Beschluß vom 19.6.1973 - 1 BvL 39/69 -, BVerfGE 35, 263 ff., 278. A.A. BVerwG, Urteil vom 29.6.1992 - 6 C 11.92 -, BVerwGE 90, 265 ff., 269; *Larenz*, Methodenlehre, S. 230 f.

250 *Jarass/Pieroth*, GG, Art. 20 Rn. 42; *Sachs*, in ders., GG, Art. 20 Rn. 120.

251 BVerfG, Beschluß vom 14.2.1973 - 1 BvR 112/65 -, BVerfGE 34, 269 ff., 287; BVerfG, Beschluß vom 14.5.1985 - 1 BvR 233,341/81 -, BVerfGE 69, 315 ff., 371; BVerfG, Beschluß vom 30.3.1993 - 1 BvR 1045/89, 1381/90 u. 1 BvL 11/90 - BVerfGE 88, 145 ff., 167; BVerwG, Urteil vom 23.5.1995 - 1 C 32.92 -, BVerwGE 98, 280 ff., 294.

252 BVerfG, Beschluß vom 19.10.1983 - 2 BvR 485, 486/80 -, BVerfGE 65, 182 ff., 194 f.; BVerfG, Beschluß vom 14.5.1985 - 1 BvR 233,341/81 -, BVerfGE 69, 315 ff., 371 f.; BVerfG, Beschluß vom 14.1.1986 - 1 BvR 209, 221/79 -, BVerfGE 71, 354 ff., 362 f.; BVerwG, Urteil vom 13.12.1979 - 7 C 65.78 -, BVerwGE 59, 242 ff., 247 f.

253 *Larenz*, Methodenlehre, S. 265.

254 *Ders.*, a.a.O. S. 279 unter c.

nach eine offene Ermessensermächtigung darstellt[255]. Im Wege der Auslegung ermittelt das Gericht den Zweck dieser Norm in Zusammenschau mit anderen Rechtsvorschriften und allgemeinen Rechtsgrundsätzen. Ergibt die Auslegung, daß eine bestimmte Rechtsfolge dem gesetzlichen Zweck im Grundsatz näher steht, so erweist sich die Ermessensermächtigung grundsätzlich als zu weitgehend[256]. Die angeordnete Abwägung als Rechtsfolge ist im Regelfall nicht notwendig oder nicht geboten. Folglich besteht in diesen Fällen eine verdeckte Lücke, die durch das zusätzliche Tatbestandsmerkmal des Ausnahmefalles geschlossen wird.

c) Die Voraussetzungen einer teleologisch begründeten Korrektur auf der Rechtsfolgenseite

Die Figur der teleologischen Reduktion erlaubt die Verengung des Anwendungsbereiches einer Norm durch das Hinzufügen weiterer tatbestandlicher Voraussetzungen. Davon unberührt bleibt aber die Rechtsfolge. Gerade sie aber erfährt beim intendierten Ermessens ebenfalls eine Korrektur. Im Regelfall tritt nämlich an die Stelle des Ermessens die vom Gesetz präferierte Entscheidung. Da auch diese Modifikation teleologisch bedingt ist, handelt es sich um einen anderen Fall der teleologischen Korrektur[257]. Zulässig ist diese Form der Rechtsfortbildung nur unter den Voraussetzungen, daß der Gesetzeszweck eindeutig zu ermitteln ist und ohne die Korrektur der Zweck in einem Teil der Fälle verfehlt würde, ein schwerwiegender Wertungswiderspruch oder eine offene Ungerechtigkeit nicht zu vermeiden wären[258].

Folgt man der Auffassung der Rechtsprechung, so zeigt sich, daß in allen behandelten Fällen die sorgfältige Ermittlung des Gesetzeszwecks ein Regel-Ausnahme-Verhältnis zu Tage brachte, dem eine offene Ermessensentscheidung nicht entsprach. Geht man getreu dem Wortlaut von einem freien Ermessen aus, hat die Behörde eine Abwägungsentscheidung zu treffen, deren Ergebnis zwar a priori feststeht, die aber dennoch mit entsprechendem Begründungsaufwand einhergeht. Der formal bestehende Ermessensspielraum,

---

[255] Die Formulierung "kann" muß nicht zwingend eine Ermessensermächtigung bedeuten. Es kann sich auch um eine bloße Handlungsermächtigung handeln. Dazu: *Kopp/Ramsauer*, VwVfG, § 40 Rn. 42; *Sachs* in: Stelkens/Bonk/Sachs, VwVfG, § 40 Rn. 23.

[256] Wie in Kap. 6 unter A dargestellt, sind mit dem intendierten Ermessen unterschiedliche Rechtsfolgen verbunden, je nach dem welche Vorgaben das Gesetz macht.

[257] Dazu *Larenz*, Methodenlehre, S. 285 ff.

[258] *Ders.*, a.a.O. S. 288.

der nicht der Zielsetzung des Gesetzes entspricht, birgt die Gefahr einer fehlerhaften Entscheidung. Die Behörde könnte einen Handlungsspielraum wahrnehmen, der nach Sinn und Zweck des Gesetzes gar nicht besteht. Mithin begründet die Kann-Vorschrift bei einer entgegenstehenden Intention sowohl eine Zweckverfehlung als auch einen Wertungswiderspruch, so daß sich eine Korrektur als zulässig erweist.

d) Das Tatbestandsmerkmal des Ausnahmefalles

Das zusätzliche Tatbestandsmerkmal des Ausnahmefalles (oder atypischen Falles) erfährt in der Rechtsprechung nur eine vage Bestimmung. So heißt es in der Leitentscheidung des Bundesverwaltungsgerichts aus dem Jahre 1980[259]:

> "[Es] braucht... das 'Für und Wider' nur dann abgewogen zu werden, wenn der Fall so geartet ist, daß ganz bestimmte konkrete Anhaltspunkte für die Angemessenheit einer Ausnahme... bestehen."[260]

Oder anders gewendet:

> "Nur dann, wenn der Behörde außergewöhnliche Umstände des Falles bekanntgeworden oder erkennbar sind, die eine andere Entscheidung möglich erscheinen lassen, liegt ein rechtsfehlerhafter Gebrauch des Ermessens vor, wenn diese Umstände von der Behörde nicht erwogen worden sind."[261]

Die Beantwortung der Frage nach dem Ausnahmefall erfordert eine Wertung. Dazu führt das Bundesverwaltungsgerichts in seinem Urteil vom 24.11.1998[262] aus:

> "Wann in diesem Sinne ein Ausnahmefall vorliegt, ist anhand einer wertenden Betrachtung aller Umstände des Einzelfalles zu entscheiden und unterliegt voller gerichtlicher Nachprüfung."

Zu den sogenannten Soll-Vorschriften, die nach der ganz überwiegenden Meinung in Rechtsprechung und Literatur freies Ermessen nur bei Vorliegen eines Ausnahmefalles eröffnen, finden sich ganz ähnliche, wenn nicht gar präzisere Umschreibungen. Atypisch sind in diesem Zusammenhang Sachverhalte, die zwar vom abstrakten Rahmen des Gesetzes, nicht aber von seiner Zweckbestimmung erfaßt werden. Die Abweichung im tatsächlichen Geschehensablauf muß so bedeutsam sein, daß das Gewicht der für die Re-

---

[259] Beschluß vom 28.8.1980 - 4 B 67.80 -, Buchholz 406.11 § 35 BBauG Nr. 168, S. 126 ff., 128.

[260] Ebenso u.a.: BVerwGE, Urteil vom 5.7.1985 - 8 C 22.83 -, BVerwGE 72, 1 ff., 6.

[261] BVerwG, Urteil vom 16.6.1997 - 3 C 22.96 -, BVerwGE 105, 55 ff., 57 f.

[262] - 1 C 33.97 -, BVerwGE 108, 1 ff., 18.

gelentscheidung maßgeblichen Gründe aufgehoben oder überwogen wird. Maßgeblicher Anknüpfungspunkt sind dabei die besonderen Umstände des Einzelfalls. Ob eine Atypizität vorliegt, kann letztlich nur anhand des Bindungsumfangs der Soll-Vorschrift im Wege der Auslegung ermittelt werden.[263] Die Entscheidung, ob ein atypischer Fall vorliegt, vollzieht sich in zwei Phasen: In einem ersten Schritt werden die tatsächlichen Umstände ermittelt, die gegen die Regelfallentscheidung sprechen. Daran anschließend erfolgt ein gewichtender Vergleich des im Regelfall vorrangigen Belangs mit den konkret betroffenen Interessen. Erscheinen letztere geeignet, den Gewichtungsvorrang des Regelinteresses zu überwinden, sind sie also nicht offensichtlich nachrangig, so liegt ein Ausnahmefall vor, der zum Eintritt in die konkrete Abwägung zwingt.[264] Da die Entscheidungssituation der beim intendierten Ermessen entspricht[265], lassen sich die Voraussetzungen für einen Ausnahmefall gleichsetzen.

Somit erfährt der Begriff des Ausnahmefalls eine hinreichende Umschreibung. Die Entscheidung, ob ein solcher vorliegt, hängt von einer Wertung ab. Der intendierte Belang, der die Regelentscheidung nach sich zieht, ist konkreten Einzelfallbelangen - sofern sie zutage treten - gegenüberzustellen. Anhand ihrer Gewichtigkeit muß entschieden werden, ob eine Abwägung stattfindet oder nicht. Dabei sind stets die gesetzlichen Vorgaben zu beachten; bestimmte Direktiven können die zu berücksichtigenden Ausnahmeumstände eingrenzen.

Borowski[266] erhebt gegen dieses Verständnis des Tatbestandsmerkmals "Ausnahmefall" den Einwand, daß weder auf der Tatbestands- noch auf der Rechtsfolgenseite ein Kriterium ersichtlich sei, nach dem zwischen typischen und atypischen Fällen unterschieden werden könne.

Diese Ansicht läßt die zuvor aufgezeigte Begriffsbestimmung außer Acht, die bei Soll-Vorschriften der ständigen Rechtsprechung und ganz herrschenden Lehre entspricht. Dagegen führt *Borowski*[267] weiter an, diese Vorgehensweise münde zwangsläufig in eine Abwägung, auf die gerade die Ver-

---

263 Ausführlich *Sachs* in: Stelkens/Bonk/Sachs, VwVfG, § 40 Rn. 27 mit umfangreichen Nachweisen aus Rspr. und Lit. Ferner *Liebetanz* in: Obermayer, VwVfG, § 40 Rn. 14; *Kopp/Ramsauer*, VwVfG, § 40 Rn. 44.
Aus der Rechtsprechung z.B.: BVerwG, Urteil vom 29.7.1993 - 1 C 25/93 -, NVwZ 1994, 381 ff., 383 f.

264 So bzgl. Soll-Vorschriften *Hoppe* in: FS für Maurer, S. 625 ff., 629 ff.

265 So auch *Borowski*, DVBl. 2000, 149 ff., 158.

266 DVBl. 2000, 149 ff., 152 f. unter aa und bb.

267 A.a.O. S. 153 unter bb und Fn. 38.

fechter intendierten Ermessens verzichtet wollten[268]. Dieses Argument greift zu kurz. *Borowski* verkennt die gestufte Struktur einer Ermessensentscheidung. Vor der Abwägung im eigentlichen Sinne steht die Ermittlung der abwägungsrelevanten Umstände und Interessen sowie deren abstrakte Gewichtung. Lediglich diese Schritte werden aus dem Entscheidungsprozeß herausgelöst und vorgezogen. Die Begriffsmerkmale des Ausnahmefalls zeigen, daß nicht abschließend abgewogen, sondern lediglich die abstrakte Wertigkeit der Belange verglichen wird. Ferner sind wertungsabhängige unbestimmte Tatbestandsmerkmale nicht unzulässig, sondern - ganz im Gegenteil - sehr häufig anzutreffen.[269] Überdies widerspricht sich *Borowski* selbst, indem er einerseits einen Ausnahmefall für nicht bestimmbar hält und daher eine Ermessensabwägung immer für notwendig erachtet, andererseits aber die genannten Kriterien, die einen Ausnahmefall ausmachen, heranzieht, um a priori auf eine "umfangreiche Abwägungsprozedur" ob der Evidenz ihres Ergebnisses zu verzichten[270]. Gelingt es an dieser Stelle, eine Atypizität zu ermitteln, muß es auch zuvor, im Tatbestand, möglich sein.

B. Der Standort des intendierten Verwaltungsermessens im System der Ermessenslehre

Trotz der Begriffsbestimmung der Rechtsprechung und ihrer dogmatischen Begründung herrscht Unsicherheit bei der systematischen Einordnung des intendierten Verwaltungsermessens in das Gefüge der Ermessenslehre. Die bislang unzureichende dogmatische Aufarbeitung mag die Abgrenzung von ähnlichen Konstellationen erschwert haben. Um diese Versäumnisse aufzuholen, ist zunächst auf ausdrückliche gesetzliche Ermessensbeschrän-

---

268 *Beuermann*, Intendiertes Ermessen, S. 157 f. und Fn. 467, greift diesen Gedanken auf, indem sie unter Berufung auf *Borowski* andeutet, man könne die Entscheidung darüber, ob ein Ausnahmefall vorliege, auch ihrerseits als Ermessensentscheidung verstehen.
Borowski sieht allerdings diese Entscheidung als *Bestandteil* der Abwägung auf der Rechtsfolgenseite an (wie zuvor dargelegt). I.ü. geht *Beuermanns* Hinweis auf das Urteil des OVG NW vom 25.10.1993 - 11 A 1349/91 -, NVwZ 1994, 703 ff., 704, fehl.

269 Ein ganz ähnlicher Mechanismus wirkt bei Koppelungsvorschriften (dazu unten, B III), die als zwingend ausgelegt werden, wenn in einem wertungsoffenen Tatbestandsmerkmal bereits alle ermessensrelevanten Punkte einer Abwägung zugeführt wurden.

270 A.a.O. S. 155 unter 4.

kungen, insbesondere auf die sog. Soll-Vorschriften, einzugehen. Ferner muß das Verhältnis zu der sogenannten Ermessensreduzierung geklärt werden. Große Ähnlichkeit im methodischen Ansatz weist überdies die Auslegung offener Ermessensermächtigungen als zwingende Vorschriften auf. Schließlich bedürfen die sogenannten Koppelungsvorschriften einer eingehenden Betrachtung, von denen zahlreiche ein intendiertes Ermessen einräumen.

I. Ausdrückliche gesetzliche Ermessensbeschränkungen

1. Die sogenannten Soll-Vorschriften

Sogenannte Soll-Vorschriften sind Ermessensermächtigungen, die durch ein dem Wortlaut nach festgelegtes Regel-Ausnahme-Verhältnis gekennzeichnet sind. Die verwandten Formulierungen im Gesetz sind vielfältig („soll", „in der Regel", „regelmäßig", „grundsätzlich" usw.)[271].

Über die Anwendung dieser Vorschriften besteht weitgehend Einigkeit. Lediglich einige ältere Judikate[272] äußern sich andeutungsweise dahingehend, die in einer Soll-Vorschrift getroffene Wertung könne und dürfe lediglich als Ermessensdirektive verstanden werden[273]. Dem tritt nunmehr *Borowski*[274] bei. Soll-Vorschriften vermitteln nach dieser Auffassung durch ihren Wortlaut den prima-facie-Vorrang eines abwägungserheblichen Belangs. Der Vorrang soll innerhalb der Abwägung durch eine überragende Gewichtung berücksichtigt werden[275]. Die Frage nach dem typischen respektive atypischen Fall sei daher Teil einer umfassenden Ermessensentscheidung. Dafür spreche auch, daß Soll-Vorschriften überwiegend als Unterfall von Ermessens-entscheidungen aufgefaßt würden. Die Entscheidung, ob ein typischer oder atypischer Fall vorliege, sei demzufolge als gerichtlich

---

[271] Zu den Formulierungsvarianten *Brinktrine*, Verwaltungsermessen, S. 41, und *Sachs* in: Stelkens/Bonk/Sachs, VwVfG, § 40 Rn. 26 f.

[272] Insbesondere BVerwG, Urteil vom 16.7.1963 - VII C 96.62 -, BVerwGE 16, 224 ff., 226.

[273] Darauf weist *Gerhardt* in: Schoch/Schmidt-Aßmann/Pietzner, VwGO, Band II, § 114 Rn. 16, zutreffend hin, wenngleich die von ihm angeführten Entscheidungen - bis auf die soeben (Fn. 272) genannte - nur vage diese These stützen.

[274] *Borowski*, DVBl. 2000, 149 ff., 156 ff. unter II.

[275] *Ders.*, a.a.O. S. 157 re. Sp.

nur begrenzt überprüfbare Ermessensfrage zu qualifizieren.[276] In identischer Weise versucht *Borowski*, das intendierte Ermessen dogmatisch herzuleiten[277].

Die Crux dieser Argumentation geht bereits aus ihr selbst hervor: Einerseits soll eine allumfassende Abwägung notwendig sein, andererseits die Frage nach dem Regel-Ausnahme-Verhältnis keine Ermessensfrage darstellen, weil sie sich aus dem Wortlaut ergebe[278]. Zum einen wird der Ausnahmefall - trotz gegenteiliger Beteuerungen - mustergültig als unbestimmter Rechtsbegriff herausgearbeitet[279], zum anderen soll eine konkrete Ermessens-, also Einzelfallentscheidung unabdingbar sein, da das Regel-Ausnahme-Verhältnis nur im Rahmen des Ermessens berücksichtigt werden könne[280]. Diese Ausführungen enden in einem Zirkelschluß[281].

Überwiegend[282] sieht man daher Soll-Vorschriften als Regelungen an, die für den Regelfall, d.h. bei Erfüllung der tatbestandlichen Voraussetzungen, die Behördenentscheidung zwingend vorgeben und nur bei Vorliegen eines atypischen Falles freies (also pflichtgemäßes) Ermessen einräumen. Mithin stellt sich die Ausnahmesituation als tatbestandliche Voraussetzung für die Eröffnung des Ermessens dar[283]. Eine solche *Ausnahmesituation*, ein *atypischer Fall*, liegt dann vor, *wenn der in Rede stehende Sachverhalt zwar noch von der Ermessensvorschrift tatbestandlich erfaßt wird, es aber Sinn und*

---

[276] *Ders.*, a.a.O. S. 158 li. Sp.

[277] Siehe oben, A II 1 b.

[278] *Ders.*, a.a.O. S. 158 li. Sp. 3. Abs.

[279] *Ders.*, a.a.O. S. 157 re. Sp.

[280] *Ders.*, a.a.O. S. 158 li. Sp. 4. Abs.

[281] Darauf weist *Hoppe* in: FS für Maurer, S. 625 ff., 635 Fn. 63, zutreffend hin.

[282] Z.B. BVerwG, Urteil vom 27.8.1996 - 1 C 8.94-, DVBl. 1997, 186 ff, 187; Urteil vom 29.7.1993 - 1 C 25.93 -, BVerwGE 94, 35 ff., 43 ff.; Urteil vom 2.7.1992 - 5 C 39.90 -, BVerwGE 90, 275 ff., 278 m.w.N.
Aus der Literatur u.a. *Brinktrine*, Verwaltungsermessen, S. 41 f.; *Henneke* in: Knack, VwVfG, § 40 Rn. 33; *Gerhardt* in: Schoch/Schmidt-Aßmann/Pietzner, VwGO, Band II, § 114 Rn. 16; *Kopp/Ramsauer*, VwVfG, § 40 Rn. 44; *Kopp/Schenke*, VwGO, § 114 Rn. 21; *Liebetanz* in: Obermayer, VwVfG, § 40 Rn. 14; *Maurer*, Allg. VerwR., § 7 Rn. 11 (S. 125 f.); *von Mutius*, Jura 1987, 92 ff., 97; *Peine*, Allg. VerwR., Rn. 68 (S. 48); *Sachs* in: Stelkens/Bonk/Sachs, VwVfG, § 40 Rn. 26; *Seewald*, Jura 1980, 175 ff., 178; *Wolff/Bachof/Stober*, VerwR. I, § 31 Rn. 34 (S. 456 f.).

[283] BVerwG, Urteil vom 2.7.1992 - 5 C 39.90 -, BVerwGE 90, 275 ff., 280; Urteil vom 10.9.1992 - 5 C 39.88 -, BVerwGE 91, 7 ff., 13 und Ls. 3; *Gerhardt* in: Schoch/Schmidt-Aßmann/Pietzner, VwGO, Band II, § 114 Rn. 16 m.w.N. (Fn. 66).

Zweck der Norm nicht entspricht, die Regelrechtsfolge auszulösen[284]. Die Frage, ob ausnahmsweise Ermessen eröffnet ist, unterliegt voller gerichtlicher Überprüfung[285]; sie ist gerade nicht Teil der Ermessensausübung. Trifft die Behörde mangels einer Ausnahmesituation die Regelentscheidung, so muß sie - da im Grunde eine gebundene Entscheidung vorliegt - keinerlei Ermessenserwägungen anstellen. Erst im Ausnahmefall sind - wie bei jeder Ermessensentscheidung - Für und Wider abzuwägen.[286] Entsprechendes gilt für die Begründung der Entscheidung. Die Begründung der Regelfallentscheidung muß nur den Anforderungen des § 39 Abs. 1 Satz 2 VwVfG entsprechen. Erst wenn überhaupt Ermessen betätigt wird, gelangt § 39 Abs. 1 Satz 3 VwVfG zur Anwendung.[287]

Mittels Soll-Vorschriften bringt der Gesetzgeber im Ergebnis ein Regel-Ausnahme-Verhältnis zum Ausdruck. Er differenziert zwischen der gebundenen Regelentscheidung einerseits und der ausnahmsweise zu treffenden Ermessensentscheidung. Diese eingeschränkte Ermessensermächtigung will Einzelfallgerechtigkeit da ermöglichen und herbeiführen, wo die gesetzliche Regel dem Zweck der Vorschrift nicht gerecht wird.

Vergleicht man nun das intendierte Verwaltungsermessen mit der Figur der Soll-Vorschrift, so zeigt sich eine völlige Übereinstimmung in der Konzeption. *Soll-Vorschriften sind der Sache nach als ausdrücklich geregelte Fälle intendierten Ermessens anzusehen*[288]. Das angeordnete Regel-

---

[284] BVerwG, Urteil vom 31.3.1987 - 1 C 29.84 -, BVerwGE 77, 164 ff., 180; Urteil vom 2.7.1992 - 5 C 39.90 -, BVerwGE 90, 275 ff., 278; Urteil vom 27.8.1996 - 1 C 8.94 -, DVBl. 1997, 186 ff., 187; *Brinktrine*, Verwaltungsermessen, S. 42; *Gerhardt* in: Schoch/Schmidt-Aßmann/Pietzner, VwGO, Band II, § 114 Rn. 16; *Kopp/Ramsauer*, VwVfG, § 40 Rn. 44; *Kopp/Schenke*, VwGO, § 114 Rn. 21; *Liebetanz* in: Obermayer, VwVfG, § 40 Rn. 14; *Sachs* in: Stelkens/Bonk/Sachs, VwVfG, § 40 Rn. 27.
Siehe zum Begriff des Ausnahmefalles auch oben, A II 2 d.

[285] BVerwG, Urteil vom 2.7.1992 - 5 C 39.90 -, BVerwGE 90, 275 ff., 280; Urteil vom 10.9.1992 - 5 C 39.88 -, BVerwGE 91, 7 ff., 13; *Brinktrine*, Verwaltungsermessen, S. 42; *Kopp/Ramsauer*, VwVfG, § 40 Rn. 44; *Liebetanz* in: Obermayer, VwVfG, § 40 Rn. 14; *Sachs* in: Stelkens/Bonk/Sachs, VwVfG, § 40 Rn. 27; *Wolff/Bachof/Stober*, VerwR. I, § 31 Rn. 34 (S. 456 f.).

[286] Z.B. BVerwG, Urteil vom 29.7.1993 - 1 C 25.93 -, BVerwGE 94, 35 ff., 44.

[287] *P. Stelkens/U. Stelkens* in: Stelkens/Bonk/Sachs, VwVfG, § 39 Rn. 32.

[288] So ausdrücklich *Kopp*, VwVfG (6. Aufl.), § 39 Rn. 46 a.E., und *Kuntze* in: Bader/Funke-Kaiser/Kuntze/von Albedyll, VwGO, § 114 Rn. 7.
Beuermann, Intendiertes Ermessen, S. 61, unterscheidet hingegen Soll-Vorschriften im nur materiellen Sinn (Normen mit intendiertem Ermessen) und Soll-Vorschriften

Ausnahme-Verhältnis ist dabei Ausdruck der gesetzgeberischen Intention, die Regelentscheidung ist gesetzlich vorgeprägt. Diese Übereinstimmung gebietet eine Gleichbehandlung, wie sie durch die zuvor dargestellte Konzeption auch vollzogen wird.

2. Sonstige gesetzliche Vorgaben

a) Ausdrückliche Ermessensvorgaben

Zahlreiche Ermessensvorschriften sind - obwohl als Kann-Vorschriften ausgestaltet - dadurch gekennzeichnet, daß sie bestimmte Belange, die bei der Ermessensbetätigung beachtet werden müssen, und mitunter auch deren Gewicht in der Abwägung ausdrücklich normieren[289]. Auch werden vereinzelt solche konkretisierenden Ermessensvorgaben den einzelnen Regelungen allgemein vorangestellt, wie das Beispiel des § 2 Abs. 2 SGB I zeigt. Der Ermessensspielraum erfährt durch diese Direktiven eine Einschränkung, nimmt doch das Gesetz die der handelnden Behörde obliegende Gewichtung bestimmter Belange vorweg bzw. ordnet es die Einstellung bestimmter Aspekte in die Abwägung verbindlich an.

Intendiertes Ermessen ist in diesen Fällen freilich nur dann anzunehmen, wenn eine bestimmte Entscheidung vom Gesetz deutlich erkennbar präferiert und somit als Regelfall behandelt wird. Insofern liefern ausdrückliche Ermessensdirektiven unter Umständen wertvolle Anhaltspunkte für die Auslegung, mehr aber nicht.

b) Ziel- und Zweckvorgaben

Nicht wenigen Gesetzen neueren Datums[290] stellt der Gesetzgeber allgemeine Ziel- und Zweckvorgaben voran. Da sie keine Rechtsfolgen anordnen, handelt es sich nicht um Regelungen. Aus diesem Grunde mag sich trefflich darüber streiten lassen, welchen Sinn die Aufnahme solcher Programmsätze in ein Gesetz hat. Die vom Gesetzgeber verfolgte Absicht und die Motive, die zu einer Regelung geführt haben, gehören in aller Regel in die amtliche Begründung eines Gesetzesvorhabens und werden im Wege der

---

im formellen wie materiellen Sinn (Soll-Vorschriften nach allgemeinem Verständnis). Bei dieser Gleichsetzung verkennt sie allerdings, daß ein intendiertes Ermessen nicht zwangsläufig dieselben Rechtsfolgen auslöst wie die Ermessenslenkung durch Soll-Vorschriften (siehe dazu Kap. 6 unter A).

[289] *Seewald*, Jura 1980, 175 ff., 179 unter 2 a dd.

[290] Z.B. § 1 KrW-/AbfG, § 1 AtG, § 1 PflSchG, § 1 TierSchG, § 1 TKG.

Auslegung erschlossen. Wenn aber die Aufnahme in das Gesetz selbst erfolgt, erlangen die sonst im Rahmen der historischen Auslegung zu berücksichtigenden, überwindbaren Motive des Gesetzgebers die Qualität verbindlicher Vorgaben, die bei der Auslegung zu beachten sind.

Die Zweckvorgaben können folglich für die Ermittlung einer gesetzlichen Intention besondere Bedeutung erlangen, da in ihnen allgemeine, das gesamte Gesetz tragende Gesichtspunkte festgeschrieben sind, die auch den Sinn und Zweck im Gesetz enthaltener Ermessensvorschriften zu erschließen helfen.

II. Die Abgrenzung von der Ermessensreduzierung (auf Null)

Die Figur der Ermessensreduzierung wurde maßgeblich von der Rechtsprechung entwickelt und ausgestaltet[291]. Zur Erschließung der unüberschaubaren Kasuistik bildeten sich in der literarischen Rezeption alsbald Fallgruppen heraus; umfassende dogmatische Aufarbeitungen blieben jedoch die Ausnahme[292]. So verwundert es nicht, daß die Fälle des intendierten Ermessens mitunter der Ermessensreduktion zugeordnet werden, sowohl in der Rechtsprechung[293] als auch in der Literatur[294]. Für das Verständnis der dem intendierten Verwaltungsermessen zugrunde liegenden Konzeption ist es aber erforderlich, sich die Unterschiede zu vergegenwärtigen.

---

[291] BVerwG, Urteil vom 18.8.1960 - I C 42.59 -, BVerwGE 11, 95 ff., 97, Urteil vom 12.7.1963 - IV C 177.62 -, BVerwGE 16, 214 ff., 218 f. mit umfangreichen Nachweisen.
Siehe ferner die Nachweise bei *Di Fabio*, VerwArch. 86 (1995), 214 ff., 215 f. Fn. 5 und 7.

[292] Hervorzuheben sind die Bearbeitungen von *Brinktrine*, Verwaltungsermessen, S. 153 ff.; *Di Fabio*, VerwArch. 86 (1995), 214 ff.; *Gern*, DVBl. 1987, 1194 ff.; *Hain/Schlette/Schmitz*, AöR 122 (1997), 32 ff., und vor allem von *Laub*, Ermessensreduzierung.

[293] Z.B. OVG NW, Urteil vom 15.9.1977 - XIII A 1008/75 -, GewArch. 78, 28 f., 29; HessVGH, Urteil vom 20.2.1990 - 11 UE 2161/85 -, NVwZ 91, 280 ff., 281; OVG RP, Beschluß vom 6.12.1993 - 11 B 12074/93.OVG -, GewArch. 1994, 203 f., 204.

[294] Insbesondere *Gern*, DVBl. 1987, 1194 ff. Zumindest mißverständlich äußert sich *Sachs* in: Stelkens/Bonk/Sachs, VwVfG, § 40 Rn. 57.

1. Begriff der Ermessensreduzierung (auf Null)

a) Die grundlegende Konzeption der Rechtsprechung

aa) Voraussetzungen der Ermessensreduzierung

Ermessensreduzierung - synonym gebraucht werden die Begriffe Ermessensreduktion und Ermessensschrumpfung[295] - bedeutet vom Wortsinn her die Einschränkung eines gesetzlich eingeräumten Ermessensspielraums der Verwaltung. Im Extremfall verbleibt eine einzige ermessensfehlerfreie und damit rechtmäßige Entscheidungsmöglichkeit; das Ermessen, der Handlungsspielraum, wird in diesem Falle auf Null reduziert.

Wie es zu dieser Reduzierung kommt, legte das Bundesverwaltungsgericht bereits in einer frühen Entscheidung dar[296]. In der Sache ging es um das Einschreiten gegen einen baurechtswidrigen Zustand und die Frage, inwieweit neben anderen tatsächlichen Umständen auch die Störungsintensität bei der Verletzung drittschützender Normen die Ermessensentscheidung der Bauaufsichtsbehörde beeinflußt. Der Senat stellte knapp fest, daß bei hoher Störungs- bzw. Gefährdungsintensität das Nichteinschreiten als ermessensfehlerhaft erscheinen könne. Deshalb sei es möglich, daß die gesetzlich gegebene Ermessensfreiheit *praktisch* zusammenschrumpfe, so daß nur eine einzige ermessensfehlerfreie Entschließung, nämlich die zum Einschreiten, denkbar sei. Unter dieser besonderen Voraussetzung könne der an sich nur auf ermessensfehlerfreie Entschließung der Behörde lautende Rechtsanspruch im praktischen Ergebnis einem Rechtsanspruch auf ein bestimmten Verwaltungshandeln gleichkommen. In einer späteren Entscheidung[297] heißt es, nach allgemeinen Grundsätzen über die Ausübung des Ermessens könne sich im Einzelfall eine so weitgehende Bindung der Behörde ergeben, daß nur eine ganz bestimmte Entscheidung pflichtgemäß sei. Eine Schrumpfung des Ermessens auf ein einziges rechtmäßiges Ergebnis trete ein, wenn nach Lage der Dinge alle anderen denkbaren Alternativen nur unter pflichtwidriger Vernachlässigung eines eindeutig vorrangigen Sachgesichtspunkts gewählt werden können.

Dieser Begriffsbestimmung folgt im wesentlichen[298] auch die Literatur[299].

---

[295] Vgl. *Laub*, Ermessensreduzierung, S. 18; *Maurer*, Allg. VwR., § 7 Rn. 24 (S. 131); *Sachs* in: Stelkens/Bonk/Sachs, § 40 Rn. 55 ff.; *Seewald*, Jura 1980, 175 ff., 180.

[296] BVerwG, Urteil vom 18.8.1960 - I C 42.59 -, BVerwGE 11, 95 ff., 97.

[297] BVerwG, Urteil vom 15.7.1987 - 4 C 56.83 -, BVerwGE 78, 40 ff., 46.

[298] Zu den abweichenden Ansichten siehe unten, unter b.

Hervorzuheben sind demnach folgende Punkte:

Bei nahezu jeder zu treffenden Ermessensentscheidung entfallen Handlungsalternativen, da sie sich bei pflichtgemäßer Ausübung des Ermessens im Ergebnis als rechtswidrig erweisen. Diese faktische Ermessensreduzierung (das Bundesverwaltungsgericht spricht von „praktischer“ Schrumpfung des Ermessens[300]), d.h. die Beschränkung auf die rechtmäßigen Handlungsalternativen, tritt aufgrund der konkreten Umstände des Einzelfalls ein. Rechtsgrundlage ist und bleibt eine offene Ermessensvorschrift. Das Ermessen wird nicht abstrakt-generell beschränkt, reduziert oder geschrumpft, sondern die Ermessensreduzierung ist das Ergebnis der pflichtgemäßen Ermessensausübung. Im Extremfall kann nur eine einzige Option rechtmäßigerweise wahrgenommen werden. Gerade an diesen Extremfall knüpfen erhebliche Folgen an, ihm gilt daher vorrangig das Interesse der Rechtsprechung und der Literatur.

Man mag sich fragen, ob unter dieser Prämisse die Annahme gerechtfertigt ist, es handele sich bei der Ermessensreduktion (auf Null) um eine eigenständige Rechtsfigur[301]. Lediglich die Konsequenzen, die sich bei einer Alternativenlosigkeit, also einer Ermessensreduzierung auf Null, ergeben, begründen das besondere Interesse an dieser Konstellation. Die Frage, wodurch eine faktische Ermessensreduktion bewirkt wird, sollte richtigerweise lauten: Welche Anforderungen sind an eine pflichtgemäße Ermessensausübung zu stellen, welche Kriterien sind bei der Abwägung von Für und Wider maßgeblich. Daß in Erfüllung dieser Anforderungen unter Umständen nur eine einzige Entscheidung rechtmäßig ergehen kann, ist eine logische Konsequenz, nicht mehr und nicht weniger. Besondere Voraussetzungen einer Ermessensreduktion gibt es daher nicht, nur besondere Umstände, die eine solche de facto bewirken.

bb) Ermessensreduzierende Faktoren

Trotz dieser an sich naheliegenden Erkenntnis finden sich in der Literatur Versuche, Kategorien oder Fallgruppen der Ermessensreduzierung zu bilden

---

[299] Z.B.: *Hain/Schlette/Schmitz*, AöR 122 (1997), 32 ff., 39; *Laub*, Ermessensreduzierung, S. 18 ff.; *Maurer*, Allg. VwR., § 7 Rn. 24 (S. 131); *von Mutius*, Jura 1987, 92 ff., 100; *Ossenbühl* in: Erichsen, Allg. VwR., § 10 Rn. 21 (S. 209)

[300] BVerwG, Urteil vom 18.8.1960 - I C 42.59 -, BVerwGE 11, 95 ff., 97.

[301] Siehe *König*, BayVBl. 1983, 161 ff., 165, der aus diesem Grund den Begriff der Ermessensschrumpfung ablehnt.

und ermessensreduzierende Umstände bzw. Faktoren herauszuarbeiten[302]. Diese Versuche sind insofern bedeutsam, als sie eine allgemeine Richtschnur für die rechtliche Einordnung und Gewichtung einzelner tatsächlicher Umstände bei der Ermessensausübung vorgeben. Bei der Ermessensbetätigung muß eine Abwägung der tatsächlichen Umstände stattfinden, die sich an rechtlichen Maßstäben orientiert. Erst eine Kombination tatsächlicher und rechtlicher Faktoren führt zu einer Ermessensentscheidung und mithin zur Aussonderung rechtswidriger Entscheidungsalternativen und folglich zu einer Ermessensreduzierung im dargestellten Sinn.[303]

Demnach wirken tatsächliche Umstände dann faktisch ermessensreduzierend, wenn sie bedingen, daß die zur Entscheidung berufene Behörde bestimmte Handlungsalternativen nicht ergreifen darf, weil eine solche Entscheidung die Grenzen des Ermessens nach § 40 VwVfG überschreiten würde, daher ermessensfehlerhaft und mithin rechtswidrig wäre. Die ermessensreduzierenden rechtlichen Umstände sind Teil der gesetzlichen Grenzen des Ermessens. Es bedarf daher keiner besonderen Hervorhebung dieser Faktoren; der Begriff „ermessensreduzierende Faktoren“ ist nicht mehr als ein Synonym für „Ermessensgrenzen“[304].

Die Betrachtung der regelmäßig angeführten Reduzierungsgründe bestätigt dieses Ergebnis[305]:

Zunächst begrenzt der Zweck der Ermessensnorm, dem die angestrebte Entscheidung nicht zuwider laufen darf, den Ermessensspielraum[306]. Dem

---

302 So *Di Fabio*, VerwArch. 86 (1995), 214 ff., 216 ff., und *Laub*, Ermessensreduzierung, S. 241 ff., die einerseits sehr eng gefaßte Fallgruppen, andererseits allgemeine Kategorien nebeneinanderstellen.
Anders dagegen *Brinktrine*, Verwaltungsermessen, S. 156 ff., und *Hain/Schlette/Schmitz*, AöR 122 (1997), 32 ff., 42 ff., die losgelöst von Fallgruppen allgemeine Faktoren herausarbeiten.
Henneke in: Knack, VwVfG, § 40 Rn. 40 ff. und 72; *Kopp/Ramsauer*, VwVfG, § 40 Rn. 30; *Sachs* in: Stelkens/Bonk/Sachs, VwVfG, § 40 Rn. 53 ff., und *Seewald*, Jura 1980, 175 ff., 178 ff., knüpfen hingegen an § 40 VwVfG und die Ermessensfehlerlehre an, mithin an die allgemeinen Grenzen der Ermessensfreiheit (was der hier vertretenen Auffassung entspricht).

303 *Hain/Schlette/Schmitz*, AöR 122 (1997), 32 ff., 42 f.; *Kopp/Ramsauer*, VwVfG, § 40 Rn. 30; *Laub*, Ermessensreduzierung, S. 30 ff.; *von Mutius*, Jura 1987, 92 ff., 100 li. Sp. unter 4.

304 *Maurer*, Allg. VerwR., § 7 Rn. 24 (S. 131); *von Mutius*, Jura 1987, 92 ff., 98 ff.; *Sachs* in: Stelkens/Bonk/Sachs, VwVfG, § 40 Rn. 55 ff.; *Seewald*, Jura 1980, 175 ff., 180.

305 Ausführlich *Laub*, Ermessensreduzierung, S. 183 ff.

entspricht der Ermessensfehler des Ermessensmißbrauchs oder -fehlgebrauchs[307], der die zweckwidrige Ermessensausübung bezeichnet, vgl. § 40 VwVfG.

Eine besondere Hervorhebung erfährt ferner die Reduzierung des Ermessens durch die Bindung der Verwaltung an die Vorgaben des vorrangigen und höherrangigen Rechts[308]. Dabei handelt es sich vornehmlich um das europäische Gemeinschaftsrecht und das nationale Verfassungsrecht. Vor allem die Grundrechte – insbesondere der im Falle der Selbstbindung der Verwaltung betroffene Gleichheitsgrundsatz, Art. 3 Abs. 1 GG – sowie die Grundsätze der Verhältnismäßigkeit und des Vertrauensschutzes zeitigen im nationalen Rahmen weitreichende Auswirkungen auf die Ermessensausübung und Entscheidungsfindung[309], besteht doch über Art. 1 Abs. 3 GG eine umfassende Grundrechtsbindung und über Art. 20 Abs. 3 GG eine ebenso umfassende Bindung an Recht und Gesetz[310]. Die unzureichende Berücksichtigung dieser Faktoren führt wiederum zu einem Ermessensfehler[311]; somit erweisen sich auch in dieser Hinsicht die Kriterien als deckungsgleich.

Schließlich sind als ermessensreduzierende Aspekte der Verstoß gegen dritt- bzw. nachbarschützende Vorschriften zu nennen sowie das Bestehen einer Folgenbeseitigungslast[312]. Drittschützende Normen schützen Rechtsgüter oder Rechtspositionen Dritter. Diese Rechte müssen, sofern sie durch die anstehende Ermessensentscheidung betroffen sind, bei der Ermessensausübung berücksichtigt werden. Nicht selten erweisen sich Schutznormen des

---

306 *Di Fabio*, VerwArch. 86 (1995), 214 ff, 229 f.; *Hain/Schlette/Schmitz*, AöR 122 (1997), 32 ff., 43 f.

307 *Brinktrine*, Verwaltungsermessen, S. 107 und 109 f., der zudem auf die Unterschiede in der Ermessensfehlerlehre eingeht; *Henneke* in: Knack, VwVfG, § 40 Rn. 47 ff.; *Kopp/Ramsauer*, VwVfG, § 40 Rn. 61 ff.; *Maurer*, Allg. VerwR., § 7 Rn. 22 (S. 130 f.); *Sachs* in: Stelkens/Bonk/Sachs, VwVfG, § 40 Rn. 82 ff.; *Starck* in: FS für Sendler, S. 167 ff., 173 f.

308 *Brinktrine*, Verwaltungsermessen, S. 156 ff.; *Di Fabio*, VerwArch. 86 (1995), 214 ff., 223 ff.; *Hain/Schlette/Schmitz*, AöR 122 (1997), 32 ff., 44 ff.; *Maurer*, Allg. VerwR. § 7 Rn. 25 (S. 132); *Starck* in: FS für Sendler, S. 167 ff., 173 f.

309 *Brinktrine*, Verwaltungsermessen, S. 157 und 158; *Di Fabio*, VerwArch. 86 (1995), 214 ff., 123 ff.; *Hain/Schlette/Schmitz*, AöR 122 (1997), 32 ff., 44 ff.

310 *Liebetanz* in: Obermayer, VwVfG, § 40 Rn. 21; *Sachs* in: Stelkens/Bonk/Sachs, VwVfG, § 40 Rn. 82.

311 *Brinktrine*, Verwaltungsermessen, S. 125 ff. (beispielhaft beschränkt auf gleichheitswidrige und unverhältnismäßige Maßnahmen); *Busch* in: Knack, VwVfG, § 40 Rn. 51 ff.; *Kopp/Ramsauer*, VwVfG, § 40 Rn. 48 f. und 61; *Maurer*, Allg. VerwR., § 7 Rn. 23 (S. 131); *Sachs* in: Stelkens/Bonk/Sachs, VwVfG, § 40 Rn. 82 ff.

312 *Di Fabio*, VerwArch. 86 (1995), 214 ff., 216 ff. und 218 ff.

einfachen Rechts als Ausprägungen von Grundrechtsgewährleistungen, man denke nur an die entsprechenden bauplanungs- und bauordnungsrechtlichen Vorschriften. Somit handelt es sich auch bei diesen ermessensreduzierenden Faktoren nicht um Besonderheiten, vielmehr ist die Einbeziehung betroffener Drittinteressen Bestandteil jeder pflichtgemäßen Ermessensbetätigung. Genauso verhält es sich mit der Folgenbeseitigungslast. Sie leitet sich entweder entweder aus dem Rechtsgedanken des § 162 BGB her, wonach sich niemand auf ein selbst begangenes Unrecht zum eigenen Vorteil berufen darf,[313] oder aus dem Verfassungsrecht, insbesondere aus den Gewährleistungen der Grundrechte[314] oder - falls deren Schutzbereiche nicht betroffen sind - aus dem Rechtsstaatsprinzip[315]. Als ermessenslenkender[316] Faktor wirkt demnach höherrangiges Recht.

Als Ergebnis bleibt damit festzuhalten, daß *ermessensreduzierende Faktoren als eigenständige Kategorie nicht existieren*. Das Ermessen erfährt faktisch, also im Einzelfall, durch die allgemeinen Ermessensgrenzen eine Reduzierung, auf die sich die in der Literatur herausgearbeiteten Fallgruppen allesamt zurückführen lassen. Im Einzelfall kann der eine oder andere Aspekt im Rahmen der Abwägung von Für und Wider so überragende Bedeutung erlangen, daß nur eine einzige Entscheidungsalternative rechtmäßigerweise gewählt werden darf.

cc) Folgen der Ermessensreduzierung

Ganz allgemein bewirkt die faktische Reduzierung des Ermessens im dargestellten Sinne die Aussonderung bestimmter Handlungsalternativen als ermessensfehlerhaft und rechtswidrig. Erst in dem Extremfall, in welchem nur *eine* rechtmäßige Alternative verbleibt, also bei der sogenannten Ermessensreduzierung auf Null, schließen sich besondere Folgen an.

Besteht für eine Behörde im Falle einer Ermessensentscheidung nur eine rechtmäßige Entscheidungsmöglichkeit, so wandelt sich der Anspruch auf ermessensfehlerfreie Entscheidung in einen Anspruch auf ein bestimmtes Verwaltungshandeln, nämlich auf die einzige rechtmäßige und ermessensfehlerfreie Entscheidung.

---

313 *Ivo*, Folgenbeseitigungslast, S. 60 ff. m.w.N.

314 *Ders.*, a.a.O. S. 64 f. m.w.N.

315 *Ders.*, a.a.O. S. 67 ff. m.w.N.

316 *Ders.*, a.a.O. S. 138 f., der zutreffend eine automatische Ermessensreduktion auf Null ablehnt und die Folgenbeseitigungslast als einen in die Abwägung einzustellenden entscheidungserheblichen Belang unter mehreren ansieht.

Im Verwaltungsprozeß ergeht daher aufgrund eines Verpflichtungsantrags kein Bescheidungsurteil, wie dies bei einer Ermessensentscheidung mangels Spruchreife grundsätzlich der Fall ist (§ 113 Abs. 5 Satz 2 VwGO), sondern ein Vornahme- oder Verpflichtungsurteil nach § 113 Abs. 5 Satz 1 VwGO, da mangels Alternativenlosigkeit Spruchreife eintritt. Für einen Leistungsantrag gilt entsprechendes.

Die Verwaltungsentscheidung bedarf, sofern nicht ein Ausnahmefall nach § 39 Abs. 2 VwVfG vorliegt, auch bei einer Ermessensreduzierung auf Null einer Begründung, die den Anforderungen des § 39 Abs. 1 Sätze 1 bis 3 VwVfG genügt[317], insbesondere um die Gründe der Ermessensschrumpfung darzulegen. Freilich wirkt sich das Fehlen einer Begründung - sofern zumindest erkennbar ist, daß die Behörde ihren Ermessensspielraum wahrgenommen hat - gemäß § 46 VwVfG nicht aus, wenn tatsächlich eine Reduzierung des Ermessens auf Null vorliegt[318].

b) Abweichende Ansichten

Die Literatur faßt den Begriff der Ermessensreduktion vereinzelt weiter als die Rechtsprechung. Da anerkanntermaßen neben tatsächlichen auch rechtliche Umständen Bedeutung bei der Ausübung des Ermessens erlangen[319], verstehen einige Autoren in Abweichung von der Grundkonzeption vom Einzelfall unabhängige gesetzliche Ermesseneinschränkungen als Ermessensreduzierungen im soeben dargestellten Sinn.

Insbesondere *Gern*[320] entwirft ein gänzlich anderes Konzept der Ermessensreduktion. Er geht dabei von einer Prämisse aus, die sich nur sehr schwer mit der Grundkonzeption vereinbaren läßt und einen inneren Widerspruch aufweist. Bereits sein Ausgangspunkt offenbart ein abweichendes Verständnis. *Gern* definiert die Ermessensreduzierung als „auf den Einzelfall bezogene Einengung der normativ gegebenen Rechtsfolge einer Ermessensnorm“[321]. Er knüpft damit an die gängige Begriffsbestimmung an, indem er einen Einzelfallbezug herstellt, meint aber offenbar, die ehedem offene Ermessensermächtigung werde im Einzelfall zur zwingenden Vorschrift reduziert. Es muß als unauflösbarer Widerspruch erscheinen, daß der Einzelfall eine Rechtsfolge auf normativer Ebene modifiziert. Diesen Bruch im

---

317 *P. Stelkens/U. Stelkens* in: Stelkens/Bonk/Sachs, VwVfG, § 39 Rn. 40; a.A. *Müller-Ibold*, Begründungspflicht, S. 215.

318 *Kopp/Ramsauer*, VwVfG, § 46 Rn. 35 m.w.N.

319 Siehe oben, A II 1.

320 *Gern*, DVBl. 1987, 1194 ff.

321 *Ders.*, a.a.O. S. 1197.

Gedankengang erkennt auch *Gern*; er versucht ihn zu beheben, indem er im Wege der Auslegung für bestimmte Fälle die Ermessensnorm aus sich selbst heraus oder aus dem Zusammenhang mit anderen Vorschriften zu reduzieren versucht[322]. Diesen Wechsel auf die abstrakt-generelle Ebene vollzieht er freilich nicht konsequent. Zum einen soll die Reduktion der Ermessensvorschrift aus sich selbst heraus durch einen vom Einzelfall abhängigen Zweckabgleich erfolgen[323] – was ohnehin Voraussetzung für die pflichtgemäße Ermessensausübung ist, siehe § 40 VwVfG. Zum anderen soll eine Reduktion durch Normüberlagerung dann eintreten, wenn die umfassende Abwägung der relevanten konkreten Belange einen sogenannten Abwägungsüberschuß zugunsten eines Interesses ergibt. Die Norm, die dieses Interesse schützt, soll überlagernd auf die Ermessensnorm einwirken. *Gern* trennt somit gerade nicht die abstrakte und die konkrete Ebene. Er verkennt, daß auf abstrakter Ebene methodisch nur eine Reduzierung einer offenen zu einer eingeschränkten Ermessensvorschrift oder gar zu einer zwingenden Vorschrift in Betracht kommt und auf der konkreten Ebene lediglich die legitimen Handlungsmöglichkeiten beschränkt sein können. *Gern* vernachlässigt die daran anknüpfenden unterschiedlichen Folgen. Somit stellt sich seine Argumentation auch unabhängig von den Prämissen der Rechtsprechung als widersprüchlich dar[324]. Eine einheitliche Konzeption ist nur in der zuvor[325] aufgezeigten Weise realisierbar.

Doch sieht sich die bundesverwaltungsgerichtliche Rechtsprechung auch grundsätzlicher Kritik ausgesetzt. So geht *Sachs*[326] davon aus, eine Ermessensreduzierung auf Null widerspreche der gesetzlichen Einräumung eines Handlungsspielraums, zumal die Anforderungen an eine ordnungsgemäße Ermessensausübung und die daran anknüpfenden Kontrollmöglichkeiten des Gerichts entfielen. Diese Argumentation trifft freilich nur im Falle einer abstrakten Ermessensreduzierung zu, die aber nach hier vertretener Auffassung gerade kein Fall der konkreten, faktischen Reduktion des Ermessens ist. Es wird kein Handlungsspielraum beschränkt, die Alternativenlosigkeit ist das Ergebnis der pflicht- und ordnungsgemäße Ermessensbetätigung.

---

322 *Ders.*, a.a.O. S. 1197 f.

323 *Ders.*, a.a.O. S. 1198.

324 *Ortloff*, NVwZ 1988, 320 ff., 320 Fn. 8, bezeichnet *Gerns* Ausführungen – bezogen auf die Reduktion des § 35 Abs. 2 BauGB zur zwingenden Vorschrift – zurecht als „mißverständlich“.

325 Siehe oben, A II 1 a.

326 In: Stelkens/Bonk/Sachs, VwVfG, § 40 Rn. 57.

2. Die Unterschiede zwischen intendiertem Verwaltungsermessen und Ermessensreduzierung

a) Generell-abstrakte Reduzierung der Ermessensnorm und konkrete Ausübung des Ermessens

Ausgehend vom Standpunkt der Rechtsprechung, dem hier weitgehend gefolgt wird, setzen das intendierte Verwaltungsermessen einerseits und die Ermessensreduzierung andererseits auf verschiedenen Ebenen an.

Beim intendierten Ermessen erfährt die nach ihrem Wortlaut offene Ermessensnorm, die Kann-Bestimmung, nach Auslegung in Zusammenschau mit anderen Vorschriften oder allgemeinen Rechtsgrundsätzen eine teleologische Korrektur hin zu einer eingeschränkten Ermessensermächtigung. Diese Korrektur erfolgt abstrakt-generell, also unabhängig vom Einzelfall (wie bei jedweder Rechtsfortbildung).

Demgegenüber bezeichnet der Begriff der Ermessensreduzierung den Fall der faktischen Ermessensbeschränkung, der Folge der einzelfallbezogenen, konkreten Ermessensausübung ist. Handlungsalternativen werden nach § 40 VwVfG als ermessensfehlerhaft und rechtswidrig ausgesondert.

Die Figur des intendierten Ermessens setzt folglich auf abstrakt-genereller Ebene, nämlich bei der Ermessensnorm an sich an, die Figur der Ermessensreduzierung (auf Null) ist ein Phänomen der Ermessensausübung als solcher.[327] Die Identifizierung intendierten Ermessens vollzieht sich als Akt der Norminterpretation, die Ermessensreduktion stellt sich als Ergebnis der Subsumtion dar.

b) Vermeintliche Überschneidungen

Wie bereits ausgeführt, findet sich in einigen Judikaten der Begriff der „Ermessensreduzierung auf Null im Regelfall“[328]. Einige Stimmen in der

---

[327] *Beuermann*, Intendiertes Ermessen, S. 37 f.; *Bull*, Allg. VerwR., Rn. 412a; *Hain/Schlette/Schmitz*, AöR 122 (1997), 32 ff., 39 f.; *Laub*, Ermessensreduzierung, S. 20 f.; *Masloff*, UBWV 1998, 26 ff., 29 re. Sp. unter II; *Volkmann*, DÖV 1996, 282 ff., 284 li. Sp. (*Volkmann* verneint allerdings im Ergebnis die Möglichkeit, bei Ermessensermächtigungen eine abstrakte Einengung des Handlungsspielraums herzuleiten; er sieht eine Verengung des Ermessens stets als Ergebnis einer zwingend vorzunehmenden Abwägung an, S. 288 li. Sp.).

[328] Z.B. OVG NW, Urteil vom 15.9.1977 - XIII A 1008/75 -, GewArch. 1978, 28 f., 29; OVG RP, Beschluß vom 6.12.1993 - 11 B 12071/93.OVG -, GewArch. 1994, 203 f., 204; *Gern*, DVBl. 1987, 1194 ff., 1197 ff.

Literatur ordnen das intendierte Ermessen der Ermessensreduzierung zu[329] oder stellen Überschneidungen der beiden Figuren fest[330], ohne die soeben angestellte Differenzierung nachzuvollziehen. Auf diese Weise fallen abstrakte Kriterien, aus denen sich eine ermessenslenkende Intention herleitet, zusammen mit den konkreten Umständen des Einzelfalls und den dahinterstehenden Interessen in einer einheitlichen Abwägung zusammen. Das Ergebnis ist - wie zuvor erörtert[331] - identisch. Geht das Interesse hinter dem Regelfall - vorbehaltlich einer diese Vorabgewichtung aufhebenden besonderen Ausnahmesituation - mit überragendem Gewicht in die Abwägung ein, wird die gleiche Wirkung erzielt wie bei Annahme einer ermessenslenkenden Intention, die a priori den Handlungsspielraum verengt.

Geleitet von der Erkenntnis der Gleichheit im Ergebnis stellt *Volkmann*[332] fest, die Übergänge zwischen intendiertem Ermessen und Ermessensreduzierung seien fließend, eine dogmatische Festlegung der Grenzen stehe aus. So schließt er folgerichtig die Frage an, wozu es der Figur des intendierten Verwaltungsermessens überhaupt bedürfe, wenn die in § 40 VwVfG angeordnete Zweckbindung die Berücksichtigung der gesetzgeberischen Intention bei der Ermessensbetätigung ohnehin vorgebe. Dem entspricht im Grundsatz die Konzeption *Gerns*[333], der eine einheitliche Figur der Ermessensreduzierung zu entwickeln versucht.

Der vom Bundesverwaltungsgericht beim intendierten Ermessens verfolgte Ansatz beruht freilich nicht auf Willkür. Das intendierte Ermessen berücksichtigt abstrakt-generelle Aspekte, die Einfluß auf die Ermessensentscheidung ausüben, konsequent auf der abstrakt-generellen Ebene des Gesetzes. Die der Subsumtion der Einzelfallumstände (unter das Merkmal des Ausnahmefalls) und der Abwägung aller betroffenen Belange vorgelagerte Ermittlung des a-priori-Vorranges eines (gesetzlichen) Interesses im Wege der abstrakten Gewichtung ist als Akt der Auslegung zu begreifen. Bei die-

---

329 *Borowski*, DVBl. 2000, 149 ff., 151 re. Sp. vor a und Fn. 21, 158 unter 2 am Ende.; *Gerhardt* in: Schoch/Schmidt-Aßmann/Pietzner, VwGO, Band II, § 114 Rn. 27 am Ende (Eingedenk der Ausführungen in Rn. 20 zum intendierten Ermessen und in Rn. 27 zur Ermessensreduzierung sowie unter Berücksichtigung der Erläuterung der Bedeutung von Soll-Vorschriften in Rn. 16 („Frage, ob ein atypischer Fall vorliegt, ...als ermessenseröffnende Tatbestandsvoraussetzung") erscheint diese Einordnung des intendierten Ermessens als Unterfall der Ermessensreduzierung widersprüchlich.).

330 *Volkmann*, DÖV 1996, 282 ff., 284.

331 Siehe oben, A II 1.

332 DÖV 1996, 282 ff., 284 und Fn. 5.

333 DVBl. 1987, 1194 ff. Dazu ausführlich oben unter 1 b.

ser Betrachtungsweise bestehen keine grundsätzlichen Bedenken, diesen Akt aus dem stufenweisen Vorgang der Abwägung auf der Rechtsfolgenseite herauszulösen und auf der Tatbestandsseite anzusiedeln, nämlich als Bestandteil des ersten Schrittes der Gesetzesanwendung, der Erschließung des Sinngehaltes der anzuwendenden Norm[334].

Dafür, daß diese Einschränkung des Ermessens auf der Rechtsfolgenseite, nämlich bei der Ermessensabwägung, zu verwirklichen sein soll, läßt sich kein zwingender dogmatischer oder methodischer Grund anführen[335]. Die zuvor skizzierte konsequente Trennung der Entscheidungsebenen trägt zu einer strukturierten Entscheidungsfindung bei. Ein Vergleich mit der Behandlung der Soll-Vorschriften ergibt nichts anderes: Erst das Vorliegen eines atypischen Falles erlaubt das Abweichen von der gesetzlichen Regelrechtsfolge und eröffnet der Behörde Ermessen; das Regel-Ausnahme-Verhältnis wird bereits über den Tatbestand verwirklicht, nicht erst auf der Ebene der Ermessensbetätigung. Die Anlehnung an die Behandlung der Soll-Vorschriften ist nur konsequent und trägt überdies zu einer einheitlichen Gesamtkonzeption bei.

Daran ändert auch der (denkbare) Einwand nichts, rechtliche und mithin abstrakte Faktoren beeinflußten jedenfalls die Abwägung. Denn bei der Abwägung im engeren Sinne nehmen rechtliche Aspekte nur vermittelt durch die konkreten tatsächlichen Umstände Einfluß auf die Entscheidung. Das Zusammenspiel tatsächlicher und rechtlicher Gesichtspunkte hat hier eine andere Qualität als bei der Prüfung, ob intendiertes Ermessen vorliegt. Besonders deutlich wird dies im Bereich der Grundrechte. Um Berücksichtigung zu finden, muß durch die konkreten Umstände des Einzelfalls der jeweilige Schutzbereich eröffnet sein. Diese konkrete Anknüpfung fehlt beim intendierten Ermessen gerade. Wenn allerdings eine Ermessensvorschrift unabhängig vom Einzelfall den grundrechtsrelevanten Bereich betrifft, kommt eine verfassungskonforme Auslegung in Betracht, die unter Umständen zu einer Einschränkung der Vorschrift führt[336]. Dieser Mechanismus entspricht freilich dem des intendierten Ermessens, nicht aber dem der Ermessensreduzierung.

---

334 Vgl. zu dieser Funktion der Auslegung *Larenz*, Methodenlehre, S. 92 ff. und 200 ff.

335 Siehe oben, A II 1 c.

336 Als Beispiel sei die (auch) durch Art. 14 GG bedingte reduzierende Auslegung des § 35 Abs. 2 BauGB genannt (siehe dazu BVerwG, Urteil vom 29.4.1964 - I C 30.62 -, BVerwGE 18, 247 ff., 250). Ob die Anknüpfung an Art. 14 GG überzeugt, kann dahinstehen. Maßgeblich ist in diesem Zusammenhang nur der Begründungsansatz. Doch zu § 35 Abs. 2 BauGB später mehr (siehe unten, IV).

III. Die sogenannten Koppelungsvorschriften

Koppelungsvorschriften sind solche Normen, die auf der Tatbestandsseite unbestimmte Rechtsbegriffe aufweisen und auf der Rechtsfolgenseite Ermessen eröffnen[337].

Grundsätzlich ergeben sich für diese Normstruktur keine Besonderheiten, sowohl Tatbestand als auch Rechtsfolge werden nach den jeweiligen Regeln beurteilt. Folglich besteht eine vollumfängliche gerichtliche Prüfungsbefugnis hinsichtlich der unbestimmten Rechtsbegriffe, aber nur eine eingeschränkte hinsichtlich der Ermessensausübung (siehe § 114 VwGO).[338] Diese grundsätzliche Trennung wird aber in zwei Fällen aufgehoben:

Einerseits kann durch die Auslegung und Anwendung des unbestimmten Rechtsbegriffs die Ermessensbetätigung obsolet werden, weil alle ermessensrelevanten Gesichtspunkte bereits auf tatbestandlicher Ebene Berücksichtigung fanden[339]. Das führt zu der Annahme einer gebundenen Entscheidung trotz der dem Wortlaut nach bestehenden Eröffnung eines Ermessens. Die Auslegung von Kann- als Muß-Vorschriften ist im folgenden Gegenstand einer ausführlichen Erörterung[340].

Andererseits soll das zumindest teilweise kongruente Prüfungsprogramm auf Tatbestands- und Rechtsfolgenseite in einer sogenannten einheitlichen Ermessensentscheidung zusammenfließen können. In diesem Falle wird der Gehalt der unbestimmten Rechtsbegriffe - die in aller Regel („unbillig", „besondere Härte", „wichtiger Grund") eine Wertung und mithin eine Abwägung erfordern - für Inhalt und Grenzen des Ermessens so bedeutsam, daß eine unauflösbare Verbindung besteht, der nur im Wege einer allumfassenden Abwägung von Für und Wider entsprochen werden kann. Unbe-

---

337 *Brinktrine*, Verwaltungsermessen, S. 50; *Henneke* in: Knack, VwVfG, § 40 Rn. 25; *Faber*, VerwR., S. 108 (unter b); *Kopp/Ramsauer*, VwVfG, § 40 Rn. 21; *Kopp/Schenke*, VwGO, § 114 Rn. 33; *Maurer*, Allg. VerwR., § 7 Rn. 48 (S. 142 f.); *Ossenbühl* in: Erichsen, Allg. VerwR., § 10 Rn. 47 (S. 221); *Peine*, Allg. VerwR., Rn. 77 (S. 55 f.); *Sachs*, in: Stelkens/Bonk/Sachs, VwVfG, § 40 Rn. 36; *Wolff/Bachof/Stober*, VerwR. I, § 31 Rn. 38 (S. 459).

338 *Brinktrine*, Verwaltungsermessen, S. 51; *Faber*, VerwR., S. 108 (unter b); *Maurer*, Allg. VerwR., § 7 Rn. 48 (S. 142 f.); *Ossenbühl* in: Erichsen, Allg. VerwR., § 19 Rn. 47 (S. 221f.); *Peine*, Allg. VerwR., Rn. 77 (S. 55 f.); *Sachs* in: Stelkens/Bonk/Sachs, VwVfG, § 40 Rn. 36.

339 *Brinktrine*, Verwaltungsermessen, S. 51 f.; *Faber*, VerwR., S. 109 ff.; *Maurer*, Allg. VerwR., § 7 Rn. 49 (S. 143); *Ossenbühl* in Erichsen, Allg. VerwR., § 10 Rn. 48 (S. 222); *Peine*, Allg. VerwR., Rn. 77 (S. 55 f.).

340 Siehe unten, IV.

stimmte Rechtsbegriffe mutieren auf diese Weise zu Ermessensdirektiven.[341] Aus einem derartigen "einheitlichen" Ermessen folgt zwangsläufig die Beschränkung der gerichtlichen Überprüfung auf Ermessensfehler. Somit finden auf den ersten Blick abstrakt-generelle Gesichtspunkte Eingang in die Ermessensentscheidung, allerdings ohne daß über die Einstellung der Tatbestandsmerkmale in die Abwägung eine Entscheidung grundsätzlich gesetzlich präferiert, also vorgeprägt wird. Maßgeblich sind und bleiben die konkreten Umstände des Einzelfalls, anhand derer die Abwägung vorzunehmen ist. Gerade dadurch kommt es erst zu der materiellen Verzahnung von Tatbestand und Rechtsfolge.[342] Eine Verbindung zum intendierten Ermessen besteht insofern nicht.

Bemerkenswert erscheint in diesem Zusammenhang allerdings die Tatsache, daß die Rechtsprechung bei einheitlichen Ermessensentscheidungen mitunter eine gesetzliche Intention aus den unbestimmten Rechtsbegriffen hergeleitet hat[343]. Danach besteht ein offenes "einheitliches" Ermessen nur in Ausnahmefällen, nämlich bei Vorliegen besonderer Umstände, die eine "unbillige Härte" o.ä. ausmachen. Die Annahme des "einheitlichen" Ermessens wird auf diese Weise ad absurdum geführt, da das Bestehen einer Härte wieder voller gerichtlicher Kontrolle unterliegt, mithin tatbestandliche Qualität erlangt. Diese Überlegungen enden in einem Zirkelschluß.

Zudem ist eine deutliche Tendenz erkennbar, bei vergleichbaren Koppelungsvorschriften zwar kein einheitliches, sehr wohl aber ein intendiertes

---

[341] GmS-OGB, Beschluß vom 19.10.1971 - GmS-OGB 3/70 -, BVerwGE 39, 355 ff., 366 ff.; zuletzt: BVerwG, Urteil vom 17.7.1998 - 5 C 14.97 -, BVerwGE 107, 164 ff., 167 f.; *Brinktrine*, Verwaltungsermessen, S. 52; *Faber*, VerwR., S. 109; *Koch*, Unbest. Rechtsbegriffe und Ermessensermächtigungen, S. 182 f.; *Maurer*, Allg. VerwR., § 7 Rn. 50 (S. 143); *Ossenbühl* in: Erichsen, Allg. VerwR., § 10 Rn. 48 (S. 222); *Peine*, Allg. VerwR., Rn. 77 (S. 55 f.); *Sachs* in: Stelkens/Bonk/Sachs, VwVfG, § 40 Rn. 38 ff.

[342] Vgl. GmS-OGB, Beschluß vom 19.10.1971 - GmS-OGB 3/70 -, BVerwGE 39, 355 ff., 367 f., und *Sachs* in: Stelkens/Bonk/Sachs, VwVfG, § 40 Rn. 38 ff.

[343] Z.B. BVerwG, Urteil vom 5.7.1985 - 8 C 22.83 -, BVerwGE 72, 1 ff., 4f., und Urteil vom 1.10.1986 - 8 C 29.84 -, NJW 1987, 1564 ff., 1565 (jeweils zu § 5 Abs. 1 Satz 2 Buchst. c WoBindG 1980 - Begriff der „besonderen Härte").
Vgl. auch BVerwG, Urteil vom 13.3.1997 - 3 C 2.97 -, Buchholz 442.151 § 46 StVO Nr. 11 S. 9 ff., 12: Obwohl ein Regel-Ausnahme-Verhältnis zwischen Verbot und (Ausnahme-)Genehmigung angenommen wird (S. 15), soll die Frage, ob ein Ausnahmefall vorliegt, der eine eingehende Abwägung und Begründung erforderlich macht, im Wege einer „einheitlichen Ermessensentscheidung" beantwortet werden.

Ermessen anzunehmen[344]. Dabei weist die Intention in den jeweiligen Entscheidungen unterschiedliche Richtungen auf. Einerseits sollte die Versagung einer Ausnahmegenehmigung intendiert und nur bei Vorliegen konkreter Anhaltspunkte für eine unbillige Härte ein Ermessen eröffnet sein. Andererseits nahm die Rechtsprechung bei Annahme einer (tatbestandlich vorausgesetzten) unbilligen Härte, eines wichtigen Grundes etc. eine Intention hin zur Gewährung einer Ausnahmeentscheidung an.[345]

Vergleicht man diese unterschiedlichen Ansätze, ist festzustellen, daß ein Verzicht auf die Rechtsfigur der einheitlichen Ermessensentscheidung nicht zu wesentlich anderen Ergebnissen führt, insbesondere wenn man das einheitliche mit dem intendierten Ermessen verbindet. Muß nämlich ohnehin vor der einheitlichen Ermessensausübung geprüft werden, ob ein Härtefall vorliegt, erlangt die Voraussetzung des Härtefalls de facto die Qualität eines Tatbestandsmerkmals. Die Judikate, die kein einheitliches Ermessen annehmen, demonstrieren die Vorzüge eines eindeutig handhabbaren Handlungsauftrag an die Verwaltung im Gegensatz zu einer allumfassenden und ergebnisoffenen Abwägung[346] (im Rahmen derer die unbillige Härte wohl in der Regel ein größeres Gewicht besitzt als die betroffenen öffentlichen Interessen und mithin eine Ermessensreduktion auslöst). Zudem verhindert der Verzicht auf eine einheitliche Ermessensausübung die dogmatisch bedenkliche Verwischung der Grenze zwischen Tatbestand und Rechtsfolge[347]. Das Ziel, die kongruenten Gesichtspunkte in tatbestandlicher Subsumtion und Ermessensausübung zusammenzuführen, erreicht der Intentionsgedanke ebenso, zumal in einer der (herrschenden) Ermessensdogmatik entsprechenden und vor allem praktikablen Weise. Die Entscheidungen, die beide Rechtsfiguren verknüpfen, zeigen, daß Auswirkungen auf den gerichtlichen

---

344 BVerwG, Urteil vom 1.8.1986 - 8 C 54.85 -, NVwZ 1987, 601 ff., (zu § 135 Abs. 5 Satz 1 BBauG - Härtefall; man beachte die vorstehenden Entscheidungen (Fn. 343) desselben Senats!); HessVGH, Urteil vom 10.12.1991 -9 UE 3241/88 -, NVwZ-RR 1992, 636 (zu § 26 Satz 2 BSHG - Härtefall); BVerwG, Urteil vom 19.4.1994 - 9 C 343.93 -, NVwZ-RR 1995, 166 ff, 169 (zu § 27 Abs. 2 BVFG - Härtefall); OVG MV, Beschluß vom 3.11.1998 - 2 M 105/98 -, LKV 1999, 466 (zu § 46 Abs. 3 MVSchulG - „wichtiger Grund").

345 Vgl. dazu die in Fn. 343 f. angeführten Entscheidungen.

346 Kritisch auch *Koch*, Unbest. Rechtsbegriffe und Ermessensermächtigungen, S. 184 ff., in seiner zutreffenden Analyse der Entscheidung des GmS-OGB vom 19.10.1971.

347 Diese Trennung ist freilich nicht unbestritten. Siehe dazu ausführlich *Brinktrine*, Verwaltungsermessen, S. 58 ff. mit umfangreichen Nwsen, sowie *Koch*, Unbest. Rechtsbegriffe und Ermessensermächtigungen, S. 101 ff. und 172 ff., der einen nahezu erschöpfenden (und immer noch aktuellen) Meinungsüberblick liefert.

Kontrollumfang nicht all zu ernst genommen werden. Hält man sich abschließend vor Augen, wie selten die Rechtsprechung eine einheitliche Ermessensentscheidung annahm[348], wie oft sie aber in vergleichbaren Fällen (ausschließlich) das intendierte Ermessen bemühte, ist wohl davon ausgehen, daß die Rechtsfigur der einheitlichen Ermessensentscheidung inzwischen obsolet geworden ist.

IV. Die Behandlung von Kann- als Muß-Vorschriften

Die Reduktion offener Ermessensermächtigungen findet sich auch in der denkbar nachhaltigsten Form, nämlich der Behandlung von Kann-Vorschriften als zwingende Vorschriften.

Zum einen soll im grundrechtsrelevanten Bereich eine Ermessenseröffnung dann unzulässig sein, wenn die Bestimmung des Inhalts eines Grundrechts[349] oder der Umfang einer Grundrechtsbeschränkung dem Ermessen

---

[348] Darauf weist *Liebetanz* in: Obermayer, VwVfG, § 40 Rn. 19, zurecht hin.
In seinem Beschluß vom 19.10.1971 - GmS-OGB 3/70 -, BVerwGE 39, 355 ff., 366, betont der gemeinsame Senat der obersten Gerichte des Bundes überdies den Einzelfall- und Ausnahmecharakter der einheitlichen Ermessensentscheidung, die neben einem Ermessensschwund auch die Absicht des Gesetzgebers voraussetzt, einen Ermessensspielraum zu eröffnen; ebenso *Koch*, Unbest. Rechtsbegriffe und Ermessensermächtigungen, S. 184 f.; *Sachs* in: Stelkens/Bonk/Sachs, VwVfG, § 40 Rn. 40 m.w.N. aus der Rechtsprechung des BVerwG.
A.A. offenbar BVerwG, Urteil vom 17.7.1998 - 5 C 14.97 -, BVerwGE 107, 164 ff., 167 f.: "Da es Sinn und Zweck des § 25 Abs. 6 BAföG ist, unbillige Härten zu vermeiden, prägt der Begriff der unbilligen Härte den Zweck der Ermessensermächtigung... entscheidend und bestimmt maßgeblich das Steuerungsprogramm für das Ermessen sowie die hierfür beachtlichen Kriterien. Neben diesem Zweck... sind andere... Ermessensgesichtspunkte nicht ersichtlich." - Diese Erwägungen lassen sich bei vielen Koppelungsvorschriften anstellen. Folglich läge in aller Regel ein "einheitliches" Ermessen vor. Zudem entspricht es der überkommenen Dogmatik eher, die Abwägung auf der Tatbestandsseite bei dem Merkmal der "unbilligen Härte" durchzuführen, um anschließend bei der Ermessensrechtsfolge entweder ein intendiertes Ermessen (bei nur teilweiser, aber überwiegender Kongruenz der Prüfungsprogramme) oder aber eine gebundene Entscheidung (bei vollständiger Kongruenz) anzunehmen. Im Fall vollständiger Kongruenz werden nämlich nicht zwei Abwägungen zu einer "einheitlichen" Entscheidung zusammengezogen, sondern die wertungs- und abwägungsabhängige Subsumtion unter das Etikett des "einheitlichen Ermessens" gestellt. Der Sinn dieser Vorgehensweise ist nicht erkennbar, sie verwirrt. In diesem Sinne auch *Koch*, Unbest. Rechtsbegriffe und Ermessensermächtigungen, S. 185 f.

[349] Z.B. BVerwG, Urteil vom 29.4.1964 - I C 30.62 -, BVerwGE 18, 247 ff., 250.

der Verwaltung überlassen bleibt[350]. Im Wege der verfassungskonformen Auslegung wird somit eine Ermessensentscheidung zur gebundenen Entscheidung, eine Kann- zur Muß-Vorschrift[351].

Zum anderen soll die Normsystematik die Umdeutung bedingen. Handelt es sich nämlich um eine Koppelungsvorschrift[352], und erfaßt ein unbestimmtes Tatbestandsmerkmal alle für die Ermessensentscheidung relevanten Gesichtspunkte, bleibt für eine Ermessensausübung kein Raum mehr[353].

Vereinzelt bemüht die Rechtsprechung auch den Zweck des Gesetzes und gelangt so zu einer "korrigierenden Auslegung" des Gesetzes[354].

Auf den ersten Blick bestehen deutliche Parallelen zum intendierten Ermessen; beide Male bedient man sich der Auslegung, um die Einschränkung der in Rede stehenden Normen zu erreichen. Doch sind die Auslegungsmethoden nicht unbedingt identisch.

Die ermessenslenkende Intention richtet sich nach dem Ergebnis der Auslegung der Ermessensvorschrift selbst und des Regelungskontextes. Dem entspricht die Vorgehensweise bei der sogenannten verfassungskonformen Auslegung nur teilweise, sofern und soweit dort *inhaltlich* geprüft wird, welche von mehreren möglichen Auslegungen aufgrund ihrer Konformität mit einer Wertentscheidung des Grundgesetzes den Vorzug verdient[355]. Falls daraus eine Einschränkung des Ermessensspielraums folgt, ohne daß im Einzelfall die Eröffnung des Schutzbereichs eines Grundrechts vorliegen muß, ergibt sich ein intendiertes Ermessen bzw. eine diesem entsprechende, aber weitergehende Ermessensbeschränkung. Wenn die Beschränkung aber auf dem grundrechtlichen oder dem allgemeinen rechtsstaatlichen Gesetzesvorbehalt beruht, knüpft sie gerade nicht an inhaltliche Vorgaben und mithin an eine besondere Intention des Gesetzgebers an. So führte das Bundesverwaltungsgericht[356] im Hinblick auf die Inhaltsbestimmung des Eigentums in

[350] Z.B. BVerfG, Beschluß vom 18.10.1991 - 1 BvR 1377/81 -, NVwZ 1992, 53 ff., 54 m.w.N.; BVerwG, Urteil vom 21.1.1993 - 3 C 34.90 -, BVerwGE 91, 356 ff., 358.

[351] *Brinktrine*, Verwaltungsermessen, S. 45 f., mit umfangreichen Nachweisen.

[352] Siehe dazu oben, III.

[353] BVerwG, Urteil vom 29.4.1964 - I C 30.62 -, BVerwGE 18, 247 ff., 250 f.

[354] Z.B. HessVGH, Urteil vom 18.1.1972 - II OE 12/71 -, DVBl. 1972, 834 ff., 835; BayVGH, Beschluß vom 9.5.1994 - 24 CS 94.438 und 24 C 94.439 -, BayVBl. 1995, 84 f., 84.

[355] *Pieroth/Schlink*, Grundrechte, Rn. 77 ff.; BVerfG, Beschluß vom 23.10.1958 - 1 BvL 45/56 -, BVerfGE 8, 210 ff., 221, std. Rspr.

[356] Urteil vom 29.4.1964 - I C 30.62 -, BVerwGE 18, 247 ff., 250.

§ 35 Abs. 2 BBauG (dem entspricht § 35 Abs. 2 BauGB) aus, Art. 14 Abs. 2 Satz 1 GG erfordere eine gesetzliche Festlegung des Inhalts und der Schranken des Eigentums. Sie könne nicht erst durch eine Verwaltungsentscheidung erfolgen, die im freien Ermessen der zuständigen Behörde stehe.

Das weitere an die Normsystematik anknüpfende Argument zieht formelle Aspekte heran, die aber eine entsprechende Wertung des Gesetzgebers offenbaren. Absorbiert der Tatbestand bereits einseitig alle abwägungsrelevanten Aspekte oder erfordert ein unbestimmter Rechtsbegriff eine umfassende und mit der Ermessensausübung deckungsgleiche Abwägung, so ist für ein Ermessen auf der Rechtsfolgenseite kein Raum mehr; die tatbestandliche Prüfung nimmt die Abwägung vorweg.[357] Bei Koppelungsvorschriften mit intendiertem Ermessen beruht die Intention mitunter auf ganz ähnlichen Gründen[358].

Die rein am Zweck des Gesetzes ausgerichtete Umdeutung einer Kann- in eine Muß-Vorschrift entspricht der Vorgehensweise beim intendierten Ermessen. Es handelt sich um eine (vollständige) teleologische Korrektur der Rechtsfolge. Ihre Zulässigkeit richtet sich nach den gleichen Kriterien wie beim intendierten Ermessen; auf die zuvor angestellten Überlegungen[359] kann daher verwiesen werden.

Im Ergebnis zeigen sich deutliche Parallelen zum intendierten Ermessen[360]. Bei der Umdeutung in eine gebundene Entscheidung erweist sich die dem Regelungszusammenhang zu entnehmende Intention entweder als so

---

Kritisch in dieser Hinsicht *Dürr* in: Brügelmann, BauGB, § 35 Rn. 71; *Ortloff*, NVwZ 1988, 320 ff.

357 BVerwG, Urteil vom 29.4.1964 - I C 30.62 -, BVerwGE 18, 247 ff., 250 f.; Urteil vom 29.3.1966 - I C 8.65 -, BVerwGE 24, 15 ff., 24.

358 Siehe BayVGH, Urteil vom 24.4.1985 - 7 B 84 A. 1295 -, SPE 272 Nr. 8 S. 6 ff., 7 f.; BVerwG, Urteil vom 1.8.1986 - 8 C 54/85 -, NVwZ 1987, 601 ff., 603 re. Sp.; Urteil vom 1.10.1986 - 8 C 29/84 -, NJW 1987, 1564 ff., 1565 re. Sp.; VGH Kassel, Urteil vom 10.12.1991 - 9 UE 3241/88 -, NVwZ-RR 1992, 636; BVerwG, Urteil vom 19.4.1994 - 9 C 343/93 -, NVwZ-RR 1995, 166 ff., 169; OVG MV, Beschluß vom 3.11.1998 - 2 M 105/98 -, LKV 1999, 466.
Unter Berufung auf ein sog. einheitliches Ermessen gelangen zu dem gleichen Ergebnis: BVerwG, Urteil vom 5.7.1985 - 8 C 22.83 -, BVerwGE 72, 1 ff., 5 f.; Urteil vom 13.3.1997 - 3 C 2.97 -, Buchholz 442.151 § 46 StVO Nr. 11 S. 9 ff., 12 f.
Dazu ausführlich unten, Kap. 5 unter C III, IV und V.

359 Siehe oben, A II 2 c.

360 *Beuermann*, Intendiertes Ermessen, S. 40 ff., sieht hingegen einen "klaren" Unterschied zum intendierten Ermessen, ohne jedoch auf die dargelegten Gemeinsamkeiten einzugehen.

bestimmend, daß sie schlechterdings nicht durch entgegenstehende Interessen überwunden werden kann, oder aber atypische Umstände, also Einzelfallinteressen mit entsprechendem Gewicht, sind von vornherein tatsächlich oder nach dem Gesetzeswillen ausgeschlossen. Diese Intention muß sich unzweifelhaft aus dem Gesetz ergeben. Anders läßt sich der Wortlaut der jeweiligen Vorschrift nicht überwinden. Im Gegensatz zur ermessenslenkenden Intention besteht für Ausnahmefälle gerade keine Öffnungsklausel. Der Schritt von einer Ermessenseröffnung zu einer zwingenden Rechtsfolgenanordnung stellt sich ungleich größer dar als der zu einer eingeschränkten Ermessensermächtigung. Außer bei der formalen verfassungsrechtlichen Argumentation, die aus anderen Gründen Bedenken unterliegt[361], ist daher bei den dargestellten Begründungsansätzen große Vorsicht geboten. Die Entscheidung für eine Kann-Vorschrift muß entweder als Redaktionsversehen oder als reine Kompetenzzuweisung erscheinen. Die wortlautkonforme Auslegung muß sich schlechterdings als unhaltbar darstellen, es muß ein sehr deutlicher Widerspruch zwischen dem Zweck der Regelung und ihrem Charakter als offener Ermessensvorschrift hervortreten. Ist das nicht der Fall, kann allerdings die Annahme intendierten Ermessens als schwächerer Form der teleologischen Korrektur in Betracht kommen.

---

[361] Siehe *Ortloff*, NVwZ 1988, 320 ff.

Kapitel 4: Grundsätzliche Kritik an der Rechtsfigur des intendierten Verwaltungsermessens

Neben den zuvor bereits angeführten Kritikpunkten zur dogmatischen Konstruktion tragen die kritischen Stimmen in der Literatur Einwände allgemeiner Art vor. Sie richten sich gegen die Einführung einer vermeintlich neuen Kategorie von Ermessen, die sich nicht in das Gesamtsystem der Ermessenslehre einfüge.

A. Kritik aus konzeptioneller Sicht

Obwohl die Figur des intendierten Ermessen die Voraussetzungen zulässiger Rechtsfortbildung erfüllt, erblickt ein Teil der Literatur Widersprüche zu anerkannten dogmatischen Grundpfeilern der Ermessenslehre.

Im Vordergrund steht dabei die Befürchtung, es komme zu einem Verschwimmen oder zu einer Verzerrung der Grenze zwischen Tatbestand und Rechtsfolge, die Ebenen der Normanwendung würden vertauscht[362]. Abwägungspflichten würden unterlaufen[363]. Eine Prüfung des Einzelfalles - obwohl Wesensmerkmal jeder Ermessensentscheidung[364] - entfalle, es erfolge eine Verschiebung hin zur reinen Normzweckprüfung[365]. Das intendierte Ermessen vereitle die Herstellung von Einzelfallgerechtigkeit[366]. Die Grundsätze der Gleichheit und Verhältnismäßigkeit drohten, übergangen zu werden[367]. Eine Verengung des gesetzlich eingeräumten Handlungsspielraumes könne nur aus der Abwägung der Umstände des Einzelfalls folgen[368].

Diesen Einwänden ist entgegenzuhalten, daß sie die Ermessensausübung zu einer Abwägung um jeden Preis verklären. Zwar hat Ermessen in zahl-

---

362 *Masloff*, UBWV 1998, 26 ff., 32 li. Sp. unter II; *Michaelis*, JA 1998, 453 ff., 455; *Volkmann*, DÖV 1996, 282 ff., 285 unter 2.

363 *Sachs* in: Stelkens/Bonk/Sachs, VwVfG, § 40 Rn. 30.

364 Z.B. *Giemulla/Jaworsky/Müller-Uri*, VerwR., Rn. 85 Fn. 5 (S. 45 f.); *Maurer*, Allg. VerwR., § 7 Rn. 12 (S. 126); *Sproll*, Allg. VerwR. II, Rn. 125 f. (S. 69).

365 *Bull*, Allg. VerwR., Rn. 412a; *Masloff*, a.a.O. S. 32 li. Sp. unter II; *Michaelis*, JA 1998 453 ff., 455; *Volkmann*, a.a.O. S. 284 f. unter III 1.

366 *Borowski*, DVBl. 2000, 149 ff., 160; *Sproll*, Allg. VerwR. II, Rn. 126 (S. 69); *Volkmann*, a.a.O. S. 284 f. unter III 1.

367 *Volkmann*, a.a.O. S. 288 li. Sp.

368 *Volkmann*, a.a.O. S. 288 li. Sp.

reichen Fällen die Funktion, einen angemessenen Ausgleich unter einer Vielzahl widerstreitender Interessen zu ermöglichen, nicht selten aber soll die Verwaltung von einer praktisch unerfüllbaren Pflicht entbunden werden. Sie soll ausgerichtet an Zweckmäßigkeitskriterien handeln können, die allein in ihrem ureigensten Interesse liegen.[369] Das Ermessen ermöglicht auf diese Weise lediglich die Durchsetzung des Opportunitätsprinzips[370].

Der Wortlaut des Gesetzes ist keine absolute Grenze; der durch die zu weit geratene Formulierung einer Kann-Vorschrift eröffnete Handlungsspielraum bedarf bei einer entsprechenden Zweckrichtung des Gesetzes einer sachgerechten Begrenzung, um dem Gesetzeszweck zuwider laufende Entscheidungen zu verhindern. Die vorangegangenen Überlegungen haben gezeigt, daß der Vorgang der Ermessensausübung nicht als homogener Abwägungsprozeß mißzuverstehen ist. Der allgemeine Duktus der Ermessensausübung führt zu einer Vorprüfung im Sinne einer abstrakten Wertung. Diese abstrakte Prüfung vollzieht der Gesetzesanwender gleichermaßen, wenn er ermittelt, ob eine gesetzliche Intention vorliegt oder nicht. Eine gewisse Überschneidung von Tatbestand und Rechtsfolge liegt daher in der Natur einer jeden Ermessensentscheidung begründet. Wenn also die Ermessensausübung quasi tatbestandliche Elemente enthält, führt deren Verlagerung in den Tatbestand nicht zu einem Systembruch. Sie bewirkt vielmehr eine klare Trennung der Entscheidungsebenen. Das bloße Etikett "Ermessen" kann nicht zu einer Abwägung zwingen[371].

Zudem besteht beim intendierten Ermessen regelmäßig kein Interessenkonflikt, da das Gesetz ein Interesse und somit eine bestimmte Entscheidung bevorzugt. Es entbehrt eines rechten Sinns, Einzelfallumstände in eine Abwägung einzustellen, wenn sie ein gesetzlich präferiertes Interesse nur nachrangig begleiten, ohne aber die antezipierte Wertung in Frage zu stellen[372]. Die Verwaltung würde zu einer Abwägung gezwungen, die sich als reiner Formalismus erwiese und nur dazu dienen würde, den Verdacht eines Ermessensnichtgebrauchs oder einer Ermessensunterschreitung auszuräumen.

Intendiertes Ermessen schließt ferner nicht jegliches Ermessen aus und somit auch nicht die Herstellung von Einzelfallgerechtigkeit. Liegen atypische Umstände vor, bleibt die Möglichkeit bestehen, von der Regelfallvorgabe abzuweichen und eine Abwägung vorzunehmen. Sie bleibt lediglich

---

369 *Schwabe*, DVBl. 1998, 147 f., 147 re. Sp. unter 2.

370 Siehe ausführlich unten, Kap. 5 unter B II.

371 So auch *Schwabe*, a.a.O. S. 147 re. Sp. unter 2.

372 Ebenso *Gerhardt* in: Handlungsspielräume, S. 57 ff., 62 f.

den Fällen vorbehalten, in denen eine Interessenkollision überhaupt besteht bzw. nicht auszuschließen ist.[373]

Gleiches gilt für die Grundsätze der Gleichheit und Verhältnismäßigkeit, die üblicherweise im Rahmen der Ermessensausübung Berücksichtigung finden. Sind nämlich Umstände ersichtlich, die einen Verstoß gegen diese Grundsätze nahelegen oder zumindest als möglich erscheinen lassen, liegt ein Ausnahmefall vor, der eine vollumfängliche Abwägung erforderlich macht.

Auch wenn der Normzweckprüfung ein vorrangiges Gewicht zukommt[374], so ersetzt sie dennoch nicht jedwedes Ermessen. Zum einen besteht die Öffnungsklausel des Ausnahmefalles, zum anderen bedarf es einer sorgfältigen und gewissenhaften Auslegung der jeweiligen gesetzlichen Vorschriften im Hinblick auf eine ermessenslenkende Intention. Die Behauptung, die Tatbestandserfüllung zeichne immer den Regelfall vor, so daß stets intendiertes Ermessen vorliege[375], trifft folglich nicht zu. Sie läuft darauf hinaus, sehr unterschiedliche Normstrukturen gleich zu beurteilen.

Im Ergebnis kommt es entscheidend auf die Auslegung der jeweils in Rede stehenden Norm an. Zwar weisen Normen mit intendiertem Ermessen gemeinsame Merkmale auf, diese Gemeinsamkeiten gehen aber gewiß nicht soweit, daß die Formel "Tatbestand ist gleich Regelfall" zuträfe.

B. Rechtsstaatliche Bedenken

In zweierlei Hinsicht gerät die Figur des intendierten Ermessens in den Verdacht, gegen das Rechtsstaatsprinzip (Art. 20 Abs. 3 GG) zu verstoßen, jeweils unter dem Aspekt des Vorrangs des Gesetzes. Zum einen soll die Rechtsprechung entgegen der gesetzlichen Festlegung Handlungsspielräume der Verwaltung okkupieren, zum anderen bestehen Bedenken gegen die Einschränkung der durch eine Kann-Vorschrift angeordneten Rechtsfolge, die eine umfassende Abwägung gebiete.

I. Eingriff in die gesetzliche Kompetenzverteilung

Die Annahme intendierten Ermessens scheint auf den ersten Blick zu einer Ausdehnung der gerichtlichen Kontrolle von Ermessensentscheidungen

---

[373] In diesem Sinne wohl auch *Beuermann*, Intendiertes Ermessen, S. 60 f. und 107 f.

[374] Vgl. dazu *Koch* in: Abwägung im Recht, S. 9 ff., 23.

[375] *Volkmann*, a.a.O. S. 288 li. Sp.

zu führen. Gesetzliche Regelungen, die zu einer offenen Ermessensentscheidung ermächtigen, werden als solche nur noch im Ausnahmefall angewandt. Ob eine solche Ausnahme vorliegt, ist nach dem zuvor Ausgeführten ohne jede Einschränkung gerichtlich überprüfbar, was aus dem Verständnis als Tatbestandsmerkmal folgt. All dies bedeute die Beschränkung eines gesetzlich eröffneten Handlungsspielraums der Verwaltung und mithin eine Änderung der Kompetenzordnung[376].

Diese Kritik läßt allerdings den Umstand unberücksichtigt, daß sich die (nicht immer zwingende[377]) Einschränkung des Handlungsspielraums aus dem Gesetz selbst[378] ergibt, nämlich im Wege der Auslegung und teleologisch bedingten Rechtsfortbildung. Nach den allgemeinen Grundsätzen der Methodenlehre hängt eine teleologische Korrektur von hohen Voraussetzungen, insbesondere vom Bestehen einer verdeckten Regelungslücke ab. Allein aus diesen Anforderungen folgt bereits der Ausnahmecharakter des intendierten Verwaltungsermessens[379]. Würde man den prima-facie-Vorrang eines Belangs erst in der Ermessensabwägung berücksichtigen, entstünde lediglich ein erhöhter Verwaltungsaufwand, die Entscheidung aber bliebe inhaltlich dieselbe[380]. Der gerichtliche Kontrollumfang wäre ebenso identisch, da einerseits Sachverhaltsermittlungsdefizite im Hinblick auf atypische Umstände einen Ermessensfehler zu begründen vermögen und andererseits das gesetzliche Regel-Ausnahme-Verhältnis mangels besonderer Umstände zu einer Ermessensreduktion führt. Verbleibt der Behörde aus rechtlichen oder tatsächlichen Gründen kein Handlungsspielraum, kann ihr ein solcher nicht

---

376 So *Volkmann*, DÖV 1996, 282 ff., 285 f. unter 3; ihm folgend *Henneke* in: Knack, VwVfG, § 40 Rn. 35; *Liebetanz* in: Obermayer, VwVfG, § 40 Rn. 16; *Masloff*, UBWV 1998, 31 f. unter 3; *Sachs* in: Stelkens/Bonk/Sachs, VwVfG, § 40 Rn. 30; *Sproll*, Allg. VerwR. II, Rn. 126 (S. 69).
Die Erhaltung gesetzlich begründeter Handlungsspielräume sieht auch das OVG Berlin, Beschluß vom 14.2.2000 - 2 N 20/99 -, LKV 376 f., 377 li. Sp. unten, als gefährdet an, sofern die Anerkennung intendierten Ermessens nicht auf eindeutig aus dem Gesetz erkennbare Ausnahmen beschränkt bleibe.

377 Siehe unten, Kap. 6 unter A: In zahlreichen Fälle eröffnet die Intention der Behörde die Möglichkeit, auf eine Abwägung zu verzichten, ohne daß eine strikte Bindung eintritt.

378 Dieser Argumentation kann sich auch *Volkmann*, DÖV 1996, 282 ff., 286 re. Sp. vor 4, trotz aller Skepsis nicht verschließen.
Zur Auslegung als notwendigem Ausgangspunkt für die Ermittlung von Handlungsspielräumen *Badura* in: FS für Bachof, S. 169 ff., 172 ff.

379 Zum Ausnahmecharakter ausführlich unten, Kap. 5 unter D.

380 Siehe oben, Kap. 3 unter A II 1 a.

entzogen werden. Die gesetzlich festgelegte Kompetenzverteilung erfährt daher keine Änderung.

Überdies nehmen die Gerichte oftmals im Interesse der jeweils handelnden Verwaltungsbehörde ein intendiertes Ermessen an, weil sie die streitgegenständliche Verwaltungsentscheidung im Hinblick auf einen behaupteten Ermessensnichtgebrauch für fehlerfrei und ausreichend begründet erachten[381]. Sie handeln mithin nicht dem Interesse der Verwaltung zuwider.

Zudem bleiben alle Kritiker bislang den Beweis dafür schuldig, daß der jeweilige Gesetzgeber durch die Formulierung einer Kann-Vorschrift stets eine offene Ermessensentscheidung anordnen will, also das intendierte Ermessen als Rechtsfigur nicht kennt oder nicht akzeptiert[382]; dazu sogleich mehr.

II. Unterlaufen der gesetzlichen Rechtsfolgenanordnung

Eng verknüpft mit dem voranstehenden Punkt ist die Frage, ob die Gerichte (und unter Umständen die Verwaltungsbehörden) entgegen der bewußten Entscheidung des Gesetzgebers für ein freies Ermessen eine Einschränkung desselben annehmen. Immerhin steht es dem Gesetzgeber frei, ein Regel-Ausnahme-Verhältnis ausdrücklich - etwa durch eine Soll-Vorschrift - zu formulieren, das eine entsprechende Verengung des Ermessensspielraums nach sich zieht. Demgemäß tragen kritische Stimmen vor, die Entscheidung zwischen "kann" und "soll" werde vom Gesetzgeber bewußt getroffen; durch die Annahme einer ermessenslenkenden Intention setze man sich daher über die gesetzlich angeordnete Rechtsfolge hinweg[383]. Eine Verwischung oder Verzerrung der Grenzen zwischen Kann- und Soll-Vorschriften, zwischen freiem und gebundenem Ermessen sei die Folge[384].

---

381 Darauf weisen auch *Beuermann*, Intendiertes Ermessen, S. 54; *Borowski*, DVBl. 2000, 149 ff., 159 re. Sp., und *Schwabe*, DVBl. 1998, 147 f., 148 unter 3, hin.

382 So zutreffend *Schwabe*, DVBl. 1998, 147 f., 148 unter 3.

383 *Bull*, Allg. VerwR., Rn. 412a; *Gerhardt* in: Schoch/Schmidt-Aßmann/Pietzner, VwGO, § 114 Rn. 20; *Masloff*, UBWV 1998, 26 ff., 29 unter B I; *Michaelis*, JA 1998, 453 ff., 455; *Peters*, DÖV 2001, 749 ff., 757 re. Sp.; *Stelkens*, VwVf., Rn. 398 (S. 141); *Volkmann*, DÖV 1996, 282 ff., 285 li. Sp. vor 2.

384 *Maurer*, Allg. VerwR., § 7 Rn. 12 (S. 126); *Michaelis*, JA 1998, 453 ff., 455; *Peine*, Allg. VerwR., Rn. 69 (S. 48); *Stelkens*, NWVBL 89, 335 ff., 339 li. Sp.; *ders.* in: Stelkens/Bonk/Sachs, VwVfG (5. Aufl.), § 39 Rn. 35 (mit verhaltener Zustimmung im Hinblick auf die angeblich neue Konzeption der Rspr. (siehe oben, Kap. 3 unter A II 1 b) nunmehr *P. Stelkens/U. Stelkens* in: Stelkens/Bonk/Sachs, VwVfG, § 39 Rn. 35).

Die Kritik erweist sich jedoch auch in diesem Punkt als nicht stichhaltig. Der Gesetzgeber darf nach Belieben einen einmal eingeräumten Handlungsspielraum der Verwaltung wieder entziehen oder aber begrenzen[385]. Folgt eine solche Beschränkung aus dem Gesetz selbst, so findet der gesetzgeberische Wille gerade Berücksichtigung und wird nicht etwa übergangen[386].

Wie bereits bei der Frage nach dem Eingriff in die Kompetenzverteilung angesprochen, unterstellen die kritischen Stimmen in der Literatur dem Gesetzgeber eine bewußte Entscheidung für ein offenes Ermessen durch die Wahl der Kann-Formulierung. Ein Blick in die Gesetzesmaterialien offenbart zumindest in zwei Fällen ein anderes Bild. So heißt es in der Begründung zum Entwurf des Waffengesetzes zu § 48 Abs. 2 WaffG (§ 45 Abs. 2 des damaligen Entwurfes)[387]:

"Absatz 2 gewährleistet, daß Rücknahme und Widerruf einer Erlaubnis nicht wirkungslos bleiben... Vielmehr soll die zuständige Behörde anordnen können, daß der Inhaber des Gegenstandes seine waffenrechtlich nicht mehr legitimierte Sachherrschaft so beendet, daß kein Unbefugter sie erwirbt. Diese **im Sicherheitsinteresse mögliche und im Regelfall auch gebotene Maßnahme** wird durch die in Satz 3 enthaltene Befugnis zur Sicherstellung ergänzt."

In der amtlichen Begründung zu § 3 Abs. 5 Satz 1 GüKG n.F. finden sich ebenfalls Ausführungen, die auf eine ermessenslenkende Intention hindeuten[388]:

"Entfällt eine der Berufszugangsvoraussetzungen, ist die Erlaubnisbehörde **grundsätzlich gezwungen**, die Erlaubnis **aufzuheben**, da die Erlaubnis nach den Vorgaben der Berufszugangsrichtlinie 96/26/EG vom 29. April 1996 und ihrer Umsetzung in § 3 Abs. 2 und 3 nur Bestand haben kann, solange alle drei subjektiven Berufszugangsvoraussetzungen vorliegen. Insoweit, insbesondere im Hinblick auf die persönliche Zuverlässigkeit des Unternehmers, besteht für die Erlaubnisbehörde allerdings ein Beurteilungsspielraum. **Sonstige besondere Umstände des Einzelfalles**, z.B. die Kreditwürdigkeit und den Goodwill eines Unternehmens und damit seine Sanierungschancen, **hat die Erlaubnisbehörde** zudem **im Rahmen ihrer pflichtgemäßen Ermessensausübung zu berücksichtigen**."

---

385 *Volkmann*, DÖV 1996, 282 ff., 284 re. Sp. unter III.

386 Das erkennt auch *Masloff*, UBWV 1998, 26 ff., 29 unter B I, trotz seiner kritischen Haltung.

387 BT-Drucks. VI/2678 S. 36 (zu § 45).

388 BT-Drucks. 13/9314 S. 17 (zu § 3 Abs. 5).

Demnach geht offenbar auch der Gesetzgeber davon aus, daß bei einer Kann-Vorschrift eine bestimmte Entscheidung als Regelfall erscheinen kann. Allerdings lassen sich diese Äußerungen des Gesetzgebers auch so verstehen, daß er lediglich von einer bestimmten Häufigkeit eines bestimmten Abwägungsergebnisses ausgeht. Gerade die Begründung zu § 3 Abs. 5 Satz 1 GüKG n.F. greift aber Formulierungen auf, die frappierend an die üblichen Umschreibungen des intendierten Ermessens in der Rechtsprechung erinnern.

Nun ließe sich dem entgegenhalten, daß in den übrigen Fällen, in denen sich der Gesetzgeber nicht so deutlich äußert, gerade keine Intention anzunehmen sei. Doch richtet sich die Auslegung einer Norm nicht ausschließlich nach den subjektiven Vorstellungen des Gesetzgebers[389]. Zudem stammen zahlreiche Ermessensvorschriften aus einer Zeit, in der die Figur des intendierten Ermessens nicht oder nur ansatzweise entwickelt war[390]. Auch mag der Gesetzgeber in vielen Fällen die ermessenslenkende Wirkung seiner Zweckvorgaben schlicht übersehen haben.[391] Der hier gewählte methodische Ansatz der teleologischen Rechtsfortbildung baut gerade auf einer solchen nicht beabsichtigten und daher planwidrigen gesetzlichen Regelungslücke auf.

Auch vermag die Kritik nicht darzutun, wie sich angesichts der von der Rechtsprechung herausgearbeiteten gesetzlichen Wertungsvorgaben die Entscheidung des Gesetzgebers für eine Kann-Vorschrift jeweils rechtfertigt. Gerade bei der normstrukturell bedingten Lenkung des Ermessens (durch Vorwegnahme der Abwägung im Tatbestand) tritt der Widerspruch zu der vermeintlich bewußten Entscheidung für ein offenes Ermessen deutlich hervor. Letztlich unterstellen die kritischen Stimmen eine Unfehlbarkeit des Gesetzgebers, die mit Sicherheit *nicht* gegeben ist.

Die Annahme einer ermessenslenkenden Intention führt nicht in jedem Falle zu einer Gleichsetzung mit Soll-Vorschriften[392]. Angesichts der inkongruenten Rechtsfolgen erscheint der Vorwurf, die Rechtsprechung setze sich

---

389 Vgl. *Larenz*, Methodenlehre, S. 204 ff. und 231 ff.

390 Daraus zieht *Beuermann*, Intendiertes Ermessen, S. 170, den Schluß, die Kategorie des intendierten Ermessens sei dem Unterfall der Soll-Vorschriften seit jeher übergeordnet, und impliziert damit, der Gesetzgeber habe sich des intendierten Ermessens bewußt bedient. - Angesichts der Entwicklung des intendierten Ermessens als Akt der richterlichen Rechtsfortbildung erweist sich diese These als schlichtweg unhaltbar.

391 Ähnlich *Beuermann*, Intendiertes Ermessen, S. 60 f.

392 Siehe unten, Kap. 6 unter A.

über die gesetzgeberische Unterscheidung zwischen Kann- und Soll-Vorschriften hinweg, als nicht stichhaltig.[393]

Im Ergebnis verliert das Postulat der gewollt strikten Trennung von Kann- und Soll-Vorschriften seine Rechtfertigung. Mit dieser Argumentation ließe sich jeder zweckorientierten Rechtsfortbildung die Grundlage entziehen.

C. Entwertung des Verwaltungsverfahrens

Infolge des intendierten Ermessens treten nach der Rechtsprechung für die tätig werdende Behörde gewisse Verfahrenserleichterungen ein[394]. Die Entbehrlichkeit der Begründung führe zu einer mangelnden Akzeptanz der Entscheidung bei dem Betroffenen[395], da dieser die gesetzliche Intention oftmals nicht nachvollziehen könne[396]. Mit dem Verzicht auf die Begründung gehe auch eine Beschneidung des Rechtsschutzes einher[397]. Ferner bestehen Bedenken wegen der vermeintlich verkürzten Sachverhaltsermittlung[398]. Das Hauptaugenmerk der Kritiker liegt aber auf § 46 VwVfG. Eine Entwertung des Verfahrens ergebe sich im Hinblick auf § 46 VwVfG, weil in der Regel nur eine Entscheidung rechtmäßig sei. Verfahrensmängel blieben somit beim intendierten Ermessen regelmäßig folgenlos.[399] Gerade diese

---

[393] Zirkelschlüssig *Beuermann*, Intendiertes Ermessen, S. 170: Die Grenze zwischen Soll- und Kannvorschriften werde deshalb nicht verwischt, weil Soll-Vorschriften als formelle Soll-Vorschriften wie auch das intendierte Ermessen eine Kategorie materieller Soll-Vorschriften darstellten.

[394] Zu den Rechtsfolgen im einzelnen sieh unten, Kap. 6 unter B und C.

[395] *Masloff*, UBWV 1998, 26 ff., 33 re. Sp.; *Volkmann*, DÖV 1996, 282 ff., 287 li. Sp. unter 4.
In diesem Sinne auch *P. Stelkens/U. Stelkens*, in: Stelkens/Bonk/Sachs, VwVfG, § 39 Rn. 36.

[396] *Michaelis*, JA 1998, 453 ff., 455.

[397] *Peters*, DÖV 2001, 749 ff., 757 re. Sp.

[398] *Borowski*, DVBl. 2000, 149 ff., 150 Fn. 13, 151 Fn. 21 und 158 f. unter III 1; *Masloff*, UBWV 1998, 26 ff., 32 re. Sp. unter 2. Lediglich eine entsprechende Verwaltungspraxis befürchtet *Engelhardt* in: Obermayer, VwVfG, § 24 Rn. 152.
Zur Sachverhaltsermittlung siehe Kap. 6 unter D I.

[399] *Masloff*, UBWV 1998, 26 ff., 32 re. Sp. unter 2; *Stelkens*, NWVBL 1989, 335 ff., 339 li. Sp.; *Volkmann*, DÖV 1996, 282 ff., 287 li. Sp. unter 4.

Konsequenz könne in der Praxis zu einer Vernachlässigung besonderer Umstände und mithin atypischer Fälle führen[400].

In einer Vielzahl von Fällen – insbesondere bei einem Einschreiten gegen rechtswidrige Zustände – stehen dem Betroffenen die Gründe der Entscheidung offen vor Augen, so daß eine ausführliche Begründung die Akzeptanz weder fördert noch schmälert[401]. Darüber hinaus würde eine floskelhaft aufgeblähte Begründung der Regelfallentscheidung nur Selbstverständliches mitteilen und mithin die tragenden Gründe, die gesetzliche Intention, verschleiern. Die Behörde braucht keine Entscheidungsschritte zu begründen, die sie nicht vollzogen hat. Einem verfahrenseffizienten Verwaltungshandeln (§ 10 Satz 2 VwVfG) entspräche eine solche Vorgehensweise nicht.[402]

Überdies sieht die Rechtsprechung nicht von jeglicher Begründung ab. Entbehrlich ist sie nur bezüglich der Abwägung und lediglich hypothetisch relevanter Umstände[403]. Sobald der Betroffene unter Berufung auf den gesetzlichen Regelfall beschieden wird, tritt auch die Intention deutlich zutage.

Die Bedenken wegen § 46 VwVfG münden in einen Zirkelschluß. § 46 VwVfG setzt voraus[404], daß die Entscheidung durch den Verfahrensfehler offensichtlich nicht beeinflußt wurde. Sobald im nachhinein besondere Umstände zutage treten, die einen Ausnahmefall ausmachen, sind diese Voraussetzungen nicht erfüllt. Die atypischen Umstände fanden nämlich in der Entscheidung keinerlei Berücksichtigung, die notwendige Abwägung blieb vollständig aus. Aus der gesetzlichen Wertung lassen sich keine Schlußfolgerungen für das Ergebnis der offenen Ausnahmeentscheidung ableiten, da sich die Atypizität der Umstände und der dahinterstehenden Interessen gerade dadurch auszeichnet, daß sie der Gesetzgeber nicht in seine Wertung einbezogen hat. Es bestehen daher zumindest Zweifel, daß die Behörde bei der Abwägungsentscheidung zu einem identischen Ergebnis gelangt wäre. Nur bei einer Ermessensreduktion auf Null stellt sich der Verfahrensfehler als unbeachtlich dar. Allerdings dürfte dies vor dem geschilderten Hintergrund höchst selten der Fall sein. Bei Nichtbeachtung atypischer Umstände leidet

---

400 *Stelkens*, a.a.O.

401 *Liebetanz* in: Obermayer, VwVfG, § 39 Rn. 35; *Schwab*, Begründungspflicht, S. 55 f.

402 *Schwab*, Begründungspflicht, S. 54 ff.

403 Deutlich: BVerwG, Urteil vom 23.5.1996 - 3 C 13.94 -, Buchholz 451.513 Sonst. Marktordnungsrecht Nr. 1 S. 1 ff., 13.
Zu den Anforderungen an die Begründung bei intendiertem Ermessen siehe unten, Kap. 6 unter C.

404 Zu § 46 VwVfG ausführlich unten, Kap. 6 unter D.

die Entscheidung zudem an dem Ermessensfehler des Ermessensnichtgebrauchs und erweist sich auch aus diesem Grund als rechtswidrig.

Schließlich finden sich auch keine Anzeichen dafür, daß intendierte Entscheidungen in besonderem Maße zu einem Mißbrauch des § 46 VwVfG Anlaß böten. Zwar ergeben sich Bedenken, wenn die Verwaltung schematisch vorgeht und ohne Rücksicht auf konkrete Besonderheiten davon absieht, das ihr grundsätzlich auferlegte Prüf-, Ermittlungs- und Entscheidungprogramm abzuarbeiten[405]. Die Behörde, die auf Gedeih und Verderb eine Entscheidung durchsetzen will, wird allerdings auch bei offenen Ermessenentscheidungen nicht zögern, den Verwaltungsakt zunächst zu erlassen, um sich im gerichtlichen Verfahren auf § 46 VwVfG zu berufen oder eine Heilung nach § 45 VwVfG herbeizuführen. Eine solche Mißbrauchsmöglichkeit ist nicht ein spezifisches Problem des intendierten Ermessens.[406]

Umgekehrt gilt: Bestehen besondere Umstände tatsächlich nicht - was gerichtlicher Überprüfung unterliegt -, und führt daher ein Verfahrensfehler nicht zu einem relevanten Erkenntnisdefizit der Behörde, so greift der Intentionsgedanke durch; die Entscheidung erweist sich als offensichtlich richtig, der Verfahrensfehler ist gemäß § 46 VwVfG unbeachtlich[407].

Somit führt § 46 VwVfG nur dann zur Unbeachtlichkeit eines Verfahrensfehlers, wenn bei einer Regelfallentscheidung kein atypischer Sachverhalt vorliegt. Die Rechtsfigur des intendierten Ermessens bewirkt mithin nicht nur eine sinnvolle, sondern auch eine in dieser Hinsicht unbedenkliche Aufwandsreduzierung[408].

---

405 *Gerhardt* in: Handlungsspielräume, S. 57 ff., 63.

406 *Beuermann*, Intendiertes Ermessen, S. 165, sieht die Gefahr der vorschnellen Annahme einer ermessenslenkenden Intention auch dadurch gebannt, daß § 39 VwVfG der Behörde jedenfalls einen Hinweis auf das Vorliegen eines Regelfalles abverlange. Dies *zwinge* dazu, sich die Option einer Ermessensentscheidung im Ausnahmefall *stets* zu vergegenwärtigen. - Der Verwaltungspraxis entspricht diese Sichtweise freilich nicht. Völlig zurecht verweist *Volkmann*, DÖV 1996, 282 ff., 288 re. Sp. vor IV, auf die gängige Verwendung von sog. Textbausteinen.

407 In diesem Sinne *Schwabe*, DVBl. 1997, 147 f., 147 li. Sp.

408 *Beckmann*, VR 1999, 357 ff., 359 li. Sp.; *Gerhardt* in: Handlungsspielräume, S. 57 ff., 62 f.; *Henneke* in: Knack, VwVfG, § 40 Rn. 35; *Masloff*, UBWV 1998, 26 ff., 33 li. Sp.; *Wolff/Bachof/Stober*, VerwR. I, § 31 Rn. 34a (S. 457 f.).

D. Fehlende Eingrenzbarkeit des Anwendungsbereichs

Ein weiterer Vorbehalt gegen das intendierte Ermessen liegt in der (vermeintlich) fehlenden Eingrenzbarkeit des Anwendungsbereichs[409]. Es bestehe die Gefahr der Aushöhlung von Ermessensspielräumen[410]. Taugliche Abgrenzungskriterien seien nicht ersichtlich[411]. Somit laufe die Figur des intendierten Ermessens dem Gebot der Normklarheit zuwider[412]. Zuverlässige Anhaltspunkte ergäben sich einzig aus dem Wortlaut einer Vorschrift, wenn nämlich Formulierungen wie "soll", "in der Regel" usw. gebraucht würden[413]. Gerade die Auslegung gestalte sich uneinheitlich, zumal die Auslegungsmethodik ihrerseits umstritten sei[414].

Auch diese Kritik überzeugt nicht. Die Herleitung intendierten Ermessens kann und darf sich nur auf eine umfassende und sorgfältige Auslegung stützen[415]. Wie die referierten Judikate zeigen, bildet die Auslegung einen besonderen Schwerpunkt innerhalb der Entscheidungsgründe. Gleiches gilt für die Prüfung einer möglichen Atypizität des Einzelfalles. Der Vorwurf einer beinahe willkürlichen Anwendung der Rechtsfigur trägt daher nicht.

Zudem bilden sich allmählich einzelne Fallgruppen heraus[416]. Es bestehen ferner diverse allgemeine Kriterien, die auf eine ermessenslenkende gesetzliche Intention hinweisen[417].

Dennoch wäre es der Vorhersehbarkeit der Rechtsanwendung zuträglich, würde der Gesetzgeber ausdrückliche Zweckbestimmungen und Abwägungsvorgaben formulieren, anhand derer sich eine womöglich ermessenslenkende Intention ohne weiteres ermitteln ließe[418]. In den amtlichen Be-

---

409 *Masloff*, UBWV 1998, 26 ff., 33 re. Sp. unter 2; *Michaelis*, JA 1998, 453 ff., 455; *Volkmann*, DÖV 1996, 282 ff., 287 unter 5.

410 *Volkmann*, DÖV 1996, 282 ff., 287 unter 5.

411 *Masloff*, UBWV 1998, 26 ff., 33 re. Sp. unter 1.

412 *Peters*, DÖV 2001, 749 ff., 757 re. Sp.

413 *Volkmann*, DÖV 1996, 282 ff., 287 unter 5.

414 *Masloff*, UBWV 1998, 26 ff., 33 re. Sp. unter 1.

415 *Wolff/Bachof/Stober*, VerwR. I, § 31 Rn. 34a (S. 457 f.). Siehe ferner unten, Kap. 5 unter D.

416 Siehe dazu die in Kap. 2 gebildeten Gruppen und die in Kap. 5 unter B erarbeiteten teleologischen Kriterien. Siehe auch *Beuermann*, Intendiertes Ermessen, S. 63 ff., die verschiedene Anwendungsbereiche herausarbeitet. Ansätze ferner bei *P. Stelkens/U. Stelkens* in: Stelkens/Bonk/Sachs, VwVfG, § 39 Rn. 35.

417 Siehe unten, Kap. 5 unter C.

418 Vgl. *Brinktrine*, Verwaltungsermessen, S. 551.

gründungen zu § 48 Abs. 2 WaffG (§ 45 Abs. 2 des damaligen Entwurfes) [419] und zu § 3 Abs. 5 Satz 1 GüKG n.F.[420] deutet der Gesetzgeber selbst ein intendiertes Ermessen an, dennoch findet diese Auffassung keinen Niederschlag in den gesetzlichen Regelungen. Zu Klarstellungszwecken sollte in Betracht gezogen werden, eine Intention im Wortlaut deutlich zum Ausdruck zu bringen, etwa durch die konsequente Ausgestaltung entsprechender Regelungen als Soll-Vorschriften oder die Verwendung entsprechender Formulierungen (z.B. "in der Regel"). Auch eine Anpassung des § 39 Abs. 1 Satz 3 und Abs. 2 VwVfG bzw. der entsprechenden landesrechtlichen Vorschriften bietet sich an[421]. Allerdings kann es sich nach den zuvor angestellten Überlegungen nur um Klarstellungen handeln; eine nicht notwendige und nicht durchgeführte Abwägung kann nämlich nicht begründet werden.

---

419 BT-Drucks. VI/2678 S. 36 (zu § 45).
420 BT-Drucks. 13/9314 S. 17 (zu § 3 Abs. 5).
421 So *Beckmann*, VR 1999, 357 ff., 359 unter IV, und *Beuermann*, Intendiertes Ermessen, S. 61.

Kapitel 5: Kriterien für die Identifizierung intendierten Verwaltungsermessens

Der Ausgangspunkt der Rechtsprechung, eine Intention lasse sich nur im Wege der Auslegung der jeweils in Betracht kommenden Vorschriften ermitteln, erweist sich ob der Fülle an Ermessensvorschriften und deren höchst unterschiedlichen Regelungsgehalts als zutreffend. Eine schematische Lösung verbietet sich. Dennoch erscheint es geboten, dem Vorwurf der mangelnden Ein- und Abgrenzbarkeit der neuen Rechtsfigur und ihres Anwendungsbereichs entgegenzutreten. In der Tat darf die Gefahr nicht übersehen werden, daß sich Verwaltung und Gerichte vorschnell auf eine Intention zurückziehen, ähnlich wie es bei der Ermessensreduktion zuweilen geschieht.

Um eine angemessene Anwendung des intendierten Ermessen zu erreichen, bieten sich zwei Wege an: Zum einen lassen sich Fallgruppen[422] bilden; die gerichtlichen Entscheidungen und entsprechenden Literaturansichten werden auf Gemeinsamkeiten untersucht und dementsprechend nach formalen und/oder materiellen Kriterien zusammengefaßt. Zum anderen besteht die Möglichkeit, allgemeine Voraussetzungen oder Anhaltspunkte herauszuarbeiten.

Dem ersten Ansatz sind zwei wesentliche Schwächen entgegenzuhalten. Er läuft zunächst Gefahr, in einer gewissen Beliebigkeit zu enden. Oft weisen die Einzelfälle Überschneidungen auf, die eine eindeutige Zuordnung zu der einen oder anderen Fallgruppe erschweren. Zudem ergeben sich je nach den gesetzten Prämissen andere oder anders zusammengesetzte Gruppen. Darüber hinaus versagt der Ansatz, wenn es um die Erfassung neuer, bisher nicht beschriebener Konstellationen geht. Eine Zuordnung scheidet dann aus, der Kanon der Fallgruppen bedarf einer Erweiterung. Gerade in diesen schwierigen Fällen entbehrt der Rechtsanwender eines verläßlichen Maßstabs, ihm ist allenfalls eine grobe Richtschnur an die Hand gegeben. Der zuvor gegebenen Übersicht[423] über die Anwendungsfälle in der Rechtsprechung liegt eine solche Kategorisierung zugrunde. Es sei dem Leser anheim gestellt, darin eine Einteilung in Fallgruppen zu erblicken.[424]

---

[422] Ansätze bei *Beuermann*, Intendiertes Ermessen, S. 63 ff., und bei *P. Stelkens/U. Stelkens* in: Stelkens/Bonk/Sachs, VwVfG, § 39 Rn. 35.

[423] Siehe oben, Kap. 2.

[424] Vgl. etwa die sog. Fallgruppen im Bereich der Ermessensreduktion (*Di Fabio*, VerwArch. 86 (1995), 214 ff.; *Gern*, DVBl. 1987, 1194 ff.; *Hain/Schlette/Schmitz*, AöR 122 (1997), 32 ff.; *Laub*, Ermessensreduzierung); dazu ausführlich oben, Kap. 3 unter B II 1 a bb.

Angesichts der zahlreichen unterschiedlichen Fälle intendierten Ermessens erscheint es darüber hinaus ausgeschlossen, allgemeinverbindliche, konkrete Voraussetzungen zu formulieren. Insofern muß entsprechend der Prämisse der Rechtsprechung jede einzelne Ermessensvorschrift im Wege der Auslegung auf eine Intention hin untersucht werden. Das heißt aber noch nicht, daß es schlichtweg unmöglich ist, allgemeine Aussagen über das Anwendungsfeld des intendierten Ermessens zu treffen. Es bietet sich folglich ein Mittelweg zwischen der Fallgruppenbildung und der Formulierung abstrakter Anhaltspunkte an.

Die nachfolgende Darstellung unterscheidet zwischen fallgruppenähnlichen teleologischen Kriterien und normstrukturellen bzw. gesetzessystematischen Kriterien. Für den Rechtsanwender besteht so die Möglichkeit, Indizien für eine gesetzliche Intention zu ermitteln und bei der Auslegung der jeweiligen Ermessensnorm zu berücksichtigen. Gleichsam läßt sich im Bedarfsfall der Anwendungsbereich erweitern, ohne daß es zu einer konturlosen und beinahe beliebigen Bildung neuer Fallgruppen kommt.[425]

A. Der Ausgangspunkt

Intendiertes Ermessen liegt vor, wenn a priori einer Entscheidungsalternative regelmäßig ein Vorrang vor allen anderen zukommt, weil hinter ihr ein vom Gesetzgeber mit überragendem Gewicht ausgestatteter Belang steht. Oder anders ausgedrückt: *Es muß ein a-priori-Vorrang eines materiellen Interesses* – gleich ob öffentliches oder privates – *bestehen, der ein Regel-Ausnahme-Verhältnis bedingt.*[426] Hingegen handelt es sich um ein offenes Ermessen (d.h. freies, „nur“ pflichtgemäß im Sinne des § 40 VwVfG auszuübendes Ermessen), wenn a priori kein vorrangiger Belang ermittelt werden kann.

---

[425] Ähnlich *Beuermann*, Intendiertes Ermessen, S. 156, die zwischen intendiertem Ermessen kraft Gesetzeswortlaut, kraft systematischer Auslegung (sie meint allerdings die teleologische Auslegung, wie die Darstellung der einschlägigen Fälle (S. 65 ff.) zeigt), bei der Beseitigung rechtswidriger Zustände und infolge der Grundsätze der Wirtschaftlichkeit und Sparsamkeit unterscheidet.
Einen vergleichbaren Ansatz verfolgt *Bullinger*, JZ 1984, 1001 ff., 1006 f., freilich zwecks Herausarbeitung typischer Ermessenskategorien und -funktionen. Siehe auch *Starck* in: FS für Sendler, S. 167 ff., 170 ff.

[426] Insoweit zutreffend *Borowski*, DVBl. 2000, 149 ff., 153 f unter b.
Zum Ausnahmecharakter eines prima-facie-Vorrangs *Koch* in: Abwägung im Recht, S. 9 ff., 23.

Die Auslegung einer Ermessensvorschrift im Hinblick auf eine Intention sollte sich stets an dieser Leitlinie orientieren, die entsprechende Kontrollfrage stets gestellt werden[427].

B. Teleologische Kriterien

I. Ermessenslenkung durch höherrangiges Recht

1. Allgemeine Grundsätze

Der verfassungsrechtlich verankerte Vorrang des Gesetzes bewirkt eine umfassende Bindung der Exekutive. Jedes Verwaltungshandeln muß sich innerhalb der Grenzen halten, welche die formellen und materiellen Gesetze ziehen. Im Gefüge der Normenhierarchie gehen dabei höherrangige Normen den nachgeordneten Normen vor. Folglich hat die Verwaltung auch bei der Ausfüllung von Handlungsspielräumen diese Anforderungen zu beachten[428]. Einerseits muß sie zur umfassenden Bestimmung des Ermessensumfanges und der maßgeblichen Ermessensdirektiven die Ermessensvorschrift nach Maßgabe des höherrangigen Rechts ausgelegen[429]. Die Grundsätze der verfassungs- und europarechtskonformen Auslegung gelangen zur Anwendung. Andererseits können aufgrund der Umstände des Einzelfalles Schutzbereiche von Grundrechten oder die Grundsätze der Gleichheit und Verhältnismäßigkeit tangiert sein.

Ergibt sich im Wege der Auslegung, daß unabhängig vom Einzelfall Grundrechtspositionen betroffen sind oder daß andere verfassungsrechtliche Vorgaben oder Vorgaben des europäischen Rechts[430] bestehen, kommen bei

---

[427] Ein anschauliches Beispiel für die Auslegung einer Ermessensvorschrift im Hinblick auf eine (im Ergebnis verneinte) ermessensbeschränkende Intention liefern das OVG Berlin in einem Beschluß vom 14.2.2000 - 2 N 20/99 -, LKV 376 f., 377 li. Sp. unten, sowie das ThürOVG in einem Urteil vom 1.3.2000 - 2 KO 9/97 -, ThürVBl. 2000, 250 ff., 252 li. Sp.

[428] *Sachs* in: Stelkens/Bonk/Sachs, VwVfG, § 40 Rn. 83 ff.

[429] *Sachs* in: Stelkens/Bonk/Sachs, VwVfG, § 40 Rn. 63 ff.

[430] Die Lenkungswirkung des Gemeinschaftsrechts veranschaulicht die amtliche Begründung zu § 3 Abs. 5 Satz 1 GüKG n.F. (BT-Drucks. 13/9314 S. 17 (zu § 3 Abs. 5)): "Entfällt eine der Berufszugangsvoraussetzungen, ist die Erlaubnisbehörde grundsätzlich gezwungen, die Erlaubnis aufzuheben, da die Erlaubnis nach den Vorgaben

einem abstrakten Gewichtungsvorrang eines solchen Belangs die Grundsätze des intendierten Ermessens zur Anwendung[431]. Es ergeben sich insoweit keine Besonderheiten[432]. Allerdings erlangen die Wertungen des Verfassungs- und Europarechts aufgrund ihres höheren Ranges und der sich daraus ergebenden Bindungen besondere Bedeutung. Sie sind zum einen bei der Ermittlung eines möglichen a-priori-Vorranges entsprechend zu gewichten. Zum anderen gehen sie abweichenden Wertungen auf der Ebene des einfachen Rechts vor. [433]

2. Die Rücknahme gemeinschaftsrechtswidriger Subventionsbewilligungen

In diesem Zusammenhang rückt die Rückforderung rechtswidrig gewährter nationaler Beihilfen aufgrund einer bestandskräftigen Entscheidung der Kommission der Europäischen Gemeinschaft ins Blickfeld[434]. Nach der Rechtsprechung des Europäischen Gerichtshofes richtet sich die Rückforderungsentscheidung nach nationalem Verwaltungsverfahrensrecht. Dabei sind die Grenzen, die das Gemeinschaftsrecht setzt, zu beachten. Demnach darf

---

der Berufszugangsrichtlinie 96/26/EG vom 29. April 1996 und ihrer Umsetzung in § 3 Abs. 2 und 3 nur Bestand haben kann, solange alle drei subjektiven Berufszugangsvoraussetzungen vorliegen. Insoweit, insbesondere im Hinblick auf die persönliche Zuverlässigkeit des Unternehmers, besteht für die Erlaubnisbehörde allerdings ein Beurteilungsspielraum. Sonstige besondere Umstände des Einzelfalles, z.B. die Kreditwürdigkeit und den Goodwill eines Unternehmens und damit seine Sanierungschancen, hat die Erlaubnisbehörde zudem im Rahmen ihrer pflichtgemäßen Ermessensausübung zu berücksichtigen."

431 Zur vergleichbaren Konstellation bei der Auslegung einer Kann- als Muß-Vorschrift siehe oben, Kap. 3 unter B IV.

432 *Sachs* in: Stelkens/Bonk/Sachs, VwVfG, § 40 Rn. 29a, erachtet die Ermessenslenkung durch höherrangiges Recht allerdings als besonders hervorzuhebenden Umstand. Die Skepsis rührt offenbar daher, daß die Vorgaben des höherrangigen Rechts gleichsam als Ermessensgrenzen fungieren. Aber entsprechend der allgemeinen Abgrenzung zur Ermessensreduktion kommt es auch hier maßgeblich darauf an, ob die Umstände des Einzelfalles etwa grundrechtliche Schutzbereiche berühren oder ob losgelöst vom konkreten Einzelfall stets eine entsprechende Position betroffen ist (siehe auch oben, Kap. 3 unter B II 1 a bb).

433 Zum Grundsatz, daß Tragweite und Wirksamkeit des Gemeinschaftsrechts nicht beeinträchtigt werden dürfen, instruktiv EuGH, Urteil vom 21.9.1983 - verb. Rs. 205 bis 215/82 - "Deutsche Milchkontor", Slg. 1983, 2633 ff., 2668 f.; BVerwG, Urteil vom 17.2.1993 - 11 C 47.92 -, BVerwGE 92, 81 ff., 86.

434 So *Sachs* in: Stelkens/Bonk/Sachs, VwVfG, § 40 Rn. 29, unter Berufung auf *Iglesias*, EuGRZ 1997, 289 ff., 293 f. unter 7.

die Verwirklichung der gemeinschaftsrechtlichen Regelung nicht praktisch unmöglich werden, und die Anwendung des nationalen Rechts nicht zu einer Diskriminierung im Vergleich zu der Anwendung bei rein nationalen Streitigkeiten führen. Daraus folgt der Ausschluß einer Ermessensentscheidung über die Zweckmäßigkeit der Rückforderung und die grundsätzliche Gleichheit der Verfahren und der Pflichtenbindungen der Betroffenen. Die Grundsätze des national-rechtlichen Vertrauensschutzes und der Rechtssicherheit sind dabei als gleichsam gemeinschaftsrechtliche Grundsätze anzuwenden, wobei allerdings dem Interesse der Gemeinschaft an der Behebung des ungerechtfertigten Wettbewerbsvorteils des Subventionsempfängers im europäischen Binnenmarkt in vollem Umfange Rechnung zu tragen ist.[435] Diese allgemeinen Anforderungen, die der Europäische Gerichtshof zuerst für die Rückforderung rechtswidriger Gemeinschaftsbeihilfen entwickelt hatte, erfuhren eine Konkretisierung für die Rückforderung gemeinschaftsrechtswidriger nationaler Subventionen, die ohne Entscheidung der Kommission der Europäischen Gemeinschaft im Beihilfeaufsichtsverfahren nach Art. 88 EGV gewährt wurden[436]. Zwar gelangt auch hier nationales Recht zur Anwendung, die nationalen Behörden vollziehen aber lediglich die Entscheidungen der Kommission. Folglich entfällt hier ebenfalls jegliches Rücknahmeermessen. Der Beihilfeempfänger befindet sich mithin nicht im Ungewissen über die zu treffende Entscheidung. Der Grundsatz der Rechtssicherheit, der hinter der Ausschlußfrist des § 48 Abs. 4 VwVfG steht, dringt daher nicht durch. Ein Beihilfebegünstigter kann sich darüber hinaus - von atypischen Umständen abgesehen[437] - nur dann auf den in § 48 Abs. 2 VwVfG geregelten Vertrauensschutz berufen, wenn die Beihilfe unter Einhaltung des nach

---

435 EuGH, Urteil vom 21.9.1983 - verb. Rs. 205 bis 215/82 - "Deutsche Milchkontor", Slg. 1983, 2633 ff., 2664 ff..

436 EuGH, Urteil vom 20.3.1997 - Rs. C-24/95 - "Alcan II", Slg. I - 1591 ff., 1617 ff. (daran anschließend BVerwG, Urteil vom 23.4.1997 - 3 C 15.97 -, BVerwGE 106, 328 ff., 335 ff.; zur verfassungsrechtlichen Seite: BVerfG, (Kammer-)Beschluß vom 17.2.2000 - 2 BvR 1210/98 -, NJW 2000, 2015 f.).

437 EuGH, Urteil vom 20.9.1990 - Rs. C-5/89 - "Alcan I", Slg. I - 3437 ff., 3457 (Tz. 16), Urteil vom 20.3.1997 - Rs. C-24/95 - "Alcan II", Slg. I - 1591 ff., 1620 f. (Tz. 40 ff.) und 1623 (Tz. 51); BVerwG, Urteil vom 17.2.1993 - 11 C 47.92 -, BVerwGE 92, 81 ff., 86; Urteil vom 23.4.1998 - 3 C 15.97 -, BVerwGE 106, 328 ff., 336; *Geurts*, Vertrauensschutz, S. 329 ff.; *Iglesias*, EuGRZ 1997, 289 ff., 293. Durch solche atypischen Umstände wird die gebotene Rückforderung *nicht* allgemein "praktisch unmöglich".

A.A. *Ehlers*, GewArch. 1999, 305 ff., 308 f. m.w.N. (auch aus der Rspr. des EuGH), unter Verweis auf die Bestandskraft der Kommissionsentscheidung, die sämtliche Vertrauensschutzgesichtspunkte abschließend zu würdigen habe.

Art. 88 EGV zwingend vorgesehenen Verfahrens gewährt wurde. Der Begünstigte ist verpflichtet, sich zu vergewissern, ob dies geschehen ist. Aus den gleichen Gründen dringt der Entreicherungseinwand nicht durch.

Die Entscheidungen zeigen, daß der Europäische Gerichtshof zwar eine Ermessensentscheidung ausschließt, aber bei schutzwürdigem Vertrauen des Subventionsbegünstigten die Rückforderung ausscheidet. Allerdings bedarf es zur effektiven Durchsetzung des Wettbewerbsschutzes eines Vertrauenstatbestandes, der über § 48 Abs. 2 Satz 2 VwVfG hinausgeht. In die nach § 48 Abs. 2 Satz 1 VwVfG vorzunehmenden Abwägung ist als öffentliches Interesse auch das gemeinschaftsrechtliche Interesse an der Rückforderung einzustellen, und zwar mit dem Gewicht, das ihm aufgrund des höheren Ranges des europäischen Rechts zukommt.

Die Rücknahmeentscheidung der Kommission bewirkt somit für den Mitgliedsstaat eine unmittelbare Bindung[438]. Aufgrund dieses Umstandes scheidet ein Ermessen der nationalen Verwaltungsbehörde aus[439]. Vor diesem Hintergrund ist *kein Fall intendierten Ermessens anzunehmen*. Über die Frage, ob die Kommissionsentscheidung nun eine rechtliche oder faktische Reduzierung des Ermessens bewirkt, ob also eine gebundene Entscheidung oder eine einzelfallbezogene Ermessensschrumpfung auf Null vorliegt[440], läßt sich trefflich streiten. Die bei der Entscheidung, ob ein schutzwürdiges Interesse vorliegt, zu treffende Abwägung wird durch das überragende Gewicht des gemeinschaftsrechtlichen Rücknahmeinteresses im Regelfall entfallen, weil ihm mangels besonderer Vertrauensschutzaspekte keine abstrakt gleichwertigen Belange gegenüberstehen. Trotz der Ähnlichkeit dieser Konstellation mit dem intendierten Ermessen besteht ein entscheidender struktureller Unterschied: Die Entscheidung über die Schutzwürdigkeit des Vertrauens vollzieht sich auf der Ebene des Tatbestandes; sie unterliegt jedenfalls voller gerichtlicher Überprüfung[441]. Es zeigt sich aber, daß dem intendierten Ermessen ähnliche Vorgehensweisen bei jeder Abwägungsentscheidung in Betracht kommen, bei der ein Belang mit einem prima-facie-Vorrang ausgestattet ist.[442]

---

[438] Siehe auch Art. 14 BeihilfeverfahrensVO.

[439] BVerwG, Urteil vom 18.2.1993 - 3 C 64.90 -, BVerwGE 92, 81 ff., 87 unter 3; *Ehlers*, GewArch. 1999, 305 ff., 308 li. Sp. unten.

[440] Für eine Ermessensreduktion auf Null etwa *Suerbaum*, VerwArch. 91 (2000), 169 ff., 185 f. m.w.N.

[441] Zur Trennung von Tatbestandsabwägung und Ermessensentscheidung BVerwG, Urteil vom 18.2.1993 - 3 C 64.90 -, BVerwGE 92, 81 ff., 86 f.

[442] Die Ansicht von *Sachs* in: Stelkens/Bonk/Sachs, VwVfG, § 40 Rn. 29, beruht wohl auf dem Mißverständnis, die Ausführungen *Iglesias'*, EuGRZ 1997, 289 ff., 293 f.

II. Ausnahme- und Dispensermessen

Zahlreiche gesetzliche Regelungen, die an sich eine strikte Bindung des Normadressaten vorsehen, erfahren eine Öffnung durch Ausnahme- bzw. Dispensvorschriften. Geknüpft an bestimmte Voraussetzungen soll eine Abweichung von einem gesetzlichen Gebot oder Verbot möglich sein. Zu unterscheiden ist dabei zwischen Vorschriften, die ausdrücklich einen Ausnahmevorbehalt aufstellen, und solchen, die eine Befreiung vorsehen, um besonderen Umständen des Einzelfalls gerecht zu werden, die sowohl öffentliche als auch private Interessen betreffen können. Sehr anschaulich läßt sich dieser Unterschied an § 31 Abs. 1 und 2 BauGB nachvollziehen. Der Charakter als Ausnahme- bzw. Dispensvorschrift folgt in aller Regel aus dem Wortlaut der Ermessensvorschrift und/oder aus der Systematik des Gesetzes. Häufig finden sich Formulierungen wie "Ausnahme", "ausnahmsweise", "bei vorliegen gewichtiger Gründe, "zur Vermeidung unbilliger Härten" und ähnliche.[443]

Ausnahmen und Befreiungen dürfen grundsätzlich nur erteilt werden, wenn Belange betroffen sind, die das öffentliche Interesse, das hinter dem gesetzlichen Gebot oder Verbot steht, überwiegen. Sie dürfen nicht zu einer Aufhebung oder gar Umkehrung des gesetzlichen Regel-Ausnahme-Verhältnisses führen.[444] Ausgehend von dieser Prämisse liegt die Annahme intendierten Ermessens nahe[445]. Sofern keine besonderen Umstände vorliegen, erscheint der Eintritt in eine Abwägung nicht geboten. Allerdings läßt sich diese Schlußfolgerung nicht verallgemeinern. Vielmehr bedarf es der sorgfältigen Prüfung der jeweils maßgeblichen Interessen, die bei der Entscheidung zu berücksichtigen sind.

Gerade bei ausdrücklich normierten Ausnahmevorbehalten erkennt der Gesetzgeber die nicht fernliegende Möglichkeit eines Ausnahmeinteresses.

---

unter 7, (und des EuGH bzw. des BVerwG) bezögen sich auf die Ermessensausübung und nicht auf die Vertrauensschutzprüfung.

443 Ausführlich *Wolff/Bachof/Stober*, VerwR. II, § 46 Rn. 44 ff. (S. 63 f.). Zum Dispensermessen als Ermessenstypus Bullinger, JZ 1984, 1006 ff., 1007 f.; zum Dispensermessen im Grundrechtsbereich *Brohm*, JZ 1995, 369 ff., 373 f.

444 *Wolff/Bachof/Stober*, VerwR. II, § 46 Rn. 45 (S. 63).

445 *Wolff/Bachof/Stober*, VerwR. I, § 31 Rn. 34a (S. 457) erachten das intendierte Ermessen gar als Unterfall des Dispensermessens. *P. Stelkens/U. Stelkens* in: Stelkens/Bonk/Sachs, VwVfG, § 39 Rn. 35 sehen die Bewilligung einer Ausnahme/Befreiung von einer gesetzlichen Regel/Pflicht als "Fallgruppe" des intendierten Ermessens an; diese Annahme geht in ihrer Allgemeinheit zu weit, wie im folgenden aufgezeigt wird.

Mitunter - wie etwa im Falle des § 31 Abs. 1 BauGB - sind Ausnahmen nicht unerwünscht, lediglich das Verhältnis von Regel und Ausnahme soll gewahrt bleiben. In diesen Fällen steht kein vom Gesetzgeber hervorgehobenes, überragend wichtiges Interesse hinter der Regelfallentscheidung. Am Beispiel des § 31 Abs. 1 BauGB zeigt sich, daß das Regel-Ausnahme-Verhältnis Ausdruck einer bauplanerischen Entscheidung ist, die Ausnahmebebauungen ausdrücklich vorsieht. Die Vorschrift will nicht individuelle Härten vermeiden, sondern eine geordnete, an den planerischen Vorgaben ausgerichtete Bebauung ermöglichen. Diesem Zweck entsprechend muß die Behörde vornehmlich die städtebaulichen Belange, die sich aus dem Bebauungsplan ergeben, berücksichtigen. Somit erfordert § 31 Abs. 1 BauGB eine Abwägung, die den Anforderungen des § 1 Abs. 6 BauGB genügt.[446]

Anders verhält es sich bei Dispensvorschriften. Der Gesetzgeber will damit die schematisierende Strenge des Gesetzes mildern und Härten und Schwierigkeiten begegnen, die sich ergeben können, wenn aufgrund der besonderen Umstände des jeweiligen Einzelfalls der Anwendungsbereich des Gesetzes und seine materielle Zielrichtung nicht übereinstimmen[447]. Sofern die Berücksichtigung privater Interessen im Vordergrund steht, ist die Dispensvorschrift zur Wahrung des Verhältnismäßigkeitsgrundsatzes geboten[448]. Das Gesetz realisiert dieses Ziel, indem es den Ausnahmefall zum Tatbestandsmerkmal erhebt bzw. mehr oder minder konkrete Voraussetzungen für die Annahme eines Ausnahmefalles formuliert.[449] Anhand der tatbestandlichen Voraussetzungen kann sich eine der eigentlichen Intention entgegengesetzte Zweckrichtung ergeben, welche die Behörde für den Regelfall zur Dispensierung verpflichtet. Das ist der Fall, wenn alle für die anstehende Ermessensausübung regelmäßig relevanten Interessen im Tatbestand Berücksichtigung finden. Entweder sind die Voraussetzungen für die Befreiung sehr eng gefaßt und verschaffen dem Regel-Ausnahme-Verhältnis auf diese Weise Geltung, oder aber die Tatbestandsmerkmale umreißen so detailliert die betroffenen Interessen, daß die eigentliche Abwägung bereits im Tatbestand vorweggenommen wird. Insbesondere bei sogenannten Koppelungsvorschriften erfordern wertungsabhängige unbestimmte Rechtsbegriffe per

---

[446] Vgl. *Löhr* in: Battis/Krautzberger/Löhr, BauGB, § 31 Rn. 17 ff.

[447] BVerwG, Urteil vom 14.7.1972 - IV C 69.70 -, BVerwGE 40, 268 ff., 272; Urteil vom 19.12.1987 - 7 C 57.85 -, BVerwGE 78, 357 ff., 360.

[448] *Brohm*, JZ 1995, 369 ff., 373 re. Sp.

[449] Vgl. BVerwG, Beschluß vom 14.9.1992 - 7 B 130/92 -, NVwZ 1993, 583 f., 584.

se eine Abwägung, so vor allem die tatbestandlichen Merkmale der "besonderen" oder "unbilligen Härte" oder des "wichtigen Grundes".[450]

Das zuvor Gesagte gilt spiegelbildlich für das sogenannte Versagungsermessen, bei dem die Behörde ausnahmsweise eine regelmäßig zu gewährende Begünstigung versagen kann.

III. Ermessen zwecks Verwirklichung des Opportunitätsprinzips oder anderer rein öffentlicher Interessen

Denkbar sind Ermessensvorschriften, die lediglich zur Abwägung rein öffentlicher Interessen anhalten. Ob dem so ist, ergibt die Auslegung. In diesen Fällen besteht die Intention des Gesetzgebers darin, eine lediglich innere, also verwaltungsinterne Ermessensbindung[451] herbeizuführen. Es bedarf dann keiner nach außen transparenten Ermessensbetätigung und mithin keiner Begründung[452]. Diese Konstellation unterfällt an sich nicht dem Begriff des intendierten Ermessens, da eine Abwägung mit Interessen Dritter von vornherein ausgeschlossen ist, intendiertes Ermessen aber begrifflich voraussetzt, daß solche Drittinteressen, wenn auch nur ausnahmsweise, betroffen sein können. Ermessensermächtigungen, die ausschließlich im öffentlichen Interesse bestehen, stellen allerdings die große Ausnahme dar. In der Regel steht neben der Verfolgung interner öffentlicher Interessen die Abwägung von öffentlichen und privaten Interessen.

Der Zweck einer Vorschrift kann ferner darin bestehen, Ermessen ausschließlich oder auch deshalb einzuräumen, um der Behörde zu ermöglichen, Zweckmäßigkeitsüberlegungen anzustellen. Solche Vorschriften dienen der Durchsetzung des Opportunitätsprinzips. Die Verwaltung soll von

---

[450] Siehe BayVGH, Urteil vom 24.4.1985 - 7 B 84 A. 1295 -, SPE 272 Nr. 8 S. 6 ff., 7 f.; BVerwG, Urteil vom 1.8.1986 - 8 C 54/85 -, NVwZ 1987, 601 ff., 603 re. Sp.; Urteil vom 1.10.1986 - 8 C 29/84 -, NJW 1987, 1564 ff., 1565 re. Sp.; VGH Kassel, Urteil vom 10.12.1991 - 9 UE 3241/88 -, NVwZ-RR 1992, 636; BVerwG, Urteil vom 19.4.1994 - 9 C 343/93 -, NVwZ-RR 1995, 166 ff., 169; OVG MV, Beschluß vom 3.11.1998 - 2 M 105/98 -, LKV 1999, 466.
Unter Berufung auf ein sog. einheitliches Ermessen gelangen zu dem gleichen Ergebnis: BVerwG, Urteil vom 5.7.1985 - 8 C 22.83 -, BVerwGE 72, 1 ff., 5 f.; Urteil vom 13.3.1997 - 3 C 2.97 -, Buchholz 442.151 § 46 StVO Nr. 11 S. 9 ff., 12 f.

[451] Ausführlich *Drews/Wacke/Vogel/Martens*, Gefahrenabwehr, § 24 unter 2 (S. 373 ff.).

[452] *P. Stelkens/U. Stelkens* in: Stelkens/Bonk/Sachs, VwVfG, § 39 Rn. 30a - allerdings sollen die tragenden Zweckmäßigkeitsüberlegungen darzustellen sein (insoweit widersprüchlich).

unerfüllbaren Pflichten freigestellt werden; sie soll die Möglichkeit besitzen zu dulden und zu übersehen. Letztlich geht es um die Effektivität behördlichen Handelns. Das Ziel solcher Regelungen besteht mithin darin, der Behörde einen taktischen Freiraum einzuräumen[453]. Der betroffene Bürger besitzt kein einklagbares Recht, daß Belange der Allgemeinheit und insbesondere die Zweckmäßigkeit der Entscheidung gerichtlich überprüft werden; ihm bleibt lediglich die Möglichkeit, im Widerspruchsverfahren auf die Unzweckmäßigkeit hinzuweisen und eine andere Entscheidung anzuregen[454] - sofern die Widerspruchsbehörde nicht auf eine reine Rechtmäßigkeitskontrolle beschränkt ist. Die Eingriffsermächtigungen des Gefahrenabwehrrechts mögen als Beispiele dienen.

Auch Vorschriften, die ein Ermessen zu Zwecken der Verwaltungsvereinfachung und Verwaltungseffizienz eröffnen, gehören in diesen Zusammenhang. So gestalten die Vorschriften über die Auswahl von Gesamtschuldnern einen taktischen Freiraum, welcher der effektiven Durchsetzung staatlicher Ansprüche dient[455].

Vorschriften, die Ermessen einerseits zur Verwirklichung des Opportunitätsprinzips oder anderer öffentlicher Interessen - etwa zur Ermöglichung effizienten Verwaltungshandelns - eröffnen, andererseits aber eine Abwägung mit privaten Interessen vorsehen, und sei es nur im Ausnahmefall, weisen demnach zwei Ermessensebenen[456] auf, eine innere und eine äußere. Während die innere, dem rein öffentlichen Interesse gewidmete und daher verwaltungsinterne Ebene kein rechtlich geschütztes Interesse des Betroffenen berührt, entsteht auf der äußeren Ermessensebene die Notwendigkeit einer Abwägung bzw. die Frage nach ihrer Entbehrlichkeit in einem gesetzlich präferierten Regelfall. Wenn die gesetzliche Zweckrichtung nun dahin geht, daß Ermessen vornehmlich zur Verwirklichung des Opportunitätsprinzips oder eines anderen internen öffentlichen Interesses einzuräumen,

---

[453] *Bullinger*, JZ 1984, 1001 ff., 1007 unter C I, der den Begriff des taktischen Ermessens entwickelte; in diesem Sinne auch *Schwabe*, DVBl. 1998, 147 f., 147 re. Sp. unter 2.

[454] *Brühl*, JuS 1995, 249 ff., 254 re. Sp. unter V; *Drews/Wacke/Vogel/Martens*, Gefahrenabwehr, § 24 unter 2 (S. 374); *Henneke* in: Knack, VwVfG, § 40 Rn. 39 m.w.N.; *Liebetanz* in: Obermayer, VwVfG, § 40 Rn. 28; *Sachs* in: Stelkens/Bonk/Sachs, VwVfG, § 40 Rn. 72.

[455] Siehe oben, Kap. 2 unter C.

[456] Zu diesen beiden Ermessenszwecken/-ebenen bereits *Bachof*, JZ 1972, 641 ff., 642 re. Sp. unter V. Vgl. auch *Brinktrine*, Verwaltungsermessen, S. 90 ff., zu den zentralen Ermessensfunktionen.

private Interessen aber nur im Ausnahmefall dem Einschreiten entgegenstehen, dann ist daraus eine ermessenslenkende Intention abzuleiten.

Die Behauptung, das Opportunitätsprinzip werde durch die Annahme intendierten Ermessens ad absurdum geführt, weil das Entschließungsermessen immer reduziert werde mit der Konsequenz, daß Für und Wider des Einschreitens nicht mehr abgewogen und auch nicht mehr begründet werden müssen[457], trifft somit nicht zu. Vielmehr verkennt diese Ansicht, daß eine Ermesseneinschränkung auf der äußeren Ebene nicht gleichsam eine solche auf der inneren Ebene nach sich zieht. Zweckmäßigkeitserwägungen schließen sich an die Entscheidung über das Einschreiten unter Berücksichtigung der privaten Belange an. Wenn im Außenverhältnis ein Regelfall vorliegt, der ein Eingreifen gebietet, so bleibt es der Behörde unbenommen, aus Opportunitätsgründen zuzuwarten oder gar nicht einzuschreiten. Die abweichende Auffassung hätte die zweifelhafte Konsequenz, daß eine ordnungsrechtliche Verfügung stets auch Erwägungen zum Nichteinschreiten enthalten müßte, um nicht ein Ermessensdefizit aufzuweisen[458]. Liegen Opportunitätsgründe nicht vor, greift freilich die Intention durch mit der Folge einer Pflicht zum Tätigwerden[459].

Ein Anhaltspunkt für intendiertes Ermessen ergibt sich demnach, wenn aus der Auslegung einer Vorschrift folgt, daß Ermessen vorwiegend, aber nicht ausschließlich deshalb eingeräumt wird, um dem Opportunitätsprinzip oder einem internen öffentlichen Interesse Geltung zu verschaffen. Wenn überwiegend nur Zweckmäßigkeits- oder Effektivitätserwägungen ermöglicht werden sollen, dann steht im Außenverhältnis außer Frage, daß an und für sich zwingend einzuschreiten wäre. Ein Ermessensspielraum besteht dann gerade nicht, um in großem Umfange Umstände des Einzelfalles einer Abwägung zuzuführen.[460]

---

[457] *Volkmann*, DÖV 1996, 282 ff., 287 re. Sp. unter 5.

[458] So zutr. *Schwabe*, DVBl. 1998, 147 f.

[459] I.d.S. auch *Schwabe*, DVBl. 1998, 147 f. Von der praktischen Seite aus ganz ähnlich *Rachor* in: Lisken/Denninger, PolizeiR., F Rn. 58, 67 und 68.
Zum Meinungsstand siehe ausführlich oben, Kap. 2 unter A IV.

[460] So insb. *Schwabe*, DVBl. 1998, 147 f. Ebenso *Beuermann*, Intendiertes Ermessen, S. 107 f.

IV. Herstellung rechtmäßiger Zustände als Regelungszweck

Einer Vielzahl von Entscheidungen liegt der Gedanke zugrunde, die Beseitigung rechtswidriger bzw. die Herstellung rechtmäßiger Zustände als Regelungszweck rechtfertige eine vereinfachte Ermessensbetätigung im Sinne des intendierten Ermessens[461]. Für diese Annahme sprechen das Gebot der Gesetzmäßigkeit der Verwaltung als Ausprägung des Rechtsstaatsprinzips sowie der Gleichheitsgrundsatz.

Ordnungsrechtliche Eingriffsermächtigungen sollen der Verwaltungsbehörde die Möglichkeit eröffnen, durch bestimmte Maßnahmen - beispielhaft seien nur die Abrißverfügung, die Nutzungsuntersagung und die Einstellungsverfügung aus dem Bauordnungsrecht genannt - Verstöße gegen gesetzliche Anordnungen zu beseitigen bzw. zu unterbinden. Sie dienen sowohl der Durchsetzung öffentlich-rechtlicher Pflichten und mithin öffentlicher Interessen als auch der Durchsetzung der vom Schutzzweck der Norm erfaßten privaten Interessen in Drittbeteiligungsfällen. Die Verwaltung ist an diese gesetzlichen Vorgaben gebunden, das Rechtsstaatsprinzip gebietet die Durchsetzung der gesetzlichen Anordnungen gegenüber den Betroffenen. Diesen geschützten Interessen stehen im vorhinein und unabhängig vom Einzelfall *keine gleichwertigen* privaten Belange des Adressaten gegenüber. Die grundlegende Abwägung der einzelnen Belange erfolgt bereits durch den Gesetzgeber, indem er bestimmte Verbote und Gebote aufstellt. Aspekte des Vertrauensschutzes, der Verhältnismäßigkeit, der Gleichheit oder der materiellen Gerechtigkeit beeinflussen die Entscheidung erst, wenn sie im konkreten Einzelfall hervortreten. Somit führt das eingeräumte Ermessen gerade nicht zu einer ergebnisoffenen Abwägung, in die diverse öffentliche und private Belange einzustellen wären; vielmehr stellt sich die Frage, ob die Verwaltungsbehörde einschreiten darf oder ob sie aufgrund der konkreten Umstände ausnahmsweise daran gehindert ist[462]. Ermessen ist nach alledem

---

[461] Diese "Fallgruppe" heben nunmehr hervor *Beuermann*, Intendiertes Ermessen, S. 94 ff. und 156; *P. Stelkens/U. Stelkens* in: Stelkens/Bonk/Sachs, VwVfG, § 39 Rn. 35, sowie *Sachs* in: Stelkens/Bonk/Sachs, VwVfG, § 40 Rn. 28. Ähnlich *Liebetanz* in: Obermayer, VwVfG, § 39 Rn. 35.

[462] Die umstrittene Frage, ob und wann ein lediglich formell rechtswidriger Zustand beseitigt werden darf, soll ausgeklammert bleiben. Sie berührt die Problematik des intendierten Ermessens allenfalls am Rande. Vertritt man die Auffassung, daß ein formell rechtswidriges aber materiell rechtmäßiges (oder als behebbar rechtswidriges) Vorhaben ein Einschreiten nicht rechtfertigt, so kann dieser Umstand als atypisch im Sinne der Konzeption des intendierten Ermessens gelten mit der Folge, daß eine Ab-

nicht eröffnet, um die Behörde regelmäßig zu einer Abwägung der Einzelfallumstände zu bewegen, sondern um der Behörde einen Zweckmäßigkeitsspielraum zu eröffnen. Das Ermessen hat die Aufgabe, das Opportunitätsprinzip zu realisieren.[463]

Zwei Kontrollüberlegungen bestätigen dieses Ergebnis: Hinter den Eingriffsermächtigungen stehen zumeist zwingende materielle Vorgaben – von Ausnahmen und Befreiungen, die von erhöhten Voraussetzungen abhängen einmal abgesehen. Damit ist ein Ermessensspielraum an sich nicht zu vereinbaren. Der gesetzlichen Wertung läßt sich nicht entnehmen, welche widerstreitenden Interessen die bindenden materiellen Vorgaben relativieren könnten. Die Voraussetzungen einer Ausnahme oder Befreiung werden nur selten vorliegen; im Regelfall bedarf es einer dahingehenden Prüfung jedenfalls nicht. Es ist Sache eines jeden ordnungsrechtlich Verantwortlichen, auf die Berücksichtigung besonderer Umstände hinzuweisen.

Darüber hinaus erhebt sich bei genehmigungspflichtigen Vorhaben der Einwand der gleichheitswidrigen Behandlung. Ein Vorhabenträger, der die materiellen Voraussetzungen nicht erfüllt, bekommt keine Genehmigung für sein Vorhaben erteilt. Die Eingriffsermächtigungen dienen dem Zweck, die materiellen Gebote und Verbote sowie den Weg über das präventive Genehmigungsverfahren durchzusetzen. Dann darf aber kein Unterschied bestehen zwischen demjenigen, der mangels Erfüllung der materiellen Voraussetzungen keine Erlaubnis erhält, und demjenigen, der ohne Erlaubnis unter Verletzung materieller Vorgaben sein Vorhaben ins Werk setzt. Es leuchtet nicht ein, im letztgenannten Fall ein auf materielle Aspekte bezogenes Ermessen (und nicht nur ein taktisches Ermessen) zu eröffnen, während im ersten Fall die Versagung der Erlaubnis zwingend ist.

Die Annahme intendierten Ermessens trägt diesem Befund Rechnung. Im Regelfall darf ohne großen Entscheidungs- und Begründungsaufwand eingeschritten werden; nur ausnahmsweise zu berücksichtigende Interessen des Betroffenen finden hinreichende Berücksichtigung bei der Prüfung, ob ein atypischer Fall vorliegt.

Ermessensnormen, die ihrem Zweck nach der Durchsetzung grundsätzlich zwingender materieller Vorgaben und mithin der Beseitigung rechts-

---

wägung zu dem soeben genannten Ergebnis führt, eine Beseitigungsanordnung usw. zu unterlassen.

[463] Zu demselben Ergebnis gelangt das BVerwG, Beschluß vom 28.8.1980 - 4 B 67.80 -, Buchholz 406.11 § 35 BBauG Nr. 168, S. 126 ff., 128, wenn auch mit verkürzender Begründung. Zum Opportunitätsprinzip siehe zuvor I.

widriger Zustände dienen, eröffnen folglich in aller Regel nur ein eingeschränktes, in Richtung auf das Einschreiten intendiertes Ermessen. Ein uneingeschränkter Handlungsspielraum verbleibt im Regelfall aber im Hinblick auf Opportunitätsgesichtspunkte.

Auch bei §§ 48, 49 VwVfG erlangt der Gedanke der Rechtsbindung der Verwaltung eine gewisse Bedeutung: Im Falle der Rücknahme rechtswidriger § 48 Abs. 1 VwVfG ist der Aspekt der Herstellung rechtmäßiger Zustände bereits notwendige Voraussetzung für die Anwendung des § 48 VwVfG. Als solche vermag sie nicht, den Ermessensrahmen allgemein zu verengen und den Aspekt der Bestandskraft zu relativieren. Vielmehr stehen sich die beiden Prinzipien der materiellen Gerechtigkeit und der Rechtssicherheit in der Regel gleichgewichtig gegenüber.[464] Vor Erlaß der Verwaltungsverfahrensgesetze war allerdings jeder rechtswidrige Verwaltungsakt wegen der Gebundenheit der Verwaltung an Recht und Gesetz grundsätzlich frei rücknehmbar. Lediglich ausnahmsweise sollte aus Vertrauensschutzgründen ein rechtswidriger Verwaltungsakt fortbestehen.[465]

Nunmehr regeln die Absätze 2 und 3 des § 48 VwVfG den Umfang des Vertrauensschutzes für den von der Rücknahme eines *begünstigenden* Verwaltungsaktes Betroffenen. Nach Abs. 2 Satz 1 dürfen Verwaltungsakte, die einmalige oder laufende Geldleitungen oder teilbare Sachleitungen gewähren oder dafür Voraussetzung sind, überhaupt nur zurückgenommen werden, wenn ein Vertrauen des Betroffenen in den Bestand des Verwaltungsaktes schutzwürdig ist. Die Frage der Schutzwürdigkeit muß im Wege der Abwägung des Vertrauensinteresses mit dem Rücknahmeinteresse ermittelt werden (Abs. 2 Satz 2). Unter denselben Voraussetzungen sieht § 48 Abs. 3 Satz 1 VwVfG bei sonstigen begünstigenden Verwaltungsakten eine Pflicht zum Ausgleich des vertrauensbedingten Vermögensschadens vor. Nach § 48 Abs. 2 Satz 3 VwVfG, der über § 48 Abs. 3 Satz 2 VwVfG zur Anwendung gelangt, ist in bestimmten Fällen die Berufung auf den Vertrauensschutz gänzlich ausgeschlossen. Der Aspekt des Vertrauensschutzes findet demnach bereits von Gesetzes wegen auf der Tatbestandsseite Berücksichtigung. Für die Ermessensabwägung ergeben sich daraus folgende Konsequenzen: Die Rücknahme nach § 48 Abs. 2 VwVfG kann nur erfolgen, wenn das Vertrauensinteresse hinter dem Rücknahmeinteresse zurückbleibt. Die tatbestandliche Abwägung nimmt die Ermessensabwägung insoweit vorweg. Da aber das Vertrauensinteresse das typische und in der Regel einzige private Inter-

---

[464] *Sachs* in: Stelkens/Bonk/Sachs, VwVfG, § 48 Rn. 96 m.w.N.
[465] Hierzu ausführlich *Sachs* in: Stelkens/Bonk/Sachs, VwVfG, § 48 Rn. 37 ff.

esse ist, das gegen die Rücknahme spricht, bleiben nur ganz außergewöhnliche Fälle übrig, in denen die Verwaltungsbehörden von der Rücknahme absehen müssen[466]. Dieses Regel-Ausnahme-Verhältnis kann durch die Grundsätze des intendierten Ermessens berücksichtigt werden. Zwar mag die Behörde nicht gezwungen sein zurückzunehmen, sie darf sich aber jedenfalls auf die Regelhaftigkeit der Rücknahme und das Fehlen besonderer Einzelfallumstände, die eine Aufhebung hindern könnten, berufen. Die Rücknahme sonstiger begünstigender, von § 48 Abs. 2 VwVfG nicht erfaßter Verwaltungsakte vollzieht sich genauso. Der Gesetzgeber sieht in § 48 Abs. 3 VwVfG eine Ausgleichspflicht bei schutzwürdigem Vertrauen vor, bringt damit aber gleichsam zum Ausdruck, daß bei der Aufhebungsentscheidung als solcher der Vertrauensschutz grundsätzlich keine Berücksichtigung zu finden hat. Dann aber verbleibt für die Abwägung im Regelfall kein privates Interesse übrig, das der Rücknahme entgegenstünde. Folglich erscheint die Rücknahme als Regelfallentscheidung, die Figur des intendierten Ermessens gelangt zur Anwendung.[467]

Ähnlich stellt sich die Rechtslage beim Widerruf begünstigender Verwaltungsakte dar. Der Widerruf gemäß § 49 Abs. 2 Satz 1 Nrn. 3 und 4 sowie Abs. 3 Satz 1 Nr. 1 VwVfG beseitigt einen rechtswidrigen Zustand, der seine Ursache in der Tatbestandswirkung des aufzuhebenden Verwaltungsaktes hat. Die Aufhebung dient in diesen Fällen der Anpassung der formellen Rechtslage an die materielle. Die Aufhebungsbehörde befindet sich dabei in der grundsätzlich gleichen Situation, wie wenn sie im Zeitpunkt der Aufhebung über den Erlaß des aufzuhebenden Verwaltungsaktes zu befinden hätte. In gleicher Weise wie beim Erlaß ist die handelnde Behörde an das Gesetz gebunden, nur die Aufhebungsermächtigungen können dabei als vorrangige Regelungen einen Spielraum eröffnen. Auch der Gleichheitssatz (Art. 3 GG) gebietet grundsätzlich eine gleichlautende Entscheidung, egal ob der Erlaß eines Verwaltungsaktes zu verwehren oder die Aufhebung wegen Rechtswidrigkeit vorzunehmen ist. Der einzige Unterschied ergibt sich unter dem Aspekt des Vertrauensschutzes für den Begünstigten/Betroffenen. § 49 Abs. 6 VwVfG sieht für die Widerrufsfälle, in denen schutzwürdiges Vertrauen bestehen kann (§ 49 Abs. 3 Sätze 3 - 5 VwVfG), die Entschädigung des vertrauensbedingten Vermögensnachteils vor. Diese spezielle Regelung berücksichtigt den Vertrauensschutzaspekt abschließend; er scheidet mithin als ermessensrelevanter Belang grundsätzlich aus[468]. Der Vertrauensschutz

---

[466] *Schwabe*, DVBl. 1998. 147 f., 147 unter 2.
[467] A.A. *Beuermann*, Intendiertes Ermessen, S. 117 f.
[468] *Meyer* in: Knack, VwVfG, § 48 Rn. 48.

findet allenfalls dann Eingang in die Abwägung, wenn ausnahmsweise die Entschädigung zur Kompensation des enttäuschten Vertrauens nicht ausreicht. Einfließen können allerdings einzelne Teilaspekte des Vertrauensschutzes (z.B. der der Rechtssicherheit)[469]. Wenn also der Vertrauensschutzaspekt weitestgehend der Abwägung entzogen ist, so bleiben nur atypische Fälle übrig, die ein Absehen von dem Widerruf rechtfertigen können. Somit besteht ein Regel-Ausnahme-Verhältnis, für dessen Bewältigung das intendierte Ermessen eine Lösung bietet.[470]

Zusammenfassend zeigt sich, daß der Aspekt der Herstellung rechtmäßiger Zustände und die Bindung der Verwaltung an Recht und Gesetz auch bei der Aufhebung von Verwaltungsakten Bedeutung erlangt. Allerdings spielen bei der Aufhebung nach §§ 48, 49 VwVfG bzw. nach deren landesrechtlichen Äquivalenten auch Wertungen des Fachrechts eine große Rolle, wie noch zu erörtern sein wird. Inwieweit eine Gesetzesbindung besteht, wie gewichtig das Interesse an der Aufhebung eines Verwaltungsaktes und der Beseitigung eines rechtswidrigen Zustandes sich darstellt, kann letztlich nur anhand der betroffenen (öffentlichen) Interessen beantwortet werden. Es versteht sich von selbst, daß der bloße Umstand der Rechtswidrigkeit noch nichts über die Gewichtigkeit der damit betroffenen Interessen aussagt.

V. Fachrechtsspezifische und allgemeine Grundsätze

1. Gesetzliche Zweckvorgaben

In zahlreichen Gesetzen neueren Datums finden sich unter den allgemeinen Vorschriften Zweckvorgaben, welche die gesetzgeberische Absicht, die hinter der Gesamtregelung steht, offenlegen[471]. Da aus diesen Vorschriften

---

A.A. *Kopp/Ramsauer*, VwVfG, § 48 Rn. 122.

[469] *Meyer*, a.a.O.

[470] Ebenso BVerwG, Urteil vom 24.1.1992 - 7 C 39.80 -, Buchholz 316 § 49 VwVfG Nr. 25 S. 6 ff., 9 f.; *Schwabe*, DVBl. 1998, 147 f., 147 unter 2.
A.A. *Beuermann*, Intendiertes Ermessen, S. 84 f., die immer eine Abwägung mit Vertrauensschutzaspekten verlangt, weil die Entschädigungspflicht Ausdruck der besonderen Bedeutung des Vertrauensschutzes sei, der in der Regel den Widerruf ausschließe.

[471] Z.B. § 1 BImSchG, § 1 KrW-/AbfG, § 1 AtG, § 1 PflSchG, § 1 TierSchG, § 1 TKG.

keine unmittelbare Rechtsfolge resultiert, kommt ihnen lediglich bei der Auslegung einzelner Vorschriften Bedeutung zu. Weil sich der Wille des Gesetzgebers auf diese Weise unmittelbar dem Gesetz entnehmen läßt, ist diese Vorgabe - anders als die in Gesetzesbegründungen zum Ausdruck kommenden Motive, die nach den überkommenen Auslegungsmethoden überwunden werden können - für die Auslegung der Einzelvorschriften verbindlich. Somit erlangen solche Zweckvorgaben auch Bedeutung für die Ermittlung einer gesetzlichen Intention.[472] Es ist bei jeder in Betracht kommenden Ermessensvorschrift zu prüfen, ob ein solcher übergeordneter Gesetzeszweck eine ermessenslenkende Wirkung ausübt. Zwar erging bislang noch keine gerichtliche Entscheidung, die maßgeblich auf eine derartige Zweckvorgabe abgestellt hätte. Angesichts der Bedeutung der Auslegung für die Ermittlung einer gesetzlichen Intention liegt dies aber nahe.

2. Die haushaltsrechtlichen Grundsätze der Wirtschaftlichkeit und Sparsamkeit

In einer ganzen Reihe von Entscheidungen sieht die Rechtsprechung die haushaltsrechtlichen Grundsätzen der Wirtschaftlichkeit und Sparsamkeit[473] als ermessenslenkende Faktoren an[474]. Ein wichtiges Anwendungsfeld bildet der Widerruf von Subventionsbescheiden[475] und die damit verbundene Zinsforderung nach § 49a VwVfG[476]. Ferner kommt diesen Grundsätzen bei § 129 Abs. 1 Satz 3 BauGB hinsichtlich des Umfangs des von einer Gemeinde zu tragenden Erschließungsaufwandes entscheidende Bedeutung zu[477]. Schließlich rekurriert die Rechtsprechung bei der Durchsetzung von Geldleistungsansprüchen der öffentlichen Hand auf diese Grundsätze[478].

---

[472] Offenbar für eine Ermessenslenkung durch ausdrückliche gesetzliche Zweckbestimmungen: *Brinktrine*, Verwaltungsermessen, S. 95 f. und 551. Vgl. auch *Kopp/Ramsauer*, VwVfG, § 40 Rn. 23.

[473] Zum Inhalt dieser Grundsätze u.a. *Heller*, Haushaltsgrds., Kap. 4 Rn. 124 ff. (S. 116 ff.); *Wiesner*, Öff. Finanzwirtschaft, S. 97 ff.

[474] Eine entsprechende "Fallgruppe" erkennen nunmehr an *Beuermann*, Intendiertes Ermessen, S. 118 ff. und 156; *P. Stelkens/U. Stelkens* in: Stelkens/Bonk/Sachs, VwVfG, § 39 Rn. 35, sowie *Sachs* in: Stelkens/Bonk/Sachs, VwVfG, § 40 Rn. 28a.

[475] BVerwG, Urteil vom 16.6.1097 - 3 C 22.96 -, BVerwGE 105, 55 ff., 57 ff.; VGH BW, Urteil vom 1.2.1983 - 10 S 1346/82 -, NVwZ 1983, 552 ff., 554 f. (zu § 7 Abs. 1 BadWürttHaushO).

[476] ThürOVG, Urteil vom 16.2.1999 - 2 KO 61/96 -, ThürVBl. 1999, 161 ff., 163 li. Sp.

[477] BVerwG, Beschluß vom 27.1.1989 - 7 B 12.89 -, DVBl. 1989, 929 f., 930.

[478] Z.B. BVerwG, Urteil vom 24.11.1998 - 1 C 33.97 -, BVerwGE 108, 1 ff., 17 ff.

Aufgrund der Gesetzesbindung der Verwaltung habe sie die haushaltsrechtlichen Grundsätze bei den genannten Entscheidungen zu beachten.

Ob diesen Grundsätzen tatsächlich eine ermessenslenkende Wirkung zukommt, läßt sich nur im Wege der zweckorientierten Auslegung ermitteln. Dabei kommt es zunächst darauf an, ob sie Wirksamkeit nach außen entfalten oder ob es sich lediglich um verwaltungsinterne Bindungen handelt.

Zahlreiche Verwaltungsentscheidungen und -maßnahmen in Ausführung der Haushaltspläne werden erst dann ausgabewirksam, wenn sie Rechtswirkungen im Außenrechtskreis entfalten. Wollte man hier die Anwendung der Grundsätze auf den Innenrechtsbereich der Verwaltung beschränken, so würden sie nur in Fällen relevant, in denen die verwaltungsinterne Maßnahme per se einen Mehraufwand erzeugt, im übrigen aber leerlaufen. Ausgehend von der Regelungsintention müssen daher aus Sicht des Haushaltsrechts diese Grundsätze immer dann über den Innenrechtskreis hinaus auf außenwirksames Verwaltungshandeln erstreckt werden, wenn und soweit dieses ausgabewirksam ist.[479] Zumindest über die Einbruchstellen wertungsabhängiger unbestimmter Rechtsbegriffe und über Ermessensermächtigungen wirken die haushaltsrechtlichen Grundsätze als Steuerungsfaktoren[480]. Folglich erlangen sie bei den hier interessierenden Ermessensentscheidungen Wirksamkeit auch im Außenrechtsbereich, indem sie als abwägungsrelevante Belange heranzuziehen sind[481].

Daran anschließend stellt sich die Frage, ob die haushaltsrechtlichen Grundsätze derart überragende Bedeutung besitzen, daß es zu einer Ermessenslenkung kommt[482]. Die Judikate, die ein intendiertes Ermessen in die-

---

Siehe ausführlich dazu Kap. 2 unter C.

479 *Friauf*, Referat in: Verhdlg. d. 55. DJT - Teil M, S. M8 ff., M29 f.; *von Mutius*, VVDStRL 42 (1984), 147 ff., 176 f.

480 *von Arnim*, Wirtschaftlichkeit, S. 96 f.; *Friauf*, Referat in: Verhdlg. d. 55. DJT - Teil M, S. M8 ff., M29 f.; *von Mutius*, VVDStRL 42 (1984), 147 ff., 198 f.; *Peters*, DÖV 2001, 749 ff., 752 ff.

481 So auch - ohne nähere Begründung - die einschlägige Rechtsprechung, insb. BVerwG, Urteil vom 16.6.1997 - 3 C 22.96 -, BVerwGE 105, 55 ff., 57 ff. Zustimmend: *von Arnim*, Wirtschaftlichkeit, S. 96 f. und 99; *Friauf*, Referat in: Verhdlg. d. 55. DJT - Teil M, S. M8 ff., M29 f.; *Grupp*, DÖV 1983, 661 ff., 663 re. Sp. vor II; *Kirchhof*, NVwZ 1983, 505 ff., 511 f. unter III 1 a; *Meyer* in: Knack, VwVfG, § 48 Rn. 50 m.w.N.; *von Mutius*, VVDStRL 42 (1984), 147 ff., 176 f. und 198 f.; *Peters*, DÖV 2001, 749 ff., 752 ff.

482 Zum jeweiligen Meinungsstand siehe oben, Kap. 2.
Kritisch *von Arnim*, Wirtschaftlichkeit, S. 100 f.; *Peters*, DÖV 2001, 749 ff., 757 f.; eine Ermessensreduzierung zumindest nicht ausschließend *von Mutius*, VVDStRL 42

sem Zusammenhang annehmen[483], berufen sich auf die Regelungen in den jeweiligen Haushaltsordnungen bzw. dem Haushaltsgrundsätzegesetz (§ 6) und dem daraus folgenden evidenten Vorrang. Das entspricht der Sichtweise des Bundesverfassungsgerichts[484]. Nach den vorangegangenen Überlegungen ergeben die gesetzlich festgeschriebenen Grundsätze nur dann einen Sinn, wenn sie bei (Ermessens-)Entscheidungen im Außenrechtsbereich Berücksichtigung finden. Um sie allerdings effektiv zur Anwendung zu bringen, bedarf es grundsätzlich ihrer vorrangigen Beachtung. Das ist nicht der Fall, wenn sie gleichrangig den betroffenen privaten Interessen gegenübergestellt werden; dann nämlich führt die notwendige Abwägung oftmals zur Überwindung der Grundsätze. Die Vorschriften der Haushaltsordnungen könnten auf diese Weise ihren Zweck nicht erfüllen; der gesetzgeberischen Intention, eine sparsame Verwendung und Verwaltung öffentlicher Mittel zu erreichen, würde nicht entsprochen. Darüber hinaus gewährleistet der Vorrang - vom Ergebnis aus betrachtet - die gleiche und einheitliche Behandlung der Betroffenen[485]. Sofern in atypischen Fällen (etwa unter dem Aspekt der Verhältnismäßigkeit) eine abweichende Entscheidung nach entsprechender Abwägung der Belange möglich bleibt - und das ist beim intendierten Ermessen der Fall -, bestehen gegen diese Betrachtungsweise keine Bedenken[486].

Wo freilich das Gesetz Belange ausdrücklich als gleichwertig ausweist oder eine sonstige abweichende Entscheidung trifft, treten die Grundsätze der Wirtschaftlichkeit und Sparsamkeit zurück. Als Beispiele mögen die § 53 Abs. 2 Satz 3 BRRG nachgebildeten Vorschriften der Beamtengesetze, § 12 Abs. 2 Satz 3 BBesG und § 52 Abs. 2 Satz 3 BeamtVG, genügen, wonach Billigkeitsbelange bei der Entscheidung über die Rückforderung zuviel gezahlter Dienst- und Versorgungsbezüge jedenfalls zu berücksichtigen sind; hier sind zwingend alle Umstände des Einzelfalls in die Abwägung einzustellen[487].

(1984), 147 ff., 201 f., aber kritisch bzgl. verfahrensrechtlicher Konsequenzen (S. 203 f.).

483 Siehe oben, Kap. 2 - insb. BVerwG, Urteil vom 16.6.1997 - 3 C 22.96 -, BVerwGE 105, 55 ff., 58.

484 BVerfG, Beschluß vom 12.2.1969 -1 BvR 687/62 -, BVerfGE 25, 216 ff., 228, und Beschluß vom 16.3.1071 - 1 BvR 52, 665, 667, 754/66 -, BVerfGE 30, 292 ff., 332.

485 So HessVGH, Urteil vom 30.5.1994 - 11 UE 1684/92 -, NVwZ-RR 1995, 29 f., 30 li. Sp. zur Kostenbeitreibungspflicht.

486 BVerwG, Urteil vom 24.11.1998 - 1 C 33.97 -, BVerwGE 108, 1 ff., 17 f.

487 Vgl. BVerwG, Urteil vom 21.10.1999 - 2 C 11.99 -, BVerwGE 109, 365 ff., 370 f.; *Grundmann*, ZBR 1999, 154 ff., 155 li. Sp. m.w.N.

Im Ergebnis kommt den *haushaltsrechtlichen Grundsätzen der Wirtschaftlichkeit und Sparsamkeit* somit *bei allen Ermessensentscheidungen* eine *ermessenslenkende Wirkung* im Sinne intendierten Ermessens zu, *welche die Verwirklichung von Geldleistungsansprüchen betreffen*, sei es mittelbar – etwa bei Aufhebung eines Leistungsbescheides zwecks daran anschließender Rückforderung –, sei es unmittelbar im Falle der Durchsetzung eines bestehenden Leistungsanspruchs, sofern das Gesetz nicht eine spezielle Anordnung trifft.[488]

3. Sonstige ermessenslenkende Grundsätze

Diverse Entscheidungen zum intendierten Ermessen führen materiellrechtliche Grundsätze an, aus denen eine ermessenslenkende Intention folgen soll. Ob den einzelnen Belangen eine derartige Bedeutung tatsächlich zukommt, ist eine Frage der Gesetzesauslegung. Eine solche nahmen die erkennenden Gerichte jeweils vor. Es würde den Rahmen dieser Arbeit sprengen, jede einzelne Entscheidung auf ihre Richtigkeit zu überprüfen, zumal sich Auslegungsfragen anhand der überkommenen Grundsätze sehr häufig unterschiedlich beantworten lassen. Unter den im folgenden angeführten Entscheidungen befindet sich jedenfalls keine, die zu einem offensichtlich unvertretbaren Ergebnis gelangt.

Eine Intentionswirkung soll dem **Grundsatz der Wehrgerechtigkeit** bei Verwaltungsentscheidungen über die Aufhebung von Ausmusterungs-[489] und

---

Dies verkennen *P. Stelkens/U. Stelkens*, in: Stelkens/Bonk/Sachs, VwVfG, § 40 Rn. 28a und Fn. 120, indem sie diese Entscheidung des BVerwG als Beispiel dafür anführen, daß die haushaltsrechtlichen Gebote der Wirtschaftlichkeit und Sparsamkeit in der Rechtsprechung nicht allgemein als ermessenslenkend angesehen würden.

488 A.A. *Beuermann*, Intendiertes Ermessen, S. 123 ff. und 156, die einschränkend darauf abstellt, ob der Betroffene mit der Geltendmachung der Ansprüche (wohl unabhängig vom Einzelfall) rechnen müsse. – Dieses Kriterium erscheint in seiner Allgemeinheit untauglich. Jeder Schuldner muß damit rechnen, daß sein Gläubiger ihm zustehende Forderungen zu realisieren sucht; niemand kann erwarten, rechtswidrig/rechtsgrundlos erhaltene Mittel behalten zu dürfen. Sofern Belange des Vertrauensschutzes betroffen sind, besteht entweder eine gesetzliche Regelung (z.B. in §§ 48, 49 VwVfG) oder sie finden in einer Ausnahme-Ermessensentscheidung Berücksichtigung.

489 BVerwG, Urteil vom 25.9.1987 – 8 C 61.85 –, Buchholz 448.0 § 9 WPflG Nr. 11 S. 1 ff., 4.

Freistellungsbescheiden[490] sowie von Zustimmungen zum Dienst im Zivilschutz[491] zukommen. Aus dem "**Wesen des Zivildienstes**" folge eine Ermessenslenkung bei der Entscheidung über die Anerkennung einer Zivildienststelle[492]. Sowohl aus der Verfassung als auch aus den Datenschutzgesetzen leitet die Rechtsprechung den **Grundsatz der Geheimhaltungsbedürftigkeit** von Unterlagen der im Bereich der inneren Sicherheit tätigen Behörden im Hinblick auf die Versagung einer Auskunftserteilung ab[493]. Aus § 2 BSHG ergebe sich der **Nachrang der Sozialhilfe** gegenüber der Überleitung von Unterhaltsansprüchen[494]. Die **Denkmalschutzwürdigkeit** soll nach hamburgischem Landesrecht die Unterschutzstellung zum Regelfall erheben[495].

C. Normstrukturelle und gesetzessystematische Kriterien

Neben den teleologischen Kriterien, die sich lediglich fallgruppenartig erfassen lassen, erschließen sich anhand der einschlägigen Judikate auch normstrukturelle und gesetzessystematische Merkmale intendierten Ermessens, die Rückschlüsse auf den gesetzgeberischen Willen und den Telos einer Vorschrift zulassen.

I. Keine erkennbare Einzelfallausrichtung

Aus dem Wortlaut einer Vorschrift kann sich ergeben, daß die zu treffende Ermessensentscheidung an die konkreten Umstände des Einzelfalles anknüpfen muß. Der Gesetzgeber bedient sich dabei der Formulierungen "nach den erkennbaren Umständen des Einzelfalls", "im Einzelfall" o.ä. Als Beispiel seien § 15 Abs. 1 VersG, ferner die § 53 Abs. 2 Satz 3 BRRG nachgebildeten Vorschriften der Beamtengesetze, § 12 Abs. 2 Satz 3 BBesG und

---

490 BVerwG, Urteil vom 26.1.1990 - 8 C 28.89 -, Buchholz 448.0 § 13a WPflG Nr. 18 S. 1 ff., 4.

491 BVerwG, Urteil vom 29.6.1990 - 8 C 69.88 -, Buchholz 448.0 § 13a WPflG Nr. 19 S. 4 ff., 6.

492 BVerwG, Urteil vom 29.4.1988 - 8 C 69.86 -, BVerwGE 79, 274 ff., 281 ff.

493 BVerwG, Urteil vom 20.2.1990 - 1 C 42/83 -, NJW 1990, 2761 ff., 2764 f. (zu § 13 Abs. 2 BDSG i.d.F. v. 27.1.1977) und Urteil vom selben Tage - 1 C 29/86 -, NJW 1990, 2765 ff., 2767 f. (zu § 13 Abs. 2 Berliner DSG).

494 VGH BW, Urteil vom 6.9.1990 - 6 S 725/90 -, NJW 1991, 2922 f. 2922 re. Sp.

495 OVG Hamburg, Urteil vom 1.2.1988 - Bf. II 69/85 -, NVwZ-RR 1989, 117 ff., 118 f.

§ 52 Abs. 2 Satz 3 BeamtVG genannt, die ausdrücklich anordnen, daß Billigkeitsbelange, also Einzelfallumstände, bei der Entscheidung zu berücksichtigen sind. Stellt eine Norm in dieser Weise auf die Umstände des Einzelfalls ab, verbietet sich jede generelle Ermessensausübung[496]; *intendiertes Ermessen scheidet folglich aus*. Das Gesetz verlangt in diesen Fällen eine Abwägung. Ein typischer Einzelfall, auf den sich eine ermessenslenkende Intention bezieht, besteht nach der gesetzgeberischen Einschätzung gerade nicht.

In diesem Zusammenhang läßt sich auch der allgemeine methodische Grundsatz fruchtbar machen, daß eine teleologische Korrektur ausscheidet, wenn das vorrangige Interesse an Rechtssicherheit die strikte Einhaltung einer dem Wortlaut nach eindeutigen Norm gebietet, was im Wege der Auslegung zu ermitteln ist[497].

II. Keine nur beispielhafte Benennung tatbestandlicher Voraussetzungen

In diversen gesetzlichen Regelungen sind die tatbestandlichen Voraussetzungen nicht abschließend gefaßt, sondern der Gesetzgeber beschränkt sich darauf, sie beispielhaft zu benennen. Ähnlich verhält es sich mit den sogenannten Regelbeispielen, die einen unbestimmten Rechtsbegriff beispielhaft umschreiben. Derartige Vorschriften sind unschwer an ihrem Wortlaut zu erkennen, nämlich an Wendungen wie "zum Beispiel", "insbesondere, wenn", "liegt regelmäßig vor, wenn" usw. Auf diese Weise eröffnet sich dem Gesetzesanwender die Möglichkeit, die Rechtsfolge auch bei Sachverhalten zur Anwendung zu bringen, die den genannten Beispielen gleichwertig sind. Für ihn besteht ein Gestaltungsauftrag auf Tatbestandsebene. Mit diesem geht die Pflicht einher, jeden Einzelfall umfassend zu prüfen. Dieser Einzelfallbezug verhindert auf der Rechtsfolgenseite eine generelle Ermessensausübung und mithin die Annahme einer intentionsbedingten Ermessenslenkung. Der typische Einzelfall, auf den sich eine Intention beziehen könnte, erfährt gerade keine präzise gesetzliche Umschreibung.

Regelt also der Gesetzgeber die tatbestandlichen Voraussetzungen für das Ermessen nur beispielhaft und eröffnet damit der Verwaltungsbehörde die

---

[496] Vgl. *Brinktrine*, Verwaltungsermessen, S. 93; *Maurer*, Allg. VerwR. § 7 Rn. 14 ff. (S. 127 f.) m.w.N.; jeweils zur sog. generellen Ermessensausübung durch Verwaltungsvorschriften.

[497] *Larenz*, Methodenlehre, S. 280.

Möglichkeit, weitere, nicht geregelte Voraussetzungen aufzustellen, liegt mangels eines typischen Einzelfalls und einer darauf bezogenen Intention kein Fall intendierten Ermessens vor[498].

III. Überschneidung von Wertungsentscheidungen auf Tatbestands- und Rechtsfolgenseite

Wie zuvor bereits angeklungen[499], kann sich bei sogenannten Koppelungsvorschriften[500] eine Überschneidung des Entscheidungsprogramms auf Tatbestands- und Rechtsfolgenseite ergeben. Erfordert ein unbestimmtes Tatbestandsmerkmal eine Wertung, so kommt es nicht selten vor, daß in die Ermessensabwägung an und für sich dieselben Aspekte einzustellen wären[501]. Durch eine wertende Entscheidung bei der Subsumtion wird der Ermessensabwägung aber in dem Umfange vorgegriffen, wie sich die jeweils zu bewertenden Gesichtspunkte decken. Gestaltet sich die tatbestandliche Wertung mehr oder minder umfassend, so sind allenfalls atypische Umstände, die der vorangegangenen Wertung von deren Zweck und Zielrichtung her entzogen sind, in die Ermessensabwägung einzustellen.[502] Decken sich die Abwägungsprogramme vollständig, so ist die logische Konsequenz die Wandlung der Kann-Vorschrift in eine Muß-Vorschrift[503]. Welche Aspekte auf welcher Entscheidungsebene in die Abwägung einfließen, richtet sich nach der Reichweite des unbestimmten Tatbestandsmerkmals; auf der Tatbestandsseite nicht erfaßte Umstände sind der abschließenden Ermessensabwägung zuzuführen[504]. Als Beispiele für unbestimmte Rechtsbegriffe, die

---

[498] In diesem Sinne, wenngleich ohne präzise Begründung: SächsOVG, Urteil vom 29.9.1999 - 2 S 775/98 -, SächsVBl. 2000, 118 ff., 119 li. Sp.
Zustimmend *Sachs*, in: Stelkens/Bonk/Sachs, VwVfG, § 40 Rn. 30.

[499] Siehe oben, B II.

[500] Siehe dazu oben, Kap. 3 unter B III.

[501] Zum Zusammenhang von Wertungen auf der Tatbestandsseite und bei der Ermessensabwägung *Bachof*, JZ 1972, 641 ff., 643 li. Sp.

[502] Im Ergebnis ebenso *Ossenbühl* in Erichsen, Allg. VerwR., § 10 Rn. 13 (S. 206), der solche wertungsabhängigen unbestimmten Rechtsbegriffe als faktische Ermessensdirektiven ansieht. Vgl. ferner *Bachof*, JZ 1972, 641 ff., 645 li. Sp. unter VII.
A.A. *Beuermann*, Intendiertes Ermessen, S. 150 ff., die davon ausgeht, daß partielle Überschneidungen der Abwägungsprogramme in aller Regel ausscheiden. Folge sei die Ausschaltung jeglichen Ermessens, was dem Willen des Gesetzgebers nicht entspreche.

[503] *Bachof*, JZ 1972, 641 ff., 645 li. Sp. unter VII.

[504] *Bachof*, a.a.O.

eine nahezu umfassende Wertung erfordern, sind die Wendungen "unbillige Härte", "besondere Härte", "besondere Gründe", "wichtige Gründe", "unbillig" zu nennen.

Da den angeführten Härteklauseln[505] bereits ein Ausnahmecharakter innewohnt, erschöpft sich die Ermessensabwägung im Anschluß an die tatbestandliche Abwägung in aller Regel auf die Berücksichtigung besonderer Umstände. Das ist der typische Fall intendierten Ermessens. Durch die kongruente Abwägung auf der Tatbestandsebene vermittelt der Gesetzgeber seine Intention, im Regelfall die vorgesehene Rechtsfolge eintreten zu lassen. Die Ausgestaltung der Norm, die Verknüpfung von Tatbestand und Rechtsfolge, läßt keinen anderen Schluß zu. In diesen Fällen unterliegt die tatbestandliche Wertung wie auch das Vorliegen eines Ausnahmefalles der vollen gerichtlichen Überprüfung, so daß sich im Hinblick auf eine Rechtsschutzverkürzung keine Bedenken ergeben.

Nach anderer Ansicht[506] läuft dieses Vorgehen dem Willen des Gesetzgebers zuwider, der gerade bei solchen Koppelungsvorschriften einen Handlungsspielraum für notwendig erachte. Die faktische Verlagerung der Abwägung auf die Tatbestandsseite und damit einhergehend der Ausschluß des Ermessens, das von der tatbestandlichen Abwägung absorbiert werde, führe zu einer umfassenden gerichtlichen Kontrolle. Um der Verwaltung den vorgesehenen Freiraum zu erhalten, müsse konsequent die Figur des einheitlichen Ermessens zur Anwendung gelangen, der letztlich die Eröffnung eines nur begrenzt überprüfbaren Tatbestandsermessens[507] entspreche. Gegen diese Ansicht spricht zum einen die Zusammenführung von Tatbestands- und Rechtsfolgenseite, die nach hier vertretener Auffassung – wie zuvor darge-

---

505 Ausführlich zur Dogmatik solcher Härteklauseln: *Pernice*, Billigkeit und Härteklauseln.
Pernice (S. 230 f.) erblickt unabhängig von der gesetzlichen Ausgestaltung als Kann-, Soll- oder Muß-Vorschriften in solchen Härteklauseln die Eröffnung eines Verantwortungsspielraumes der Verwaltung, für dessen Ausübung und Kontrolle maßgeblich die hinter der Gesamtregelung stehende Zuordnung verfassungsrechtlicher Wertgesichtspunkte ausschlaggebend sei.
Ähnlich *Bachof*, JZ 1972, 641 ff., 645 re. Sp. vor VIII, der der Behörde einen Beurteilungsspielraum zubilligt.

506 *Beuermann*, Intendiertes Ermessen, S. 150 ff.

507 Diese Gleichsetzung von einheitlichem Ermessen und Tatbestandsermessen geht allerdings fehl; der Kostruktion des einheitlichen Ermessens bedarf es gerade deshalb, weil die Rspr. ein Tatbestandsermessen nicht anerkennt, siehe *Koch*, Unbest. Rechtsbegriffe und Ermessensermächtigungen, S. 185.
Zum Tatbestandsermessen ausführlich *Koch*, Unbest. Rechtsbegriffe und Ermessensermächtigungen, S. 126 ff. und 172 f.

legt - nicht erstrebenswert erscheint. Als nur punktuelle Durchbrechung der als herrschend zu bezeichnenden Ermessensdogmatik verwischt eine solche Vorgehensweise bestehende Systemstrukturen. Zum anderen ist der Rückschluß auf den Willen des Gesetzgebers nicht zwingend. Um eine umfassende Ermessensausübung zu erreichen, hätten die in die tatbestandliche Wertung einfließenden Interessen auch als Ermessensdirektiven in die jeweilige gesetzliche Regelung Eingang finden können. Überdies legt die Verwendung eines unbestimmten Rechtsbegriffes an sich den Willen des Gesetzgebers nahe, seine volle gerichtliche Überprüfung herbeizuführen.

IV. Eng gefaßter Tatbestand und Vorwegnahme der Interessenabwägung

Stellt der Tatbestand einer Ermessensvorschrift besonders strenge Voraussetzungen auf, aus denen sich der Ausnahmecharakter der Rechtsfolge ergibt, liegt die Annahme einer Intention in Richtung auf die gesetzlich vorgegebene Rechtsfolge nicht fern. Wie auch die Verwendung wertungsoffener Rechtsbegriffe verleiht ein Tatbestand mit zahlreichen, engen Voraussetzungen einer gesetzgeberischen Interessenbewertung Ausdruck. Jedes Tatbestandsmerkmal dient der Berücksichtigung eines bestimmten Belanges, sieht man einmal von reinen Anwendungsvoraussetzungen ab. Diese Interessen sind zwar nicht der Ermessensabwägung schlichtweg entzogen, es gilt aber, die tatbestandliche Wertungsvorgabe zu beachten. Greift nun der Tatbestand auf diese Weise der Ermessensbetätigung vor, bleibt unter Umständen für die Abwägung - abgesehen von atypischen Umständen - kein Belang mehr übrig, der noch nicht abschließend Berücksichtigung fand. Es gilt aber auch hier, im Wege der Auslegung die gesetzliche Intention, die hinter der jeweiligen Regelung steht, genau zu ermitteln.

Stellt der Gesetzgeber Tatbestandsvoraussetzungen unter Verwendung unbestimmter Rechtsbegriffe auf, so tritt unter Umständen eine Überschneidung mit der zuvor dargestellten Konstellation der kongruenten Entscheidungsprogramme auf. Der maßgebliche Unterschied zwischen beiden Kriterien liegt darin, daß im einen Falle eine umfassende Abwägung auf der Ebene des Tatbestandes stattzufinden hat, im anderen Falle die tatbestandlichen Voraussetzungen die umfassende Abwägung - von atypischen Einzelfallumständen abgesehen - gesetzlich antezipieren und somit die Ermessensentscheidung im Regelfall auf ein Ergebnis festlegen.

Bedeutung erlangt dieser Aspekt etwa beim Widerruf von Verwaltungsakten nach § 49 Abs. 2 Satz 1 Nrn. 3 - 5 VwVfG. Regelmäßig steht als privates Interesse ausschließlich der Vertrauensschutz der Aufhebung entgegen. Das Vertrauensschutzinteresse des Begünstigten berücksichtigt das Gesetz aber im Grundsatz abschließend in § 49 Abs. 6 VwVfG, indem es bei schutzwürdigem Vertrauen eine Entschädigungspflicht vorsieht. Dadurch ist es, abgesehen von Ausnahmefällen, in denen eine Entschädigung das enttäuschte Vertrauen nicht hinreichend kompensiert, der Abwägung entzogen. Folglich kommt eine Ermessensabwägung nur bei Vorliegen besonderer Umstände in Betracht. Diese antezipierte Interessenbewertung rechtfertigt die Annahme einer ermessenslenkenden Intention.

Allerdings kann sich in dieser Konstellation eine andere Wertung ergeben, wenn das Gesetz einerseits hohe Anforderungen an die Ermessenseröffnung stellt, andererseits aber die Vorschrift eine Ausnahme von einer zwingenden Regelung zuläßt. Dann ist sorgfältig zu untersuchen, ob es sich bei den Tatbestandsvoraussetzungen nicht um antezipierte Ausnahmefälle handelt, für die das Gesetz eine umfassende Abwägung gerade vorsieht.

V. Alternative Tatbestandsmerkmale mit unterschiedlicher Zweckrichtung

Häufig stellt der Gesetzgeber mehrere Tatbestandsmerkmale einer Norm alternativ nebeneinander, die nicht zwangsläufig von demselben Regelungszweck getragen sein und gleichgewichtige Belange schützen müssen. Vielmehr erlaubt eine solche Vorgehensweise, verschiedene Interessen auch unterschiedlicher Gewichtigkeit zu berücksichtigen. Eine einheitliche Intention hinter der Gesamtregelung besteht dann in aller Regel nicht. Insoweit scheidet eine Ermessenslenkung aus[508]. Besonders deutlich tritt dieser Aspekt hervor, wenn die jeweiligen Tatbestandsmerkmale nur beispielhaft angeführt sind[509].

Allerdings trifft diese Überlegung nicht zu, sofern und soweit das Gesetz mit einer Alternativvoraussetzung ein abgrenzbares Interesse verfolgt. Dann bleibt im Einzelfall zu prüfen, ob dieses Interesse gesondert im Hinblick auf die Ermessensentscheidung eine lenkende Wirkung ausübt.

---

[508] SächsOVG, Urteil vom 29.9.1999 - 2 S 775/98 -, SächsVBl. 2000, 118 ff., 119 re. Sp.

[509] Dazu oben unter III.

D. Der Ausnahmecharakter des intendierten Verwaltungsermessens

Sowohl die dogmatische Konstruktion als auch die zuvor aufgestellten Kriterien zeigen, daß die Feststellung einer ermessenslenkenden Intention der sorgfältigen Auslegung einer Ermessensvorschrift und ihres gesetzlichen Kontextes bedarf. Die eingangs vorgenommene Zusammenfassung der Anwendungsfälle und die daraus abgeleiteten Kriterien dürfen nicht als strikte Vorgaben mißverstanden werden. Sie sollen lediglich Anhaltspunkte liefern, auf die sich die Rechtsanwender stützen können. Sie entbinden aber nicht von der umfassenden Ermittlung des Gesetzeszwecks.

Ausgehend von der dogmatischen Konzeption, wonach eine teleologische Korrektur auf Tatbestands- und Rechtsfolgenseite vorzunehmen ist[510], liegt eine ermessenslenkende Intention nicht bereits dann vor, wenn ein Belang mit abstrakt höherer Gewichtung in eine Abwägung einzustellen ist. Das Interesse muß vielmehr von so überragender Bedeutung sein, daß in den typischerweise von der Ermessensvorschrift erfaßten Fällen die übrigen regelmäßig betroffenen Belange eine abweichende Entscheidung nicht veranlassen. Nur bei einem solchen eindeutigen Auslegungsergebnis kann das dem Wortlaut nach freie Ermessen eingeschränkt werden. Nur dann ist davon auszugehen, daß eine verdeckte Regelungslücke vorliegt.[511] Aus diesen rechtsmethodischen Überlegungen folgt zwangsläufig der Ausnahmecharakter des intendierten Verwaltungsermessens[512].

---

[510] Siehe oben, Kap. 3 unter A II 2.

[511] Zu den engen Voraussetzungen einer Regelungslücke und für eine teleologische Korrektur siehe *Larenz*, Methodenlehre, S. 258 ff. und 279 ff., ferner oben, Kap. 3 unter A II 2 b und c.
Zurecht weist auch *Koch* in: Abwägung im Recht, S. 9 ff., 23, darauf hin, daß ein prima-facie-Vorrang nur ausnahmsweise anzunehmen ist und aus einem "Komplex widerstreitender Teilinteressen" herausgearbeitet werden muß.

[512] Diesen Ausnahmecharakter hebt das OVG Berlin, Beschluß vom 14.2.2000 - 2 N 20/99 -, LKV 376 f., 377 li. Sp. unten, hervor. Ebenso *Schenke*, JZ 1996, 1055 ff., 1064; *Kopp/Schenke*, VwGO, § 114 Rn. 21b a.E.

Kapitel 6: Rechtsfolgen intendierten Verwaltungsermessens

An das intendierte Verwaltungsermessen knüpfen sich nur dann besondere Rechtsfolgen, wenn kein Ausnahmefall vorliegt, sondern nach der gesetzlich intendierten Regel zu entscheiden ist. Andernfalls hat die handelnde Behörde das ihr eingeräumte Ermessen nach den allgemeinen Grundsätzen der Ermessenslehre auszuüben. In die Abwägung sind sowohl die hinter der Intention stehenden Belange als auch die Interessen einzustellen, die sich erst aus den Umständen des Einzelfalles ergeben. Bei dieser Abwägung kommt keinem dieser Belange a priori ein überragendes Gewicht zu; die abwägungsrelevanten Umstände und Interessen sind vielmehr gleichrangig in die Abwägung einzustellen und in Bezug aufeinander zu gewichten.

Entsprechen die Umstände der gesetzlich vorgezeichneten Regel, entfällt die Abwägung. Es stellt sich daran anschließend aber die Frage, ob intendiertes Ermessen gleich den Soll-Vorschriften für den Regelfall eine gebundene Entscheidung anordnet oder ob sich die Intention unterschiedlich auswirken kann. Mit der Entbehrlichkeit der Abwägung besteht ferner kein Bedürfnis für eine diesbezügliche Begründung. Darüber hinaus ergeben sich weitere Konsequenzen für das Verwaltungsverfahren, nämlich den Umfang der Sachverhaltsermittlung einschließlich der Anhörung der Beteiligten (§§ 24 - 26, 28 VwVfG). Auch die Auswirkungen der Heilungsmöglichkeiten in Verwaltungsverfahren und -prozeß (§ 45 VwVfG, § 114 Satz 2 VwGO) sowie der Unbeachtlichkeit von Verfahrens- und Formfehlern nach § 46 VwVfG sollen in diesem Zusammenhang dargestellt werden.

A. Entbehrlichkeit der Ermessensausübung und Charakter der Regelfallentscheidung

Das dem Gesetz zu entnehmende Regel-Ausnahme-Verhältnis zwischen der intendierten und der Ausnahmeentscheidung, die atypischen Umständen Rechnung trägt, führt wie bei Soll-Vorschriften dazu, daß in dem vom Gesetz gebildeten Regelfall keine Abwägung und mithin keine Ermessensausübung erforderlich ist. Dieses Ergebnis folgt zwingend aus der dogmatischen Konstruktion der Rechtsfigur[513].

---

[513] Dazu ausführlich oben, Kap. 3 unter A II.

Die Regelfallentscheidung als solche muß allerdings nicht zwangsläufig als gebundene Entscheidung ergehen, wie es bei Soll-Vorschriften der Fall ist[514]. Je nach der verfolgten Intention gestaltet sich der verbleibende Handlungsauftrag an die Verwaltung unterschiedlich. Bereits bei der Betrachtung der Anwendungsfälle[515] fiel auf, daß die Annahme des Regelfalles nicht stets zu einer strikten Bindung der handelnden Behörde führt. Die Figur des intendierten Ermessens läßt sich aber auch nicht zwischen dem durch eine Soll-Vorschrift gebundenen und dem freiem Ermessen einordnen[516]; Soll-Vorschriften stellen nämlich ausdrücklich geregelte Fälle intendierten Ermessens dar[517]. Vielmehr steht das intendierte Ermessen als hybride Rechtsfigur zwischen freiem Ermessen und gebundener Entscheidung. Im einzelnen können sich folgende Konstellationen ergeben:

Es besteht die Möglichkeit, daß der Behörde ein Handlungsspielraum verbleibt, welcher der Berücksichtigung rein öffentlicher Interessen dient. Subjektive Rechte werden in diesem Falle nicht berührt, so daß die Abwägung der gerichtlichen Kontrolle entzogen ist und daher auch nicht transparent nach außen erfolgen muß. Die Verengung des Ermessens findet nur hinsichtlich der (privaten) Interessen des Betroffenen statt; die Behörde handelt nicht ermessensfehlerhaft, wenn sie sich auf die dahingehende Intention beruft. Diese Konstellation liegt beispielsweise bei ordnungsrechtlichen Eingriffsermächtigungen vor, wenn das Ermessen regelmäßig nur der Verwirklichung des Opportunitätsprinzips dient[518]. Die internen Zweckmäßigkeitserwägungen, die zu einem Einschreiten führen können, aber nicht müssen, betreffen nicht den Außenrechtskreis. Dem Störer gegenüber reicht die Berufung auf den rechtswidrigen Zustand aus. Ferner besteht bei der Auswahlentscheidung über die Heranziehung von Gesamtschuldnern grundsätzlich ein sehr weites Ermessen, das der effektiven Durchsetzung der staatli-

514 So aber z.B. *Beuermann*, Intendiertes Ermessen, S. 61, die Normen mit intendiertem Ermessen als Soll-Vorschriften im materiellen Sinne ansieht - im Widerspruch dazu aber die Ausführungen auf S. 53 ff.: auch im Regelfall stehe der Behörde ein Ermessen zu; *Brinktrine*, Verwaltungsermessen, S. 47; *Kopp/Schenke*, VwGO, § 114 Rn. 21b; *Rennert* in: Eyermann/Fröhler, VwGO, § 114 Rn. 15; *Sachs* in: Stelkens/Bonk/Sachs, VwVfG, § 40 Rn. 28; *Volkmann*, DÖV 1996, 282 ff., 283 re. Sp. Lediglich auf die Ähnlichkeit abstellend *Liebetanz* in: Obermayer, VwVfG, § 40 Rn. 16; *Kopp/Ramsauer*, VwVfG § 40 Rn. 45.

515 Siehe oben, Kap. 2.

516 So *Henneke* in: Knack, VwVfG, § 40 Rn. 35.

517 Siehe oben, Kap. 3 unter B I 1.

518 Siehe ausf. oben, Kap. 2 unter A.

chen Ansprüche dienen soll[519]. Nur im Ausnahmefall erweist sich die Auswahl eines bestimmten Gesamtschuldners aufgrund atypischer Umstände als ermessensfehlerhaft.

Nahe bei der voranstehenden Konstellation liegt die für den Regelfall nicht strikt bindende Intention. Zwar bevorzugt der Gesetzgeber eine Entscheidung und mithin ein Interesse, er zwingt die Verwaltungsbehörde aber nicht, diesen Vorrang nachzuvollziehen. Im Außenverhältnis *kann* sich die Behörde auf die Intention berufen, muß es aber nicht, weil ihr ein interner Wertungsspielraum verbleibt, der ihr den Eintritt in eine Abwägung und mithin in die Ermessensausübung erlaubt. In den einschlägigen Entscheidungen finden sich die Formulierungen, die Behörde brauche gewisse Erwägungen nicht anstellen oder sie entscheide jedenfalls ermessensfehlerfrei, wenn sie sich auf die Intention berufe. [520]

In den weitaus meisten Fällen folgt aus der Intention aber eine Bindung im gesetzlich präferierten Regelfall[521]. Dann ergibt sich kein Unterschied zu Soll-Vorschriften, die letztlich nichts anderes darstellen als ausdrücklich geregelte Fälle eines Regel-Ausnahme-Verhältnisses und mithin des intendierten Ermessens.

---

519 BVerwG, Urteil vom 22.1.1993 - 8 C 57/91 -, NJW 1993, 1667 ff., 1669; OVG, Urteil vom 11.1.1999 - 2 S 518/98 -, NVwZ-RR 1999, 788 f., 789.
Siehe ausf. oben, Kap. 2 unter D.

520 OVG Berlin, Urteil vom 14.2.1969 - OVG II B 70.68 -, OVGE Bln. 10, 99 f., 100 (zur Versagung einer bauordnungsrechtlichen Ausnahme, um Berufungsfälle zu vermeiden); BVerwG, Urteil vom 20.2.1990 - 1 C 42/83 -, NJW 1990, 2761 ff., 2764 f. (zu § 13 Abs. 2 BDSG i.d.F. v. 27.1.1977) und Urteil vom selben Tage - 1 C 29/86 -, NJW 1990, 2765 ff., 2767 f. (zu § 13 Abs. 2 Berliner DSG); Urteil vom 16.5.1968 - II C 71.65 -, ZBR 1968, 346 ff., 347 re. Sp.; Beschluß vom 22.10.1974 - VI B 55.74 -, ZBR 1976, 52; Urteil vom 22.6.1982 - 2 C 44.80 -, BVerwGE 66, 19 ff., 25; Urteil vom 28.4.1983 - 2 C 89.81 -, DVBl. 1983, 1105 ff., 1107 re. Sp.; Urteil vom 12.10.1989 - 2 C 22.87 -, BVerwGE 82, 356 ff., 363; Urteil vom 28.4.1983 - 2 C 89.81 -, DVBl. 1983, 1105 ff., 1107 re. Sp.; Urteil vom 29.5.1990 - 2 C 35.88 -, BVerwGE 85, 177 ff., 184 (jeweils zur Entlassung von Beamten auf Probe); BVerwG, Urteil vom 29.4.1988 - 8 C 69.86 -, BVerwGE 79, 274 ff., 281 ff. (zur Anerkennung einer Beschäftigungsstelle für Zivildienstleistende); BVerwG, Urteil vom 26.6.1987 - 8 C 6/85 -, NJW-RR 1987, 1486 ff., 1488 (zum Schadensausgleich nach § 25 Abs. 1 Satz 1 WoBindG).

521 Vgl. Kap. 2.

B. Auswirkungen auf das Verwaltungsverfahren im Vorfeld der Entscheidung

Bevor die Behörde die jeweilige Sachentscheidung treffen kann, muß sie gemäß § 24 Abs. 1 und 2 VwVfG den Sachverhalt von Amts wegen ermitteln. Sie hat dabei alle Umstände des Einzelfalles - auch die für die Beteiligten günstigen Umstände - zu berücksichtigen (§ 24 Abs. 2 VwVfG). Die Rechtsprechung äußerte sich bislang nur andeutungsweise zu dem Umfang der gebotenen Sachverhaltsermittlung beim intendierten Ermessen:

> "Nur dann, wenn der Behörde **außergewöhnliche Umstände des Falles bekanntgeworden oder erkennbar** sind, die eine andere Entscheidung möglich erscheinen lassen, liegt ein rechtsfehlerhafter Gebrauch des Ermessens vor, wenn diese Umstände von der Behörde nicht erwogen worden sind... Soweit aber Gründe, die eine andere als die gesetzlich intendierte Entscheidung erfordern oder rechtfertigen könnten, weder **von den Beteiligten geltend gemacht werden** noch für die Behörde **sonst ersichtlich** sind, erübrigt sich eine diesbezügliche Begründung, wenn - wie hier - nach der Regel entschieden wird."[522]

Inwieweit die Behörde selbsttätig auf etwaige atypische Umstände hin ermitteln muß, läßt sich dieser Entscheidung gerade nicht entnehmen.

Eine Stimme aus der Literatur[523] nimmt unter Verweis auf einige Entscheidungen des Bundesverwaltungsgerichts[524] an, daß nähere Ermittlungen sich erübrigten, wenn besondere Umstände weder für die Behörde offensichtlich, insbesondere ihr bekannt seien oder nach den Umständen des Falles sich ihr aufdrängen müßten, noch von den Beteiligten vorgetragen würden.

Es zeigt sich jedoch, daß die Rechtsprechung keine erleichterten Anforderungen an die Sachverhaltsermittlungen stellt. Zwar mag man den obigen Ausführungen des Bundesverwaltungsgerichts entnehmen, daß die Behörde nicht gezielt in Richtung auf alle nur denkbaren Sonderfälle ermitteln muß.

---

522 BVerwG, Urteil vom 23.5.1996 - 3 C 13.94 -, Buchholz 451.513 Sonst. Marktordnungsrecht Nr. 1 S. 1 ff., 13; ebenso Urteil vom 16.6.1997 - 3 C 22.96 -, BVerwGE 105, 55 ff., 57 f.

523 *Kopp/Ramsauer*, VwVfG, § 24 Rn. 17.

524 Insb. auf das Urteil vom 5.7.1985 - 8 C 22.83 -, BVerwGE 72, 1 ff., 5 f., das freilich die ihm beigemessene Aussage gar nicht enthält. Dort heißt es lediglich, Ermessen sei zu betätigen, wenn die Behörde "in dem zu würdigenden Einzelfall konkrete Anhaltspunkte für die Angemessenheit einer Ausnahme... festzustellen vermag". Über den Umfang der Sachverhaltsermittlung äußert sich das Gericht gerade nicht.

Diese Sichtweise entspricht allerdings den allgemeinen Grundsätze der Sachverhaltsermittlung nach § 24 (und ff.) VwVfG. Grundsätzlich darf die Behörde von typischen Lebenssachverhalten ausgehen. Sie hat die Erkenntnismöglichkeiten heranzuziehen, die sich vernünftigerweise bieten. Art und Umfang der Ermittlungen richten sich nach den Erfordernissen des Einzelfalls. Umständen, die sich bei vernünftiger Überlegung nicht aufdrängen, muß nicht nachgegangen werden.[525] Die Sachverhaltsermittlungspflicht wird ihrerseits durch die Mitwirkungsobliegenheit der Beteiligten nach § 26 Abs. 2 VwVfG eingeschränkt[526]. Handelt es sich nämlich um Umstände aus der Sphäre des Betroffenen, so erstreckt sich die Ermittlung nur dann auf sie, wenn er darauf hinweist, wobei Hinweise "ins Blaue hinein" nicht ausreichen, sondern entsprechend substantiiert sein müssen[527]. Bei einer anstehenden Ermessensentscheidung gehören alle für die Abwägung wesentlichen Gesichtspunkte zu den zu ermittelnden Umständen[528].

Übertragen auf das intendierte Ermessen bedeutet das: Da in vielen Fällen atypische Umstände aus der Sphäre des Betroffenen herrühren (z.B. Härtegesichtspunkte, Vertrauensschutzaspekte), obliegt es nach den vorausgegangenen Erwägungen dem Adressaten, sie auch vorzubringen. Wenn besondere Gegebenheiten dem Bereich der Verwaltung entstammen, sind sie der entscheidenden Behörde ohnehin bekannt und müssen berücksichtigt werden, soll die Entscheidung rechtmäßig ergehen. Die Verwaltungsbehörde ist aber nicht gehalten, ohne jeden Anhaltspunkt allen Eventualitäten nachzugehen.

Die angeführte weitergehende Literaturansicht, welche die Offensichtlichkeit der besonderen Umstände verlangt[529], erfährt - sofern man darin eine hinter den herkömmlichen Anforderungen zurückbleibende Einschränkung der Ermittlungspflicht ansieht - zurecht Kritik; die Freistellung von jeglicher Sachverhaltsermittlung geht gerade bei Entscheidungen mit Eingriffscharakter zu weit, die Relation zwischen Intensität des Eingriffs und Ermittlungsaufwand gerät ins Ungleichgewicht[530]. Darüber hinaus ergeben

---

[525] *P. Stelkens/Kallerhoff* in: Stelkens/Bonk/Sachs, VwVfG, § 24 Rn. 26 mit umfangr. Nachweisen.

[526] *Kopp/Ramsauer*, VwVfG, § 24 Rn. 20 f.; *P. Stelkens/Kallerhoff* in: Stelkens/Bonk/Sachs, VwVfG, § 24 Rn. 28.

[527] *Kopp/Ramsauer*, VwVfG, § 24 Rn. 20 f.; *P. Stelkens/Kallerhoff* in: Stelkens/Bonk/Sachs, VwVfG, § 24 Rn. 29.

[528] *Kopp/Ramsauer*, VwVfG, § 24 Rn. 13; *P. Stelkens/Kallerhoff* in: Stelkens/Bonk/Sachs, VwVfG, § 24 Rn. 43.

[529] *Kopp/Ramsauer*, VwVfG, § 24 Rn. 17.

[530] *Borowski*, DVBl. 2000, 149 ff., 158 f.

sich erhebliche methodische Bedenken. Die gesetzliche Intention vermittelt eine abstrakte materielle Wertung. Im Einzelfall erweist sich diese Wertung aufgrund hervortretender besonderer Interessen als unzutreffend, so daß eine Abwägung erforderlich wird. Das abstrakte materielle Gewicht eines Belangs hat aber keine Auswirkung auf die abstrakte Gewichtigkeit anderer Belange; eine relative, also aufeinander bezogene Gewichtung findet auf dieser Ebene des Entscheidungsprozesses gerade nicht statt. Wenn insoweit keine Wechselwirkung auf materieller Ebene stattfindet, vielmehr die etwaigen Ausnahmeumstände materiell gleichrangige Belange in die Entscheidung einführen, dann kann auf der Verfahrensebene der prima-facie-Vorrang eines Belangs keine Auswirkungen haben[531]. Nach den soeben dargestellten Anforderungen an eine ordnungsgemäße Sachverhaltsermittlung spielt die Wahrscheinlichkeit eines Umstandes zwar eine Rolle für die Entscheidung der Behörde, ob und wie aufwendig sie Ermittlungen in eine bestimmte Richtung führt. Atypische Umstände sind begriffsnotwendig nicht in die gesetzliche Interessenabwägung einbezogen und daher nicht ohne weiteres für die handelnde Behörde ersichtlich. Dementsprechend kommen Ermittlungen in Bezug auf solche Umstände nur dann in Betracht, wenn entsprechende tatsächliche Anhaltspunkte vorliegen. Nun aber zu verlangen, daß ein atypischer Umstand *offensichtlich* hervortreten muß, würde dazu führen, die Berücksichtigung von Ausnahmesituationen de facto auszuschließen[532]. Das aber widerspricht der Konzeption des intendierten Ermessens. Aus der notwendigen Atypizität der Einzelfallumstände folgt ihre vergleichsweise Seltenheit. Daraus aber herzuleiten, die geringe Wahrscheinlichkeit von atypischen Umständen rechtfertige eine zusätzliche Erhöhung der Schwelle für Ermittlungstätigkeiten, leuchtet nicht ein.

Im Ergebnis findet daher bei intendiertem Ermessen, das lediglich eine materielle Wertungsvorgabe liefert, keine Einschränkung der Sachverhaltsermittlung statt[533]. Liegen tatsächliche Anhaltspunkte für einen atypischen Sachverhalt vor, so hat die Verwaltungsbehörde diesen nachzugehen. Solche Hinweise können sich vor allem aus dem Vorbringen der Beteiligten

---

Ähnlich *Masloff*, UBWV 1998, 26 ff., 32 unter 2, und *Stelkens*, NWVBL 1989, 335 ff., 339 li. Sp. vor 3, deren Kritik allerdings vornehmlich an § 46 VwVfG und die damit verbundene angebliche Verfahrensentwertung anknüpft, deren Folge dann die unzureichende Sachaufklärung ist.

[531] Im Ergebnis ebenso *Engelhardt* in: Obermayer, VwVfG, § 24 Rn. 152.
A.A. *Borowski*, DVBl. 2000, 149 ff., 158 f., der den materiellen Vorrang auch auf das Verfahren überträgt.

[532] So auch *Masloff*, UBWV 1998, 26 ff., 32 f.

[533] *Engelhardt* in: Obermayer, VwVfG, § 24 Rn. 152.

und nach der Aktenlage (auch paralleler und vorangegangener Verfahren) ergeben. Die Behörde braucht allerdings nicht von sich aus der nur hypothetischen Möglichkeit eines Ausnahmefalles nachzugehen. Das entspricht den allgemeinen Anforderungen an eine pflichtgemäße Sachverhaltsermittlung. Aufgrund der eigenständigen und umfassenden Ermittlungspflicht der Verwaltungsgerichte unterliegt die Sachaufklärung der Behörde vollständiger gerichtlicher Kontrolle. Die Befürchtung, die Figur des intendierten Ermessens verleite in besonderem Maße zu einer Entscheidung auf unzureichender Tatsachenbasis[534], erweist sich mithin als unbegründet.

Der Verwirklichung rechtlichen Gehörs, aber auch der Sachverhaltsermittlung dient die Anhörung des Betroffenen nach § 28 VwVfG[535]. Von der Anhörung darf daher nach § 28 Abs. 2 Hs. 1 VwVfG nicht schon deshalb abgesehen werden, weil es ausgeschlossen erscheint, daß sie im Hinblick auf die gesetzliche Intention Sachdienliches hervorbringt[536]. Da bei Annahme eines intendierten Ermessens atypische Umstände insbesondere aus der Sphäre des Betroffenen herrühren, erweist sich die Anhörung als grundsätzlich unverzichtbar.

C. Auswirkungen auf die Begründung der Entscheidung

Ein schriftlicher oder schriftlich bestätigter Verwaltungsakt bedarf nach § 39 Abs. 1 Satz 1 VwVfG der schriftlichen Begründung. Jedenfalls sind in dieser Begründung die wesentlichen tatsächlichen und rechtlichen Aspekte mitzuteilen, auf welchen die Entscheidung gründet (§ 39 Abs. 1 Satz 2 VwVfG). Bei Ermessensentscheidungen soll die Begründung auch die Gesichtspunkte erkennen lassen, die der Ermessensausübung zugrunde lagen (§ 39 Abs. 1 Satz 3). Ausnahmen sind nach § 39 Abs. 2 VwVfG unter anderen möglich, soweit dem Adressaten oder sonstigen Betroffenen des Verwaltungsaktes die Auffassung der Behörde in tatsächlicher und rechtlicher Hinsicht bekannt oder ohne weiteres erkennbar ist (Nr. 2) oder sich die Entbehrlichkeit aus einer Rechtsvorschrift ergibt (Nr. 4). Im Sozialverwaltungsverfahren gelangt mit § 35 SGB X eine weitgehend identische Vorschrift zur Anwendung, wobei nach § 35 Abs. 1 Satz 3 SGB X die Begrün-

---

[534] *Engelhardt* in: Obermayer, VwVfG, § 24 Rn. 152.
[535] Dazu ausführlich: *Ule/Laubinger*, VwVfR., § 24 Rn. 1 ff.
[536] *Kopp/Ramsauer*, VwVfG, § 28 Rn. 48.

dung von Ermessensentscheidungen die relevanten Gesichtspunkte erkennen lassen *muß*.[537]

Die Rechtsprechung zum intendierten Ermessen leitet die Entbehrlichkeit der Begründung, soweit sie die Ermessenserwägungen betrifft, auf unterschiedliche Weise her. Ursprünglich knüpfte sie weder an die Soll-Vorschrift des § 39 Abs. 1 Satz 3 VwVfG noch an die Ausnahmetatbestände des § 39 Abs. 2 VwVfG an. Den Ausgangspunkt bildete die einhellige Ansicht, daß Inhalt und Umfang der Begründung sich nach den Besonderheiten des jeweiligen Rechtsgebietes und den Umständen des Einzelfalls richten. Beim intendierten Ermessen soll die Begründung der Abwägung entfallen, denn der Begründung einer "Abwägung des Für und Wider" könne es voraussetzungsgemäß nicht bedürfen, soweit es nach dem jeweils einschlägigen materiellen Recht eine solche Abwägung entbehrlich sei.[538] Oder anders gewendet: Bei Regelfallentscheidungen verstehe sich das Ergebnis der Abwägung von selbst, so daß es nach § 39 Abs. 1 Satz 3 VwVfG keiner das Selbstverständliche darstellenden Begründung bedürfe[539]. Dieser Ansicht folgen auch einhellig die Entscheidungen zu Sachverhalten, auf die § 35 SGB X anzuwenden war[540].[541] Einige (wenige) Judikate weichen davon ab. In ihnen stützt das jeweilige erkennende Gericht den Wegfall der Begründungspflicht – soweit die Ermessenserwägungen betroffen sind – auf § 39 Abs. 2 VwVfG. So soll § 39 Abs. 2 Nr. 2 VwVfG zur Anwendung gelangen, wenn dem juristischen Laien die hinter der Intention stehenden Interessen des Gesetzgebers ohne weiteres erkennbar und einsichtig sind[542]. Ausge-

---

537 Zum Begründungsgebot allgemein *Dolzer*, DÖV 1985, 9 ff. (zur Begründung von Ermessensentscheidungen S. 14 ff.); *Müller-Ibold*, Begründungspflicht, S. 211 ff.

538 Z.B. BVerwG, Beschluß vom 28.8.1980 – 4 B 67.80 –, Buchholz 406.11 § 35 BBauG Nr. 168, S. 126 ff., 127 f.; BVerwG, Urteil vom 3.3.1994 – 4 C 1.93 –, BVerwGE 95, 189 ff., 207 f.

539 BVerwG, Urteil vom 23.5.1996 – 3 C 13.94 –, Buchholz 451.513 Sonst. Marktordnungsrecht Nr. 1 S. 1 ff., 13; Urteil vom 16.6.1997 – 3 C 22.96 –, BVerwGE 105, 55 ff., 57.; ThürOVG Urteil vom 16.2.1999 – 2 KO 61/96 –, ThürVBl. 1999, 161 ff., 163 li. Sp.
Zu der unzutreffenden Auffassung, diese Entscheidungen folgten einer "neuen Formel", siehe oben, Kap. 3 unter A II 1 b und c.

540 VGH BW, Urteil vom 6.9.1990 – 6 S 725/90 –, NJW 1991, 2922 f. 2922 re. Sp.; BVerwG, Urteil vom 25.9.1992 – 8 C 68 u. 70.90 –, BVerwGE 92, 82 ff., 90.

541 Ebenso *Henneke* in: Knack, VwVfG, § 39 Rn. 27 und 32; *Kopp/Ramsauer*, VwVfG, § 39 Rn. 29.

542 VGH BW, Urteil vom 1.2.1983 – 10 S 1346/82 –, NVwZ 1983, 552 ff., 553 f. (zu den haushaltsrechtlichen Grundsätzen der Wirtschaftlichkeit und Sparsamkeit beim

hend von der Prämisse, daß § 39 Abs. 2 Nr. 4 VwVfG auch dann einschlägig ist, wenn es nach Sinn und Zweck einer Rechtsvorschrift keiner Begründung bedarf[543], entschied das Bundesverwaltungsgericht in drei Fällen, daß wegen der dem Gesetz unmittelbar zu entnehmenden Intention die Entbehrlichkeit der Begründung aus § 39 Abs. 2 Nr. 4 VwVfG folge[544]. In zwei Entscheidungen gelangte es zu der Auffassung, das intendierte Ermessen stelle zugleich einen Ausnahmefall dar, der nach § 39 Abs. 1 Satz 3 VwVfG die Begründungspflicht entfallen lasse[545].

Die Soll-Vorschrift des § 39 Abs. 1 Satz 3 VwVfG läßt Ausnahmen von der Begründungspflicht zu, wenn besondere, schützenswerte Interessen der Beteiligten oder Dritter, u.U. auch öffentliche, durch eine Begründung gefährdet sind[546]. Insofern kann beim intendierten Ermessen ein materieller Belang, der zugleich die Ermessensausübung einschränkt, ein Absehen von

---

Widerruf eines Zuwendungsbescheids); ebenso HessVGH, Beschluß vom 20.2.1996 - 14 TG 430/95 -, GewArch. 1996, 291 ff., 292 re. Sp. (zur Anordnung der sofortigen Betriebseinstellung nach § 31 GastG i.V.m. § 15 Abs. 2 Satz 1 GewO).
Zumindest den Rechtsgedanken des § 39 Abs. 2 Nr. 2 VwVfG zieht auch *Liebetanz* in: Obermayer, VwVfG, § 39 Rn. 35 a.E., heran. Zwar maßgeblich auf § 39 Abs. 1 Satz 3 VwVfG abstellend, aber auch im Hinblick auf § 39 Abs. 2 Nr. 2 VwVfG argumentierend *P. Stelkens/ U. Stelkens* in: Stelkens/Bonk/Sachs, VwVfG, § 39 Rn. 34 ff.

543 St. Rspr., vgl. z.B. BVerwG, Urteil vom 12.2.1988 - 8 C 22/86 -, NVwZ 1988, 628 f., 629, m.w.N.
Ebenso die amtl. Begründung, BT-Drucks. 7/910 S. 61 li. Sp.

544 Urteile vom 20.2.1990 - 1 C 42/83 und 1 C 29/86 -, NJW 1990, 2761 ff., 2764 f. und 2765 ff., 2768 (zur Ablehnung einer Auskunftserteilung nach BDSG/Berl. DSG wegen Geheimhaltungsbedürfnissen); Urteil vom 22.1.1993 - 8 C 57/91 -, NJW 1993, 1667 ff., 1669 re. Sp. (zur Auswahl unter Gesamtschuldnern, Verwaltungsvereinfachung und Effizienz des Gesetzesvollzugs).
Ausdrücklich ablehnend *Kopp/Ramsauer*, VwVfG, § 39 Rn. 29.

545 BVerwG, Urteile vom 20.2.1990 - 1 C 42/83 und 1 C 29/86 -, NJW 1990, 2761 ff., 2764 f. und 2765 ff., 2768 (zur Ablehnung einer Auskunftserteilung nach BDSG/Berl. DSG wegen Geheimhaltungsbedürfnisses).
Weitergehend *Beuermann*, Intendiertes Ermessen, S. 164 (unter unzutreffendem Verweis auf "die" Rechtsprechung), und *Borowski*, DVBl. 2000, 149 ff., 159 li. Sp. unter 3, die die Regelfallentscheidung bei intendiertem Ermessen als Ausnahmefall im Sinne von § 39 Abs. 1 Satz 3 VwVfG begreifen. So auch *P. Stelkens/U. Stelkens* in: Stelkens/Bonk/Sachs, VwVfG, § 39 Rn. 35 f. (unter gleichzeitiger Heranziehung des § 39 Abs. 2 Nr. 2 VwVfG); *Volkmann*, DÖV 1996, 282 ff., 288 re. Sp. vor IV.

546 *Kopp/Ramsauer*, VwVfG, § 39 Rn. 30; *P. Stelkens/U. Stelkens* in: Stelkens/Bonk/Sachs, VwVfG, § 39 Rn. 34, jeweils m.w.N.

der Begründung nach § 39 Abs. 1 Satz 3 VwVfG rechtfertigen. Dies bedarf aber besonderer Prüfung. Die Schutzrichtung des § 39 Abs. 1 Satz 3 VwVfG erfordert eine Interessengefährdung gerade durch die Begründung[547]. Nicht jedes ermessenslenkende Interesse wird aber durch die Abgabe einer ausführlichen Begründung gleichsam berührt. Die zuvor erwähnten zwei Entscheidungen des Bundesverwaltungsgerichts stellen gerade auf diese doppelte Bedeutung eines Belanges ab[548], so daß sich für das intendierte Ermessen keine allgemeinen Schlußfolgerungen daraus ableiten lassen.

Die Entscheidungen, die sich auf § 39 Abs. 2 Nrn. 2 und 4 VwVfG stützen, gehen davon aus, daß zum einen (Nr. 2) der jeweils ermessenslenkende Belang und seine Wirkung dem Adressaten des Verwaltungsaktes ohne weiteres erkennbar sind und daß zum anderen (Nr. 4) Sinn und Zweck der ermessenslenkenden Intention zugleich die Entbehrlichkeit der Begründung bedingen.

Die Erkennbarkeit der Sach- und Rechtslage nach § 39 Abs. 2 Nr. 2 VwVfG muß "ohne weiteres" gewährleistet sein. Da in Fällen intendierten Ermessens lediglich die Begründung der Abwägung entbehrlich ist, muß die Behörde jedenfalls eine dem § 39 Abs. 1 Satz 2 VwVfG genügende Begründung abgeben. Wird in dieser dargetan, auf welche Rechtsvorschriften sie sich stützt, daß sie von einer Ermessensbindung im Sinne intendierten Ermessens ausgeht und daß ein Ausnahmefall nicht vorliegt, so offenbart sich dem Adressaten des Verwaltungsaktes die Rechtsauffassung der Behörde mit hinreichender Klarheit. Unter diesen Voraussetzungen leuchtet die Anwendung des § 39 Abs. 2 Nr. 2 VwVfG durchaus ein. Wenn der Betroffene nämlich erkennt, daß intendiertes Ermessen vorliegen soll, benötigt er keine ausführliche Darlegung der dafür sprechenden Gründe und Wertungen. Er kann vielmehr anhand der benannten Vorschriften die Auslegung der Behörde anhand allgemeiner Kriterien (ggf. unter Einholung rechtlichen Rates) überprüfen.

Wenn auch anerkannt ist, daß Sinn und Zweck einer Vorschrift die Entbehrlichkeit einer Begründung nahebringen können, so ist dieser Schluß beim intendierten Ermessen allenfalls mittelbar zu ziehen, nämlich weil eine nicht stattfindende Abwägung nicht begründet zu werden braucht und nicht begründet werden kann. Wenn aber aus diesem Grund keine Begründung

---

547 A.A. *Borowski*, DVBl. 2000, 149 ff., 159 li. Sp. unter 3.

548 Urteile vom 20.2.1990 - 1 C 42/83 und 1 C 29/86 -, NJW 1990, 2761 ff., 2764 f. und 2765 ff., 2768 (Geheimhaltungsbedürfnis).

erfolgt, bedarf es des Rückgriffes auf § 39 Abs. 2 Nr. 4 VwVfG gerade nicht[549].

Die Versuche, den Wegfall der Begründung auf § 39 Abs. 1 Satz 3 oder Abs. 2 Nrn. 2 bzw. 4 VwVfG zu stützen, vermögen aus einem weiteren Grunde nicht zu überzeugen, der aus der Konzeption des intendierten Ermessens folgt. § 39 Abs. 1 Satz 3 VwVfG setzt voraus, daß überhaupt eine Ermessensentscheidung vorliegt. Nun macht das intendierte Ermessen im Regelfall die Abwägung und mithin die Ermessensausübung im engeren Sinne entbehrlich. Folglich erweist sich § 39 Abs. 1 Satz 3 VwVfG (der Ermessens*entscheidungen*, nicht Ermessens*vorschriften* betrifft) bei Regelfallentscheidungen als nicht einschlägig. Es bedarf somit auch keines Rückgriffes auf die Ausnahmetatbestände des § 39 Abs. 2 VwVfG. Die Begründungspflicht kann keinen Entscheidungsschritt erfassen, der gar nicht stattfindet. Demnach erübrigt sich für die entfallende Abwägung eine Begründung. Nichts anderes besagt die große Mehrheit der einschlägigen Entscheidungen[550]. So plausibel der Rückgriff auf die Ausnahme nach Abs. 2 Nr. 2 auch erscheinen mag, er erweist sich letztlich als überflüssig.

In welchem Umfang beim intendierten Ermessen eingedenk der vorangegangenen Ergebnisse eine Regelfallentscheidung zu begründen ist, bestimmt sich nach den allgemeinen Kriterien. Dabei sind zum einen die Anforderungen des § 39 Abs. 1 Satz 2 VwVfG zu beachten, zum anderen aber Ausnahmen gemäß § 39 Abs. 2 VwVfG selbstverständlich möglich. Die Gerichte überprüfen zwar stets abgegebene Begründungen anhand des konkreten Einzelfalles, ausreichend ist aber in jedem Falle ein Hinweis auf die einschlägigen gesetzlichen Vorschriften und die für den Regelfall vorgesehene Regelung sowie darauf, daß keine Umstände vorliegen, die auf einen Ausnahmefall hindeuten[551]. Auf diese Weise legt die Behörde dar, daß sie die

---

549 So auch *Kopp/Ramsauer*, VwVfG, § 39 Rn. 29.

550 Z.B. BVerwG, Beschluß vom 28.8.1980 - 4 B 67.80 -, Buchholz 406.11 § 35 BBauG Nr. 168, S. 126 ff., 127 f.

551 *Beuermann*, Intendiertes Ermessen, S. 165 f.; *Henneke* in: Knack, VwVfG, § 39 Rn. 27; *Kopp/Ramsauer*, VwVfG, § 39 Rn. 29 (jeweils m.w.N.); *Lampert*, DVP 2000, 390 ff., 391 li. Sp. unter 3; *Liebetanz* in: Obermayer, VwVfG, § 39 Rn. 34; noch weitergehend *Schwab*, Begründungspflicht, S. 55.
P. Stelkens/U. Stelkens in: Stelkens/Bonk/Sachs, VwVfG, § 39 Rn. 36, gehen über diese Anforderungen nur scheinbar hinaus. Ihrem Formulierungsbeispiel ist zu entnehmen, daß sie offenbar eine kurze Herleitung der Intention fordern, sofern diese nicht unmittelbar dem Gesetz zu entnehmen ist. Das entspricht den Anforderungen des § 39 Abs. 1 Satz 2 VwVfG. Die Rechtsprechung sieht - darauf sei noch einmal

Möglichkeit einer Ausnahmeermessensentscheidung erkannt hat. Sie setzt sich somit nicht dem Vorwurf einer Ermessensunterschreitung oder eines Ermessensnichtgebrauchs aus, weil sie irrtümlich eine strikt gebundene Entscheidung angenommen hätte[552]. Mit einer solchen Begründung werden die wesentlichen Gründe der Entscheidung erfaßt.

Die Begründungspflicht besteht ferner nicht aus rein formalen Gründen, sondern sie soll die Akzeptanz der Entscheidung fördern (Überzeugungsfunktion) und dem Adressaten die Überprüfung der Erfolgsaussichten eines Rechtsbehelfs ermöglichen (Rechtsschutzfunktion). Eine lediglich floskelhafte Darstellung der Regelfallumstände weist keinen höheren Informationsgehalt auf als die knappe Feststellung, daß nach der gesetzlichen Regel entschieden wurde.[553] Die Behörde entzieht sich auf die genannte Weise auch dem Vorwurf, in formell rechtswidriger Weise entschieden zu haben. Hat sie sich nämlich auf ein intendiertes Ermessen berufen, Ausnahmeumstände aber nicht erkannt oder nicht in einer Ermessensentscheidung berücksichtigt, so handelt sie zwar ermessensfehlerhaft, nicht aber formell rechtswidrig wegen einer unzureichenden Begründung[554]. Gleiches muß folgerichtig auch für den Fall gelten, daß die Behörde irrig eine ermessenslenkende Intention angenommen hat. Auch dann begründet sie von ihrem rechtlichen Standpunkt aus in ausreichender Weise die getroffene Entschei-

---

hingewiesen - lediglich die Begründung der (nicht getroffenen) Ermessensentscheidung, nicht aber die Begründung im übrigen als entbehrlich an. Das Beispiel zeigt aber deutlich, zu welcher untunlichen Verwirrung eine floskelhafte Begründung führt. Sofern dort von "pflichtgemäßem Ermessensgebrauch" die Rede ist, wird der Adressat über den tatsächlichen Entscheidungsprozeß getäuscht. Die beispielhafte Begründung suggeriert eine Abwägungsentscheidung, die nicht stattgefunden hat. Auf diese Weise mag sich der Betroffene veranlaßt sehen, gegen die Entscheidung vorzugehen, weil er einen Ermessensfehlgebrauch vermutet, nicht aber eine intendierte Entscheidung. Die Kernbegriffe "Regelfall", "Intention" usw. sieht der Vorschlag gerade nicht vor. Dem Betroffenen wird seine Rechtsverteidigung durch diesen Umstand gewiß nicht erleichtert. Mag auch die Argumentation vor der zuvor gesetzten Prämisse, daß stets eine Abwägungsentscheidung zu treffen sei (a.a.O. Rn. 35), folgerichtig sein; sie zeigt aber sehr deutlich, daß die Prämisse unzutreffend ist.

552 BayVGH, Urteil vom 15.3.2001 - 7 B 00.107 -, NVwZ 2001, 931 ff., 933 unter 5; *Beuermann*, Intendiertes Ermessen, S. 165; *Jäde*, Bauaufsichtliche Maßnahmen, Rn. 92; *Schwab*, Begründungspflicht, S. 62 ff. (mit diversen Formulierungsbeispielen).

553 *Schwab*, Begründungspflicht, S. 55 f.

554 So bereits BVerwG, Beschluß vom 28.8.1980 - 4 B 67.80 -, Buchholz 406.11 § 35 BBauG Nr. 168, S. 126 ff., 128; ferner *Beckmann*, VR 1999, 357 ff., 359 li. Sp. vor IV; *Beuermann*, Intendiertes Ermessen, S. 168 f.

dung. Sie handelt allerdings offenkundig ermessensfehlerhaft, indem sie die gesetzlich vorgesehene Abwägung unterläßt (Ermessensnicht-gebrauch).

Eine von Kritikern befürchtete Entwertung der Begründungspflicht[555] tritt nicht ein. Wenn bereits keine Abwägung stattfindet, so kann sich eine darauf bezogene Begründung allenfalls auf erläuternde Hinweise beschränken[556]. Die Kritik setzt zu spät an; das Entfallen der Begründungspflicht ist – wie zuvor erläutert – nur die logische Folge der Entbehrlichkeit der Abwägung.

D. Nichtigkeit, Heilung und Unbeachtlichkeit von Verfahrensfehlern

Bei Annahme eines intendierten Ermessens können sich – wie bei allen Verwaltungsakten – Verfahrensfehler ergeben. Die Beurteilung anhand der §§ 44 - 46 VwVfG[557] unterliegt grundsätzlich keinen Besonderheiten. Allenfalls im Hinblick auf die zuvor dargestellten spezifischen Rechtsfolgen bedarf es ergänzender Erläuterungen.

I. Mangelhafte Sachverhaltsermittlung

Die mangelhafte Sachverhaltsermittlung stellt einen Verfahrensfehler dar. Ein selbständiger Rechtsbehelf steht gemäß § 44a VwGO nicht zur Verfügung, vielmehr ist die Endentscheidung anzugreifen. Diese erweist sich dann als formell rechtswidrig, nicht aber als nichtig gemäß § 44 VwVfG. Zwar kommt eine Heilung nach § 45 Abs. 1 und 2 VwVfG durch Nachholung nicht in Betracht, der Fehler kann aber unter den Voraussetzungen des § 46 VwVfG unbeachtlich sein[558]. Das ist der Fall, wenn offensichtlich ist, daß die Verletzung der Sachverhaltsermittlungspflicht die Entscheidung in der Sache nicht beeinflußt hat.

Eine Beeinflussung scheidet zum einen aus, wenn wegen tatsächlicher Alternativlosigkeit der Fehler für die getroffene Entscheidung nicht kausal sein, also unter keinem Aspekt Einfluß haben konnte. Zum anderen besteht keine Beeinflussung, wenn aus rechtlichen Gründen die Entscheidung auch

---

[555] *Brinktrine*, Verwaltungsermessen, S. 48 vor ddd);

[556] Vgl. BVerwG, Urteil vom 3.3.1994 - 4 C 1.93 -, BVerwGE 95, 189 ff., 207 f.

[557] Zur Heilung und Unbeachtlichkeit von Verfahrensfehlern zusammenfassend *Hufen*, JuS 1999, 313 ff.

[558] Zur Anwendbarkeit des § 46 VwVfG bei Verstößen gegen §§ 24, 26 VwVfG: *Kopp/Ramsauer*, VwVfG, § 46 Rn. 17 m.w.N.

unter Berücksichtigung des Fehlers und des Zwecks der verletzten Verfahrensvorschrift im Ergebnis nicht zu beanstanden ist (rechtliche Alternativlosigkeit).[559] Bei Ermessensentscheidungen wirken sich Verfahrensfehler grundsätzlich auf die Entscheidung aus, da nicht ausgeschlossen werden kann, daß die Behörde zu einer anderen Entscheidung gelangt wäre. Ausnahmsweise erweist sich ein Fehler aber als unbeachtlich, wenn er sich nachweislich aus tatsächlichen Gründen nicht auf die Entscheidung auswirken konnte, insbesondere, wenn die unterlassene Sachaufklärung keine neuen Erkenntnisse erbracht hätte oder wenn sich aufgrund der besonderen Umstände des Einzelfalls das Ermessen auf Null reduziert hatte.[560]

Darüber hinaus muß die fehlende Beeinflussung offensichtlich sein. Das ist der Fall, wenn sich die fehlende Ursächlichkeit mit Hilfe der Akten oder sonstiger Beweismittel eindeutig nachweisen läßt. Zudem darf kein vernünftiger Zweifel daran bestehen, daß bei Vermeidung des Fehlers dieselbe Entscheidung ergangen wäre.[561]

Für die Fälle intendierten Ermessens ergeben sich daraus die folgenden Konsequenzen: Entscheidet die Behörde im Sinne der gesetzlichen Intention, ohne den Sachverhalt insbesondere im Hinblick auf eine Ausnahmesituation aufzuklären, kommt es für die Unbeachtlichkeit darauf an, ob tatsächlich besondere Umstände bestehen. Ist das nicht der Fall, erweist sich die getroffene Regelfallentscheidung jedenfalls nicht als ermessensfehlerhaft und mithin nicht als rechtswidrig. Da sich die Rechtmäßigkeit der Regelfallentscheidung bei Fehlen besonderer Umstände bereits aus der gesetzlichen Wertung ergibt, bedarf es keiner Überprüfung der Entscheidungssituation anhand der Aktenlage. Es liegt ein der rechtlichen Alternativlosigkeit zumindest vergleichbarer Fall vor. Die fehlende Beeinflussung ist offensichtlich, weil überhaupt nur im Ausnahmefall Ermessen ausgeübt wird. Sofern also atypische Umstände de facto nicht bestehen, führt § 46 VwVfG wegen evidenter Unbeachtlichkeit des Fehlers zum Ausschluß des Aufhebungsanspruchs des Betroffenen. Da das (Nicht-)bestehen eines Ausnahmefalles umfassender gerichtlicher Kontrolle unterliegt, verläuft die formelle und materielle Prüfung insoweit kongruent.[562]

---

559 *Kopp/Ramsauer*, VwVfG, § 46 Rn. 26 m.w.N.

560 Ausführlich *Kopp/Ramsauer*, VwVfG, § 46 Rn. 33 und 35. Ferner *Hufen*, JuS 1999, 313 ff., 318 unter V 1.

561 *Hufen*, JuS 1999, 313 ff., 318 f. unter V 2; *Kopp/Ramsauer*, VwVfG, § 46 Rn. 37.

562 Im Ergebnis gelangt auch *Beuermann*, Intendiertes Ermessen, S. 167 f., zur Anwendbarkeit des § 46 VwVfG.

Diese Grundsätze gelten auch für die Fälle, in denen die Verwaltungsbehörde für den Regelfall keiner strikten Bindung unterliegt, weil sie sich auf die Intention berufen kann, aber nicht muß[563]. Gleichgültig, ob keine atypischen Umstände vorliegen oder die Behörde lediglich davon ausgeht und daher keinerlei Ermittlungen anstellt, ändert sich an der Entscheidungssituation nichts. Hätte die Behörde vom Regelfall abweichen wollen, hätte sie die Entscheidung so nicht getroffen.

II. Unterlassene Anhörung Beteiligter

Bei Verstößen gegen die grundsätzliche Anhörungspflicht nach § 28 VwVfG besteht in aller Regel ebenfalls kein Nichtigkeitsgrund. Anders als bei der mangelhaften Sachverhaltsaufklärung eröffnet § 45 Abs. 1 Nr. 3 VwVfG die Möglichkeit der Heilung durch die Nachholung bis zum Abschluß des verwaltungsgerichtlichen Verfahrens (§ 45 Abs. 2 VwVfG). Bringt die nachgeholte Anhörung keine atypischen Umstände zum Vorschein, so bestehen keine formellen Einwände gegen die getroffene Regelfallentscheidung. Hinsichtlich der Unbeachtlichkeit des Anhörungsfehlers gemäß § 46 VwVfG gelten die zuvor dargestellten Grundsätze gleichermaßen.

III. Fehlende Begründung

Sollte ein Verwaltungsakt ohne jede Begründung ergehen, so besteht nach § 45 Abs. 1 Nr. 2 VwVfG die Möglichkeit der Heilung durch Nachholung. Auch § 46 VwVfG ist anwendbar[564]. Es gelten die obigen Grundsätze, so daß sich eine gänzlich fehlende Begründung als unbeachtlicher Fehler erweist, wenn mangels eines atypischen Falles die Regelfallentscheidung ergehen durfte bzw. mußte[565].

Die fehlende Begründung indiziert darüber hinaus bei Ermessensentscheidungen regelmäßig einen materiellen Fehler, nämlich einen Ermessensnichtgebrauch[566]. Beim intendierten Ermessen stellt die Regelfallentscheidung allerdings keine Ermessensentscheidung dar. Demnach entfällt

---

563 Siehe oben, A.
564 *Kopp/Ramsauer*, VwVfG, § 46 Rn. 17 m.w.N.
565 Im Ergebnis ebenso *Beuermann*, Intendiertes Ermessen, S. 167 f.
566 *Kopp/Ramsauer*, VwVfG, § 39 Rn. 56.

diese grundsätzliche Indizwirkung[567]. Liegt ein atypischer Sachverhalt vor und unterläßt die Behörde eine auf die Ermessensausübung bezogene Begründung, deutet dies allerdings auf das Fehlen einer Abwägung hin. Die Behörde ist nämlich ersichtlich von einer gebundenen oder quasi gebundenen Entscheidung ausgegangen.

E. Das Nachschieben von Gründen im verwaltungsgerichtlichen Verfahren

§ 114 Satz 2 VwGO gestattet der Verwaltungsbehörde, ihre Ermessenserwägungen auch noch im verwaltungsgerichtlichen Verfahren zu ergänzen, sofern dies materiell- und verwaltungsverfahrensrechtlich zulässig ist[568]. Ein Nachschieben von Gründen könnte beim intendierten Ermessen dann in Betracht kommen, wenn die Behörde von einem Regelfall ausging und im Verlauf des Verfahrens atypische Umstände offenbar werden, die eine Abwägung erfordern.

Das Bundesverwaltungsgericht nahm dazu in seinem Urteil vom 16.6.1997[569] wie folgt Stellung:

> "Da der Widerruf des Bewilligungsbescheides die nicht begründungsbedürftige Regelfolge des Auflagenverstoßes war, handelt es sich dann, wenn die Behörde nachträglich zu individuellen oder sonstigen Besonderheiten abwägend Stellung nimmt, um eine Ergänzung - nicht um eine Nachholung - der Ermessensbegründung. Derartige Ergänzungen sind auch noch im Verwaltungsstreitverfahren mit heilender Wirkung zulässig. Dies ist... durch § 114 Satz 2 VwGO ausdrücklich angeordnet worden..."

Diese Ansicht ist abzulehnen. Sie widerspricht der Konzeption des intendierten Ermessens. Es entspricht ferner nicht dem Sinn und Zweck des § 114 Satz 2 VwGO, die nachträgliche Abwägung in der geschilderten Konstellation zuzulassen.

§ 114 Satz 2 VwGO erfaßt seinem eindeutigen Wortlaut nach lediglich Fälle, in denen bei einem Ermessensverwaltungsakt Ermessenserwägungen *ergänzt* werden, nicht hingegen solche, in denen es an Ermessenserwägungen überhaupt fehlt, weil die Behörde ein eingeräumtes Ermessen gar nicht ausgeübt hat, oder in denen die Entscheidungsgründe vollständig ausge-

---

567 *Beckmann*, VR 1999, 357 ff., 359 li. Sp. vor IV.

568 BVerwG, Urteil vom 5.5.1998 - 1 C 17.97 -, BVerwGE 106, 351 ff., 363 f.

569 - 3 C 22.96 -, BVerwGE 105, 55 ff., 59.
Zustimmend - ohne nähere Begründung - *Beckmann*, VR 1999, 357 ff., 359 vor IV.

wechselt werden[570]. Der Ermessensnichtgebrauch oder -ausfall soll gerade nicht behebbar sein.

Wie zuvor aufgezeigt[571], erweist sich die Regelfallentscheidung beim intendierten Ermessen als eine gebundene oder zumindest als eine einer solchen gleich zu behandelnde Entscheidung. Jedenfalls findet eine Abwägung von "Für und Wider" als Kernstück einer jeden Ermessensentscheidung nicht statt. Die Rechtsfigur des intendierten Ermessens macht bei Vorliegen des gesetzlich vorgesehenen Regelfalls die Ermessensausübung im eigentlichen Sinne entbehrlich.

Wenn nun die Behörde atypische Umstände in eine nachträgliche Abwägung einstellt, ergänzt sie nicht ihre Erwägungen, sondern nimmt eine Abwägung originär vor. Das Bundesverwaltungsgericht geht davon aus, daß die Entscheidung bei intendiertem Ermessen sowohl im Regel- als auch im Ausnahmefall als Ermessensentscheidung zu behandeln ist[572]. Es erachtet Vorschriften, die ein eingeschränktes Ermessen eröffnen, ihrer Natur nach offenbar als Ermessensvorschriften. Bei formaler dogmatischer Betrachtung mag diese Einordnung zutreffen. Wie an anderer Stelle erörtert[573], bewirkt die gesetzliche Intention zwar in gewisser Weise eine Aufspaltung des Entscheidungsprogramms bei der Ermessensausübung; die abstrakte Gewichtung der Belange wird "vor die Klammer" auf die tatbestandliche Seite gezogen. Die Rechtsprechung des Bundesverwaltungsgerichts verkennt aber, daß es nach Sinn und Zweck des § 114 Satz 2 VwGO maßgeblich auf die Abwägung als zentrales Element der Ermessensbetätigung ankommt. § 114 Satz 2 VwGO geht zudem von einer vollständigen Ermessensausübung einschließlich Abwägung aus, die nur noch punktuell ergänzt werden kann. Aufgrund der nicht durchgeführten Abwägung besteht daher die gleiche Interessenlage wie beim Ermessensausfall. Die pauschale Einordnung als Er-

---

570 BVerwG, Urteil vom 5.5.1998 - 1 C 17.97 -, BVerwGE 106, 351 ff., 365; *Kopp/Schenke*, VwGO, § 114 Rn. 50 m.w.N.
In der amtlichen Begründung (BT-Drucks. 13/3993 S. 13 zu Nr. 14 (§ 114 VwGO) heißt es: "Ein (völliges) Auswechseln der bisherigen Begründung der Ermessensentscheidung unterfällt nicht der neuen Regelung des § 114 Satz 2."

571 Siehe oben, A.

572 Dem schließen sich *Borowski*, DVBl 2000, 149 ff., 153 ff. unter b, und nunmehr auch *P. Stelkens/U. Stelkens*, in: Stelkens/Bonk/Sachs, VwVfG, § 39 Rn. 35, unter Berufung auf die angeblich "neue Formel" der Rechtsprechung an. Dazu bereits oben, Kap. 3 unter A II 1 b und c.
Von Ermessen auch im Regelfall, wenngleich "gebunden", geht auch *Rennert* in: Eyermann/Fröhler, VwGO, § 114 Rn. 15, aus, allerdings ohne nähere Begründung.

573 Siehe oben, Kap. 3 unter A II 1 c aa und bb.

messensvorschrift überdeckt den unterschiedlichen Charakter der Entscheidung im Regelfall und im Ausnahmefall. Bei *Soll-Vorschriften*, die nichts anderes sind *als ausdrücklich geregelte Fälle intendierten Ermessens*[574], zeigt sich dieser Unterschied sehr deutlich. Abhängig vom Vorliegen eines Ausnahmefalles werden unterschiedliche Rechtsfolgen ausgelöst; nichts anderes gilt für das intendierte Ermessen. Die zuvor dargestellte Auffassung des 3. Senats[575] widerspricht der Annahme, das Vorliegen eines Ausnahmefalles - sei es bei Soll-Vorschriften, sei es beim intendierten Ermessen - unterliege voller gerichtlicher Kontrolle. Läge stets eine Ermessensentscheidung vor, müßte zwangsläufig die gerichtliche Kontrolle auf Ermessensfehler beschränkt sein, auch bei der wertungsabhängigen Frage, ob atypische Umstände gegeben sind.

Überdies ergeben sich Bedenken hinsichtlich des Rechtsschutzumfanges. Eine erstmals während des Verwaltungsprozesses getroffene Abwägungsentscheidung unterliegt zwar der gerichtlichen Überprüfung, nach § 114 Satz 1 VwGO allerdings nur im Hinblick auf Ermessensfehler. Der Rechtsschutz des Betroffenen erfährt eine erhebliche Verkürzung, da ein Widerspruchsverfahren nicht mehr stattfindet, in welchem die Widerspruchsbehörde grundsätzlich[576] denselben Ermessensspielraum besitzt wie die Ausgangsbehörde. Für die Verwaltungsbehörde wäre die vorschnelle Berufung auf einen intendierten Regelfall - abgesehen von der möglichen nachteiligen Kostenfolge bei einer Erledigungserklärung durch den Betroffenen - nahezu folgenlos.

Die Nichtanwendung des § 114 Satz 2 VwGO zeitigt zudem eine sinnvolle Nebenfolge. Die Verwaltung ist dann nämlich gehalten, das Fehlen atypischer Umstände besonders gewissenhaft zu prüfen und entsprechende Verfahrenshandlungen, insbesondere die Anhörung, durchzuführen. Ihr wäre die Möglichkeit abgeschnitten, den Betroffenen mit seinem Vorbringen faktisch auf das gerichtliche Verfahren zu verweisen.

Im Ergebnis besitzt die Verwaltung im gerichtlichen Verfahren *nicht die Möglichkeit, bei Bekanntwerden atypischer Umstände* die unter Berufung auf den Regelfall nicht vorgenommenen *Ermessensausübung nachzuholen*. § 114 Satz 2 VwGO läßt nur eine Ergänzung der Ermessenserwägungen zu, nicht aber eine vollständige Nachholung. Die Annahme, intendiertes Ermessen

---

574 Siehe oben, Kap. 3 unter B I 1.

575 BVerwG, Urteil vom 16.6.1997 - 3 C 22.96 -, BVerwGE 105, 55 ff., 59.

576 Dies gilt nicht, sofern die Widerspruchsbehörde gemäß § 73 Abs. 1 Satz 2 Nr. 3 VwGO nach Landesrecht auf die Rechtmäßigkeitskontrolle beschränkt ist.

entziehe einer Vorschrift jedenfalls nicht den Charakter einer Ermessensentscheidung, rechtfertigt nicht den weitergehenden Schluß, die nachträgliche Abwägung stelle nur eine Ergänzung der ursprünglichen Entscheidung nach § 114 Satz 2 VwGO dar.

Nimmt die Verwaltungsbehörde irrig an, das Gesetz räume intendiertes Ermessen ein, so verkennt sie ihren Handlungsspielraum jedenfalls dann, wenn sie sich auf den vermeintlichen Regelfall beruft und eine Ermessensausübung unterläßt. Die Behörde handelt ermessensfehlerhaft im Sinne eines Ermessensnichtgebrauchs. Ein solcher kann nach § 114 Satz 2 VwGO im verwaltungsgerichtlichen Verfahren nicht behoben werden, da eine vollständige Nachholung ausgeschlossen ist (siehe oben).

Führt die Behörde unter dieser irrigen Prämisse eine Abwägung wegen besonderer Umstände durch, spricht eine Vermutung für einen Ermessensfehlgebrauch, da das vermeintlich ermessenslenkende Interesse zwangsläufig mit zu großem Gewicht in die Abwägung eingestellt wurde.

Kapitel 7: Zusammenfassung der wesentlichen Ergebnisse

A. Begriff und Anwendungsfelder

Die Figur des intendierten Verwaltungsermessen geht maßgeblich zurück auf einen Beschluß des Bundesverwaltungsgerichts vom 28.8.1980[577]. Seither gelangte sie in zahlreichen Entscheidungen zur Anwendung.[578]

Intendiertes Ermessen liegt nach der Rechtsprechung des Bundesverwaltungsgerichts und der Oberverwaltungsgerichte bzw. Verwaltungsgerichtshöfe dann vor, wenn die Richtung der Ermessensbetätigung vom Gesetz vorgezeichnet ist, bei der also ein bestimmtes Ergebnis dem Gesetz nähersteht, sozusagen im Grundsatz gewollt ist und davon nur ausnahmsweise abgesehen werden darf oder kann. Die ermesseneinräumende Vorschrift muß dahingehend auszulegen sein, daß sie für den Regelfall von einer Ermessensausübung in einem bestimmten Sinne ausgeht. Für die eine Ausnahme ablehnende Entscheidung bedarf es im Regelfall keiner Abwägung von "Für und Wider"; das Ergebnis derselben versteht sich von selbst. Damit entfällt zugleich auch eine entsprechende Begründungspflicht der Behörde; einer das Selbstverständliche darstellenden Begründung bedarf es nicht. Die Behörde braucht keine Abwägung zu begründen, die sie nicht vorgenommen hat und nach ihrer Auffassung auch nicht vornehmen mußte. Bei der Ausübung des intendierten Ermessens darf bzw. muß die Behörde "Für und Wider" nur dann abwägen, wenn sie in dem zu würdigenden Einzelfall konkrete Anhaltspunkte für die Angemessenheit einer Ausnahme festzustellen vermag, wenn ihr außergewöhnliche Umstände des Falles bekanntgeworden oder erkennbar sind, die eine andere Entscheidung möglich erscheinen lassen. Es stellt jedenfalls keinen Ermessensfehler dar, wenn die Behörde die Regelfallentscheidung trifft und nur bei Vorliegen besonderer Umstände anders verfährt.[579]

Hauptanwendungsfelder bilden das gefahrenabwehrrechtliche Einschreiten gegen rechtswidrige Zustände, die Entscheidung über den Erlaß von

---

[577] – 4 B 67.80 –, Buchholz 406.11 § 35 BBauG Nr. 168 S. 126 ff., 128.
[578] Siehe oben, Kap. 1 unter A.
[579] Siehe oben, Kap. 1 unter B.

Verwaltungsakten mit Ausnahmecharakter, die Durchsetzung staatlicher Ansprüche auf Geldleistungen, die Auswahl von Gesamtschuldnern, die Aufhebung von Verwaltungsakten sowie die Entlassung von Beamten auf Probe.[580]

B. Dogmatische Herleitung

Am Anfang jeder Ermessensbetätigung steht die Auslegung der Ermessensermächtigung. Dabei ist die Ermessensvorschrift nicht isoliert zu betrachten, sondern in Zusammenschau mit sämtlichen im Kontext stehenden Vorschriften und Rechtsgrundsätzen sowie dem Gesamtzweck des Gesetzes. Aus der Auslegung ergeben sich die für die Entscheidung maßgeblichen Ermessensdirektiven, nämlich die abzuwägenden Interessen und das ihnen abstrakt zukommende Gewicht.[581]

Die Rechtsfigur des intendierten Ermessens gelangt zur Anwendung, wenn die Auslegung ein Interesse unabhängig vom Einzelfall als vorrangig identifiziert, also ein gesetzliches Regel-Ausnahme-Verhältnis besteht. Sie kürzt den Entscheidungsprozeß ab, indem es beim Fehlen besonderer Umstände, welche die gesetzliche Wertung zugunsten eines Interesses und mithin einer Entscheidung in Frage stellen könnten, die Behörde von der Pflicht zur Abwägung nebst entsprechender Begründung entbindet. Der Verwaltungsaufwand reduziert sich und die Entscheidungsfindung wird effektiviert. Darüber hinaus trägt das intendierte Ermessen zu einer einheitlichen Anwendung der entsprechenden Vorschriften bei, da es klare Maßstäbe vorgibt, die dem Gesetzeszweck zur Geltung verhelfen. Zudem überzeugt eine unter Berufung auf das intendierte Ermessen getroffene Entscheidung durch ihre Klarheit, auch und gerade gegenüber dem Adressaten der Entscheidung.[582]

Die Entscheidungsfindung ohne Anwendung der Figur des intendierten Ermessens führt zwar zu keinem abweichenden Ergebnis, wohl aber zu einer unnötigen Durchführung von Entscheidungsschritten. Trotz des bei entsprechender Vorbetrachtung im Regelfall eindeutigen Ergebnisses muß pro forma das gesamte Abwägungsprogramm abgespult werden, die einzelnen Schritte bedürfen einer Begründung. Der Vorgang der Entscheidungsfindung

[580] Siehe oben, Kap. 2.
[581] Siehe oben, Kap. 3 unter A I 2.
[582] Siehe oben, Kap. 3 unter A I 3.

erfährt somit keine Abkürzung. Dem Adressaten der Entscheidung wird ein unzutreffender Eindruck von den Gründen der Entscheidung vermittelt, ihm wird eine Abwägung vorgespiegelt, die gar nicht stattgefunden hat.[583]

Der Abwägungsvorgang im weiteren Sinne setzt sich aus verschiedenen Einzelschritten zusammen. Die abstrakte Gewichtung der nach Sinn und Zweck des Gesetzes regelmäßig betroffenen Interessen steht am Anfang. Sie erweist sich als abstrakte Rechtsfrage, die entsprechenden Maßstäbe sind normstrukturell betrachtet Tatbestandsergänzungen. Es schließt sich die abstrakte Gewichtung der aufgrund des konkreten Einzelfalles hinzutretenden Interessen an. Erweisen sich diese als nicht einmal annähernd gleichgewichtig, steht das Ergebnis der Abwägung bereits in diesem Entscheidungsstadium fest. Diese beiden Entscheidungsschritte, die mit der Abwägung im engeren Sinne als relativer Gewichtung der betroffenen Interessen nicht unlösbar verknüpft sind, werden beim intendierten Ermessen auf die Tatbestandsseite verlagert, indem die gesetzliche Intention aufgrund einer abstrakten Gewichtung ermittelt und anschließend das Vorliegen atypischer Umstände, also eines Ausnahmefalles, geprüft wird.[584]

Ermessenslenkende Verwaltungsvorschriften vollziehen diese Schritte im Innenbereich der Verwaltung seit jeher.[585]

Die Verortung des intendierten Ermessens auf der Rechtsfolgenseite als Bestandteil eines einheitlichen Abwägungsvorgangs negiert die mit der Konzeption der Rechtsprechung einhergehende klare Trennung von Entscheidungsschritten.[586]

Das intendierte Ermessen stellt sich als Akt richterlicher Rechtsfortbildung dar. Zum einen führt die Rechtsprechung das Tatbestandsmerkmal des Ausnahmefalles ein, um die Rechtsfolge der freien Ermessensentscheidung zu eröffnen. Zum anderen modifiziert sie die Rechtsfolge bei Nichtvorliegen eines Ausnahmefalles, indem sie im Regelfall eine gebundene oder quasi gebundene Entscheidung anordnet. Somit erfolgt einerseits eine teleologi-

---

583 Siehe oben, Kap. 3 unter A II 1 a.
584 Siehe oben, Kap. 3 unter A II 1 c aa und bb.
585 Siehe oben, Kap. 3 unter A II I c aa.
586 Siehe oben, Kap. 3 unter A II 1.

sche Reduktion der Ermessensvorschrift, andererseits eine teleologische Korrektur auf der Rechtsfolgenseite.[587]

Die teleologische Reduktion ist dadurch gerechtfertigt, daß sich die gesetzliche Rechtsfolge (offene Ermessensentscheidung) nach Sinn und Zweck der Vorschrift für den Regelfall als nicht geboten erweist. Mithin besteht eine verdeckte Regelungslücke, die durch das zusätzliche Tatbestandsmerkmal des Ausnahmefalles geschlossen wird.[588]

Die weitere teleologische Korrektur ergibt sich aus der Zweckverfehlung und dem Wertungswiderspruch, der entstehen würde, wenn im Regelfall ein Entscheidungsspielraum eröffnet wäre, obwohl das Gesetz eine Entscheidung präferiert.[589]

Ein Ausnahmefall in diesem Sinne liegt vor, wenn konkrete Anhaltspunkte bestehen, die eine vom Regelfall abweichende Entscheidung möglich erscheinen lassen. Das ist der Fall, wenn die abstrakte Gewichtung der hinter den Einzelfallumständen stehenden Belange selbige geeignet erscheinen lassen, den Gewichtungsvorrang des Regelinteresses zu überwinden.[590]

Ob ein solcher Ausnahmefall vorliegt, unterliegt voller gerichtlicher Kontrolle.[591]

C. Standort und Abgrenzung

Soll-Vorschriften sind Ermessensermächtigungen, deren Wortlaut bereits den Vorrang einer bestimmten Entscheidung zum Ausdruck bringt, ohne daß es dazu der Herleitung im Wege der Auslegung bedarf. Nur bei Vorliegen atypischer Umstände, also eines Ausnahmefalles im obigen Sinne, ist der Behörde ein freies Ermessen eröffnet, andernfalls stellt sich die zu treffende Entscheidung als gebunden dar. Dementsprechend bedarf es im Regelfall keiner Ermessensausübung und mithin keiner Abwägung, folglich auch nicht einer dahingehenden Begründung.[592]

---

[587] Siehe oben, Kap. 3 unter A II 2.
[588] Siehe oben, Kap. 3 unter A II 2 b.
[589] Siehe oben, Kap. 3 unter A II 2 c.
[590] Siehe oben, Kap. 3 unter A II 2 d.
[591] Siehe oben, Kap. 3 unter A II 2.
[592] Siehe oben, Kap. 3 unter B I 1.

Der Vergleich von Soll-Vorschriften und Vorschriften mit intendiertem Ermessen offenbart, daß eine Übereinstimmung in der Konzeption besteht. Soll-Vorschriften sind der Sache nach als ausdrücklich geregelte Fälle intendierten Ermessens anzusehen.[593]

Daneben existieren weitere gesetzliche Ermessensvorgaben, die sich entweder als Kataloge für die in die Abwägung einzustellenden Belange darstellen oder aber als Ziel- und Zweckvorgaben einzelnen Gesetzen vorangestellt sind.[594]

Der Begriff der Ermessensreduzierung umschreibt die bei einer offenen Ermessensentscheidung eintretende Verminderung der ex ante möglichen und rechtmäßigen Handlungsalternativen durch die konkreten Umstände des Einzelfalles. Verbleibt nur noch eine rechtmäßige Handlungsmöglichkeit, so tritt *faktisch* eine Bindung der Behörde ein, deren ursprünglicher Handlungsspielraum nicht mehr existiert ("Ermessensreduzierung auf Null").[595]

Demgemäß gibt es keine spezifischen ermessensreduzierenden Faktoren; die allgemeinen Grenzen des Ermessens führen de facto zu der Ermessensreduktion.[596]

Während das intendierte Ermessen eine abstrakt-generelle Beschränkung des behördlichen Handlungsspielraumes im Wege der teleologischen Korrektur bewirkt, stellt sich die Ermessensreduzierung als logische Konsequenz der Ermessensausübung im konkreten Einzelfall dar und mithin als faktisches Phänomen. Die Identifizierung intendierten Ermessens vollzieht sich als Akt der Norminterpretation, die Ermessensreduktion ist Ergebnis der Subsumtion. Überschneidungen sind daher ausgeschlossen.[597]

Sogenannte Koppelungsvorschriften vermitteln oftmals über wertungsabhängige unbestimmte Rechtsbegriffe in ihrem Tatbestand eine gesetzliche Intention.[598]

---

[593] Siehe oben, Kap. 3 unter B I 1.
[594] Siehe oben, Kap. 3 unter B I 2.
[595] Siehe oben, Kap. 3 unter B II 1 a aa.
[596] Siehe oben, Kap. 3 unter B II 1 a bb.
[597] Siehe oben, Kap. 3 unter B II 2.
[598] Siehe oben, Kap. 3 unter B III.

Da sich die Wertungen auf Tatbestandsseite mit dem Abwägungsprogramm auf der Rechtsfolgenseite mitunter überschneiden, hat die Rechtsprechung die Figur des sogenannten einheitlichen Ermessens entwickelt, das die Subsumtion unter den unbestimmten Rechtsbegriff und die Ermessensabwägung zu einer einheitlichen Abwägung und damit Ermessensausübung zusammenfaßt. Diese Rechtsfigur wird durch das intendierte Ermessen überflüssig. Letzteres verhindert durch seine konsequente Trennung der Ebenen Tatbestand und Rechtsfolge die Verschmelzung derselben. Es sorgt für einen klaren Entscheidungsauftrag und -ablauf und vermeidet dabei eine allumfassende unstrukturierte Abwägung.[599]

Bei der Umdeutung einer Ermessensentscheidung in eine gebundene Entscheidung erweist sich die gesetzliche Intention entweder als so bestimmend, daß sie nicht durch entgegenstehende Interessen überwunden werden kann, oder aber atypische Umstände sind von vornherein tatsächlich oder nach dem Gesetzeswillen ausgeschlossen. Es besteht keine Öffnungsklausel. Daher muß sich eine solche Intention ohne jeden Zweifel aus dem Gesetz ergeben. Die Kann-Vorschrift muß entweder als Redaktionsversehen oder als reine Ermächtigungsnorm erscheinen. Es muß ein offener Widerspruch zwischen dem Zweck der Regelung und ihrem Charakter als Ermessensvorschrift hervortreten. Ist das nicht der Fall, kann allerdings intendiertes Ermessens als schwächere Form der teleologischen Korrektur in Betracht kommen.[600]

D. Zur Kritik

Das intendierte Ermessen durchbricht nicht die Grenze zwischen Tatbestand und Rechtsfolge, sondern trennt Entscheidungsebenen, die sich aufgrund der Abwägung als schrittweisem Prozeß ergeben. Der Entscheidungsprozeß wird abgekürzt, weil Entscheidungsschritte entbehrlich sind. Atypische Umstände führen zu einer Abwägungspflicht, so daß die Einzelfallgerechtigkeit gewahrt bleibt.[601]

---

599 Siehe oben, Kap. 3 unter B III.

600 Siehe oben, Kap. 3 unter B IV.

601 Siehe oben, Kap. 4 unter A.

Das intendierte Ermessen greift nicht in die gesetzliche Kompetenzverteilung zwischen Exekutive und Judikative ein, da die Einschränkung des Ermessens im Wege teleologischer Korrektur aus dem Gesetz selbst folgt. Handlungsspielräume der Verwaltung sind frei entziehbar.[602]

Die Behauptung, der Gesetzgeber unterscheide strikt zwischen Kann- und Soll-Vorschriften, wird durch diverse Gesetzesbegründungen entkräftet. Es besteht keine strenge Trennung zwischen diesen Ermessenskategorien.[603]

Das Verwaltungsverfahren erfährt keine Entwertung. Eine floskelhafte Begründung, die bei einer Regelfallentscheidung eine nicht vorgenommene Abwägung suggeriert, führt in die Irre, aber nicht zu größerer Akzeptanz der Entscheidung. § 46 VwVfG führt nur dann zur Unbeachtlichkeit eines Verfahrensfehlers, wenn bei einer Regelfallentscheidung kein atypischer Sachverhalt vorliegt. Aufgrund der dahingehenden umfassenden gerichtlichen Überprüfung besteht keine gesteigerte Mißbrauchsgefahr.[604]

Intendiertes Ermessen ist nur ausnahmsweise anzunehmen, wenn die Auslegung eine deutliche gesetzliche Intention offenbart. Diese Prämisse, aber auch die angeführten abstrakten Kriterien sowie die sich abzeichnenden Fallgruppen gewährleisten die hinreichende Eingrenzbarkeit des Anwendungsbereichs des intendierten Verwaltungsermessens.[605]

E. Voraussetzungen und Rechtsfolgen

Grundsätzlich ist jede einzelne Ermessensvorschrift im Wege der Auslegung auf eine Intention hin zu untersuchen. Eine schematische Lösung verbietet sich.[606]

Intendiertes Ermessen liegt immer dann vor, wenn a priori eine Entscheidungsalternative den grundsätzlichen Vorrang vor allen anderen genießt, weil hinter ihr ein vom Gesetzgeber mit überragendem Gewicht ausgestatteter Belang steht.[607]

---

[602] Siehe oben, Kap. 4 unter B I.
[603] Siehe oben, Kap. 4 unter B II.
[604] Siehe oben, Kap. 4 unter C.
[605] Siehe oben, Kap. 4 unter D.
[606] Siehe oben, Kap. 5 vor A.
[607] Siehe oben, Kap. 5 unter A.

Ergibt die Auslegung der Ermessensvorschrift, daß unabhängig vom Einzelfall Vorgaben des höherrangigen Rechts bestehen, kommen bei einem abstrakten Gewichtungsvorrang die Grundsätze des intendierten Ermessens zur Anwendung; es bestehen grundsätzlich keine Besonderheiten. Die auf der Ebene des höherrangigen Rechts vollzogenen Wertungen sind bei der Ermittlung eines möglichen a-priori-Vorranges ihrem Rang entsprechend, also in der Regel vorrangig, zu berücksichtigen.[608]

Ausnahme- bzw. Dispensvorschriften eröffnen nicht automatisch ein intendiertes Ermessen. Stellt das Gesetz tatbestandliche Voraussetzungen auf, die alle für die anstehende Ermessensausübung regelmäßig relevanten Interessen berücksichtigen, folgt hieraus, daß die Behörde im Regelfall zur Dispensierung verpflichtet ist.[609]

Wenn die Auslegung einer Vorschrift zeigt, daß Ermessen vorwiegend deshalb eingeräumt wird, um dem Opportunitätsprinzip oder einem anderen internen öffentlichen Interesse Geltung zu verschaffen, deutet dies auf intendiertes Ermessen hin. Ein Ermessensspielraum besteht dann gerade nicht zu dem Zweck, Umstände des Einzelfalles in großem Umfange einer Abwägung zuzuführen.[610]

Ermessensermächtigungen mit eingreifendem Charakter, die der Durchsetzung grundsätzlich zwingender materieller Vorgaben und mithin der Beseitigung rechtswidriger Zustände dienen, eröffnen in aller Regel nur ein eingeschränktes, in Richtung auf das Einschreiten intendiertes Ermessen. Ein freies (sogar ungebundenes) Ermessen verbleibt im Regelfall nur insoweit, als es Opportunitätsgesichtspunkte betrifft.[611]

Bei der Auslegung einzelner Vorschriften kommt allgemeinen Zweckvorgaben Bedeutung zu, die in neueren Gesetzen den einzelnen Regelungen vorangestellt sind. Somit erlangen solche Zweckvorgaben auch Bedeutung für die Ermittlung einer gesetzlichen Intention.[612]

---

608 Siehe oben, Kap. 5 unter B I 1.
609 Siehe oben, Kap. 5 unter B II.
610 Siehe oben, Kap. 5 unter B III.
611 Siehe oben, Kap. 5 unter B IV.
612 Siehe oben, Kap. 5 unter B V 1.

Den haushaltsrechtlichen Grundsätzen der Wirtschaftlichkeit und Sparsamkeit kommt grundsätzlich bei allen Ermessensentscheidungen, welche die Beitreibung von Geldleistungsansprüchen betreffen, sei es mittelbar - etwa bei Aufhebung eines Leistungsbescheides zwecks daran anschließender Rückforderung -, sei es unmittelbar im Falle der Durchsetzung eines bestehenden Leistungsanspruchs, ermessenslenkende Wirkung zu.[613]

Daneben existiert noch eine Vielzahl weiterer fachrechtlicher Grundsätze, die eine Ermessenslenkung bewirken.[614]

Stellt eine Norm ausdrücklich auf die Umstände des Einzelfalls ab, verbietet sich eine generelle Ermessensausübung gleich welcher Art, somit auch die Anwendung der Grundsätze über das intendierte Ermessen.[615]

Regelt der Gesetzgeber die tatbestandlichen Voraussetzungen für die Ermessensrechtsfolge nur beispielhaft und eröffnet damit der Verwaltungsbehörde die Möglichkeit, weitere, nicht geregelte Voraussetzungen aufzustellen, liegt mangels eines typischen Einzelfalls und mithin einer darauf bezogenen Intention kein Fall intendierten Ermessens vor.[616]

Kommt es - insbesondere bei sogenannten Koppelungsvorschrift - zu einer Überschneidung des Entscheidungsprogramms auf Tatbestands- und Rechtsfolgenseite, lösen nur die auf der Tatbestandsseite nicht erfaßten Umstände eine Ermessensabwägung aus. Durch die kongruente Abwägung auf der Tatbestandsebene vermittelt der Gesetzgeber seine Intention, im Regelfall die vorgesehene Rechtsfolge eintreten zu lassen.[617]

Ein Tatbestand mit zahlreichen engen Voraussetzungen verleiht einer gesetzgeberischen Interessenbewertung Ausdruck. Unter Umständen bleibt dann für die Abwägung - abgesehen von atypischen Umständen - kein Belang mehr übrig, der noch nicht abschließend berücksichtigt wurde. Angesichts der hohen Anforderungen ist im Regelfall der gesetzlichen Rechtsfolge Geltung zu verschaffen.[618]

---

[613] Siehe oben, Kap. 5 unter B V 2.
[614] Siehe oben, Kap. 5 unter B VI.
[615] Siehe oben, Kap. 5 unter C I.
[616] Siehe oben, Kap. 5 unter C II.
[617] Siehe oben, Kap. 5 unter C III.
[618] Siehe oben, Kap. 5 unter C IV.

Stehen im Gesetz mehrere Tatbestandsmerkmale einer Norm alternativ nebeneinander oder sind dieselben lediglich beispielhaft angeführt, besteht in aller Regel keine ermessenslenkende Intention, welche die Ermessensvorschrift insgesamt erfaßt.[619]

Das intendierte Ermessen besitzt aufgrund seiner dogmatischen Konzeption, die eine Regelungslücke voraussetzt, Ausnahmecharakter. Die Auslegung der Ermessensvorschrift muß daher eine ermessenslenkende Intention mit hinreichender Deutlichkeit ergeben.[620]

In dem vom Gesetz gebildeten Regelfall ist keine Abwägung und mithin keine Ermessensausübung erforderlich.[621]

In den weitaus meisten Fällen folgt aus der Intention eine Bindung der Verwaltungsbehörde für den gesetzlich präferierten Regelfall. Es besteht dann kein Unterschied zu Soll-Vorschriften. Soll-Vorschriften stellen ausdrücklich geregelte Fälle intendierten Ermessens dar.[622]

Der Behörde kann aber auch ein Handlungsspielraum verbleiben, welcher der Berücksichtigung rein öffentlicher Interessen dient. Deren Abwägung ist der gerichtlichen Kontrolle entzogen und bedarf keiner Darlegung gegenüber dem Betroffenen.[623]

Eine weitere Variante besteht in der nicht strikt bindenden Intention. Zwar bevorzugt der Gesetzgeber eine Entscheidung und mithin ein Interesse, er zwingt die Verwaltungsbehörde aber nicht, diesen Vorrang nachzuvollziehen. Im Außenverhältnis *kann* sich die Behörde auf die Intention berufen, muß es aber nicht.[624]

Intendiertes Ermessen bewirkt keine Einschränkung des Sachverhaltsermittlungspflicht (§ 24 VwVfG). Liegen tatsächliche Anhaltspunkte für einen atypischen Sachverhalt vor, etwa weil der Betroffene solche Umstände vorträgt, so hat die Verwaltungsbehörde diesen nachzugehen. Der Amts-

---

619 Siehe oben, Kap. 5 unter C V.
620 Siehe oben, Kap. 5 unter D.
621 Siehe oben, Kap. 6 unter A.
622 Siehe oben, Kap. 6 unter A.
623 Siehe oben, Kap. 6 unter A.
624 Siehe oben, Kap. 6 unter A.

ermittlungsgrundsatz im Verwaltungsprozeß bewirkt eine umfassende Kontrolle.[625]

Da atypische Umstände sehr häufig aus der Sphäre des Betroffenen herrühren, ist die Anhörung nach § 28 Abs. 1 VwVfG stets geboten im Sinne des
§ 28 Abs. 2 Hs. 1 VwVfG.[626]

Die Begründung der Ermessensentscheidung entfällt, weil für den Regelfall keine Abwägung und mithin keine Ermessensausübung im engeren Sinne stattfindet. § 39 Abs. 1 Satz 3 VwVfG gelangt nicht zur Anwendung. Es bedarf daher keines Rückgriffes auf die Soll-Vorschrift des § 39 Abs. 1 Satz 3 VwVfG und auf die Ausnahmetatbestände des § 39 Abs. 2 VwVfG. Ein nicht durchgeführter Entscheidungsschritt kann nicht begründet werden.[627]

Zur Begründung einer Regelfallentscheidung ist ein Hinweis auf die einschlägigen gesetzlichen Vorschriften und die für den Regelfall vorgesehene Entscheidung sowie darauf, daß keine Umstände vorliegen, die auf einen Ausnahmefall hindeuten, ausreichend. Nimmt die Behörde irrig intendiertes Ermessen an oder nimmt sie atypische Umstände nicht zur Kenntnis, begründet aber ihre Regelfallentscheidung in dieser Weise, handelt sie formell rechtmäßig.[628]

Entscheidet die Behörde im Sinne der gesetzlichen Intention, ohne den Sachverhalt im Hinblick auf eine Ausnahmesituation aufzuklären, kommt es für die Unbeachtlichkeit dieses Verfahrensfehlers nach § 46 VwVfG darauf an, ob tatsächlich atypische Umstände bestehen oder nicht. Ist das nicht der Fall, so erweist sich die getroffene Regelfallentscheidung jedenfalls nicht als ermessensfehlerhaft und mithin nicht als rechtswidrig. Es liegt ein der rechtlichen Alternativenlosigkeit zumindest vergleichbarer Fall vor.[629]
Für die unterlassene Anhörung gilt entsprechendes.[630]

[625] Siehe oben, Kap. 6 unter B.
[626] Siehe oben, Kap. 6 unter B.
[627] Siehe oben, Kap. 6 unter C.
[628] Siehe oben, Kap. 6 unter C.
[629] Siehe oben, Kap. 6 unter D I.
[630] Siehe oben, Kap. 6 unter D II.

Im Verwaltungsprozeß besteht für die Behörde nicht die Möglichkeit, bei nachträglichem Bekanntwerden von atypischen Umständen die nicht vorgenommene Abwägung nachzuholen. § 114 Satz 2 VwGO läßt nur eine Ergänzung der Ermessenserwägungen zu, nicht aber eine vollständige Nachholung der eigentlichen Ermessensausübung. Im Regelfall ergeht eine gebundene bzw. quasi gebundene Entscheidung.[631]

[631] Siehe oben, Kap. 6 unter E.

LEBENSLAUF

Ich, Knut Kaffenberger, wurde am 13. Dezember 1972 als einziges Kind von Wilfrid und Ingrid Martha Anna Kaffenberger, geb. Beutel, in Groß-Gerau geboren.

Nach meiner Einschulung im August 1979 besuchte ich bis 1983 die Schillerschule (Grundschule) in Groß-Gerau. Nachdem ich anschließend die Schuljahre 1983/1984 und 1984/1985 auf der sogenannten Förderstufe der Martin-Buber-Schule, einer integrierten Gesamtschule, in Groß-Gerau zugebracht hatte, setzte ich meine schulische Ausbildung auf der Prälat-Diehl-Schule in Groß-Gerau (Gymnasium) bis zum Abitur im Jahre 1992 fort.

In der Zeit vom 1. Juli 1992 bis zum 30. September 1993 leistete ich Zivildienst im Jugendzentrum "Anne Frank" in Groß-Gerau, einer Jugendpflegeeinrichtung in städtischer Trägerschaft.

Zum Wintersemester 1993/1994 nahm ich das Studium der Rechtswissenschaften an der Johannes-Gutenberg-Universität zu Mainz auf, das ich am 25. Januar 1999 mit der ersten juristischen Staatsprüfung abschloß.

Vom 1. November 1998 bis zum 31. Dezember 1999 war ich als wissenschaftliche Hilfskraft am Lehrstuhl Prof. Dr. Laubingers an der der Johannes-Gutenberg-Universität in Mainz tätig.

Im Februar 1999 begann ich mit der Erstellung der nun vorliegenden Arbeit, die im April 2002 abgeschlossen wurde. Das Rigorosum fand am 10.10.2002 statt.

Am 2. Mai 2000 trat ich in den juristischen Vorbereitungsdienst des Landes Rheinland-Pfalz ein, der mit der zweiten juristischen Staatsprüfung im November 2002 seinen Abschluß finden wird.

FSC
www.fsc.org
MIX
Papier | Fördert gute Waldnutzung
FSC® C083411

Kolibri 360 GmbH
Ferdinand-Jühlke-Straße 7
99095 Erfurt, Deutschland
produktsicherheit@kolibri360.de